奔驰1号(1886,德国)

戴姆勒1号(1886,德国)

奔驰的第1款4轮汽车(1893,德国)

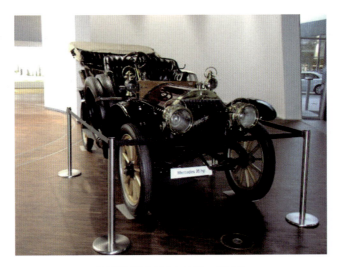

梅赛德斯 35PS（1900，德国）

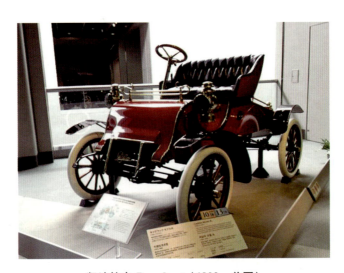

凯迪拉克 Runabout（1902，美国）

雷诺制造出世界上第一辆两缸发动机汽车（1902，法国）

别克汽车(1904,美国)

劳斯莱斯银色精灵 AX201(1907,英国)

福特 T 型车(1908,美国)

雪铁龙 A 型车（1919，法国）

梅赛德斯—奔驰 630K 型（1927，德国）

BMW303（1933，德国）

克莱斯勒气流牌汽车（1934，美国）

大众甲壳虫（1938，德国）

迈巴赫 SW42（1939，德国）

福特 V8（1949，美国）

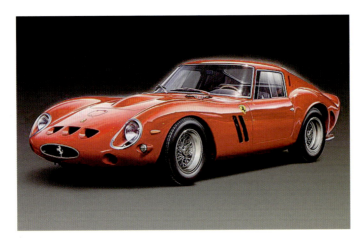

法拉利 250（1952，意大利）

别克云雀敞篷轿车（1953，美国）

雪佛兰克尔维特（1953，美国）

MINI（1959，英国）

斯蒂庞克阿本提（1963，美国）

保时捷 911（1963，德国）

福特野马（1965，美国）

菲亚特 500（1966，意大利）

奥迪 100 双门轿车 S（1968，德国）

雪佛兰科迈罗（1969，美国）

路虎揽胜（1970，英国）

沃尔沃 240 型（1976，瑞典）

吉普牧马人 CJ7（1976，美国）

凯迪拉克 Eldorado（1976，美国）

丰田 MR2（1984，日本）

宝马 X5（1999，德国）

奥迪 R8（2006，德国）

布加迪威航 grand sport vitesse（2011，德国）

特斯拉 S 型（2012，美国）

日产 GT-R Nismo（2014，日本）

玛莎拉蒂 Ghibli（2014，意大利）

丰田普锐斯(2014,日本)

兰博基尼 Aventador LP750-4 Superveloce(2015,德国)

梅赛德斯 S 600 Pullman Maybach(2015,德国)

一汽集团（奔腾车标）

一汽红旗

东风集团

北汽集团

江西昌河

北汽福田

北京汽车制造厂

上汽集团

上汽荣威

上汽名爵

上汽通用五菱

宝骏

上海汇众

长安商用车

长安乘用车

哈飞汽车

吉利汽车

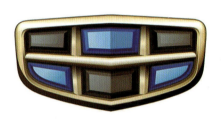
吉利帝豪品牌

吉利英伦品牌

吉利全球鹰品牌

奇瑞汽车及奇瑞品牌车标

奇瑞瑞麟

奇瑞威麟

奇瑞开瑞

观致汽车

BYD 汽车

长城汽车

力帆汽车

广汽传祺

中兴汽车

华泰汽车

东南汽车

纳智捷

江铃汽车

陆风汽车

川汽野马

众泰汽车

猎豹汽车

华普汽车

双环汽车

江淮汽车

华晨　中华

金杯汽车

大众（德国）

奥迪（德国）

兰博基尼（意大利）

宾利（英国）

布加迪（法国）

西雅特（西班牙）

斯柯达（德国）

保时捷（德国）

宝马（德国）

劳斯莱斯（英国）

迷你（英国）

奔驰（德国）

迈巴赫（德国）

精灵（德国）

AMG（德国）

福特（美国）

林肯（美国）

野马（美国）

通用（美国）

别克（美国）

雪佛兰（美国）

凯迪拉克（美国）

GMC（美国）

欧宝（德国）

沃克斯豪尔（英国）

霍顿（澳大利亚）

克莱斯勒（美国）

吉普（美国）

道奇（美国）

丰田（日本）

雷克萨斯（日本）

Scion（赛恩）（日本）

皇冠（日本）

大发（日本）

Hino Motors（日本）

日产（日本）

英菲尼迪（日本）

本田（日本）

讴歌（日本）

| 斯巴鲁（日本） | 五十铃（日本） |

| 三菱（日本） | 马自达（日本） |

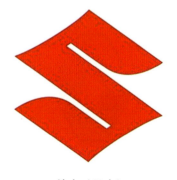

| 铃木（日本） | 现代（韩国） |

起亚（韩国）

双龙（韩国）

雷诺三星（韩国）

大宇（韩国）

通用大宇（韩国）

雪铁龙（法国）

标致（法国）

雷诺（法国）

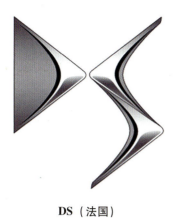

DS（法国）

阿斯顿·马丁（英国）

迈凯伦（英国）

摩根（英国）

卡特汉姆（英国）

路特斯（英国）

捷豹（英国）

路虎（英国）

菲亚特（意大利）

阿尔法·罗密欧（意大利）

玛莎拉蒂（意大利）

法拉利（意大利）

阿巴斯（意大利）

蓝旗亚（意大利）

帕加尼（意大利）

依维柯（意大利）

世爵（荷兰）

科尼塞克（瑞典）

沃尔沃（瑞典，现为吉利旗下品牌）

萨博（瑞典）

塔塔（印度）

马恒达（印度）

拉达（俄罗斯）

汽车文化

主　编　朱艳丽　苏晓楠　马天博
副主编　陈俊松　闫冬梅　王丽霞　温　军
参　编　关　昕　崔　爽　孟思聪　刘春妍

北京理工大学出版社
BEIJING INSTITUTE OF TECHNOLOGY PRESS

版权专有　侵权必究

图书在版编目（CIP）数据

汽车文化 / 朱艳丽，苏晓楠，马天博主编. —北京：北京理工大学出版社，2017.4（2020.8 重印）

ISBN 978-7-5682-3730-7

Ⅰ. ①汽… Ⅱ. ①朱… ②苏… ③马… Ⅲ. ①汽车–文化–高等学校–教材 Ⅳ. ①U46-05

中国版本图书馆 CIP 数据核字（2017）第 034783 号

出版发行 /	北京理工大学出版社有限责任公司
社　　址 /	北京市海淀区中关村南大街 5 号
邮　　编 /	100081
电　　话 /	（010）68914775（总编室）
	（010）82562903（教材售后服务热线）
	（010）68948351（其他图书服务热线）
网　　址 /	http://www.bitpress.com.cn
经　　销 /	全国各地新华书店
印　　刷 /	唐山富达印务有限公司
开　　本 /	787 毫米×1092 毫米　1/16
印　　张 /	14
彩　　插 /	16
字　　数 /	365 千字
版　　次 /	2017 年 4 月第 1 版　2020 年 8 月第 4 次印刷
定　　价 /	39.00 元

责任编辑 / 王俊洁
文案编辑 / 王俊洁
责任校对 / 周瑞红
责任印制 / 李志强

图书出现印装质量问题，请拨打售后服务热线，本社负责调换

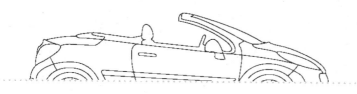 

前言
PREFACE

汽车诞生于德国，成长于法国，成熟于美国，兴旺于欧洲，挑战于日本。自1886年德国人卡尔·本茨发明了汽车，人类就迎来了汽车时代。汽车深入影响着社会发展及人类的生活和工作方式。汽车不断进入家庭成为日常交通工具，促进着人们的消费和生活水平的提高，为人们的生活和工作提供了便利。

同时，汽车又被赋予了很多文化内涵。"汽车文化"这个名词经常出现在各种媒体上，成为人们讨论的热点。汽车文化涵盖的内容非常广泛，从广义上来讲，凡是在汽车发明、设计、生产和使用过程中产生的一切物质财富和精神财富，都称为汽车文化。汽车文化是产品文化的发展，因此汽车文化应包括车史文化、造型文化、品牌文化、赛车文化、技术文化、名人文化等。

大多数人都喜欢和关注汽车的发展及新技术的应用，同时也更多地关注汽车文化，喜欢了解汽车品牌、赛车运动、汽车展会等方面的知识。为普及汽车基本知识，弘扬汽车文化，更为打造一本适合汽车类专业学生的教材，我们编写了此书。在编写过程中，我们对本书结构进行了精心的设计，内容新颖、图文并茂，力求将知识和兴趣融为一体，在愉悦中感受汽车的文化内涵，增强对汽车的热爱和了解，提高对汽车的鉴赏能力和品牌意识。本教材保证科学性与先进性，可作为汽车专业院校汽车文化课程的专业教材和参考书，也可供广大汽车爱好者学习参考。本书每章节都附有思考题，可以帮助学生进一步巩固基础知识，理顺每一章节的重点、难点，同时也为学生的自主学习奠定了基础。

本书由朱艳丽、苏晓楠、马天博担任主编，陈俊松、闫冬梅、王丽霞、温军担任副主编。参与本书编写的还有关昕、崔爽、孟思聪和刘春妍。

本书在编写过程中，参考并引用了一些书籍和网络资料，利用了很多汽车文化教学资源，在此全体编者向所有原作者们表示衷心的感谢！

由于编者水平有限，书中难免存在疏漏之处，恳请专家和广大读者批评指正。

编　者

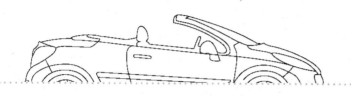

目 录
CONTENTS

第1章 汽车发展简史 1
- 1.1 世界汽车的诞生与发展 1
  - 1.1.1 汽车萌芽阶段 1
  - 1.1.2 现代汽车的诞生 6
- 1.2 中国汽车工业的发展 12
  - 1.2.1 旧中国的汽车工业 12
  - 1.2.2 新中国的汽车工业 14

第2章 汽车基础知识 21
- 2.1 汽车分类及基本构造 21
  - 2.1.1 汽车的分类 21
  - 2.1.2 汽车的总体构造 30
  - 2.1.3 车身及附属设备 31
- 2.2 汽车外形设计风格与色彩 35
  - 2.2.1 汽车外形的演变 35
  - 2.2.2 汽车外形设计风格 38
  - 2.2.3 汽车色彩 50

第3章 著名汽车公司及品牌 56
- 3.1 德国汽车公司及其品牌 56
  - 3.1.1 戴姆勒—奔驰汽车公司 56
  - 3.1.2 奥迪汽车公司 60
  - 3.1.3 宝马汽车公司 62
  - 3.1.4 大众汽车公司 65
  - 3.1.5 保时捷汽车公司 69
- 3.2 美国汽车公司及其品牌 72
  - 3.2.1 福特汽车公司 72
  - 3.2.2 通用汽车公司 74
  - 3.2.3 克莱斯勒汽车公司 78
- 3.3 日本汽车公司及其品牌 81
  - 3.3.1 丰田汽车公司 81
  - 3.3.2 本田汽车公司 82

　　3.3.3　日产汽车公司 83
　　3.3.4　三菱汽车公司 84
　　3.3.5　马自达汽车公司 84
　　3.3.6　铃木汽车公司 86
　　3.3.7　富士重工公司 87
　3.4　韩国汽车公司及其品牌 88
　　3.4.1　起亚汽车公司 88
　　3.4.2　现代汽车公司 90
　　3.4.3　大宇汽车公司 90
　　3.4.4　双龙汽车公司 91
　3.5　法国汽车公司及其品牌 92
　　3.5.1　雷诺汽车公司 92
　　3.5.2　标致—雪铁龙汽车集团（PSA集团） 94
　3.6　意大利汽车公司及其品牌 97
　　3.6.1　菲亚特汽车公司 97
　　3.6.2　阿尔法·罗密欧汽车公司 99
　　3.6.3　法拉利汽车公司 100
　　3.6.4　玛莎拉蒂汽车公司 100
　　3.6.5　兰博基尼汽车公司 101
　3.7　英国汽车公司及其品牌 102
　　3.7.1　消失的汽车品牌 102
　　3.7.2　易主的汽车品牌 106
　　3.7.3　仍属英国的品牌 112
　3.8　中国汽车公司及其品牌 115
　　3.8.1　中国第一汽车集团公司 115
　　3.8.2　东风汽车集团股份有限公司 118
　　3.8.3　上海汽车工业（集团）总公司 122
　　3.8.4　长安汽车集团股份有限公司 125
　　3.8.5　浙江吉利控股集团有限公司 126
　　3.8.6　比亚迪股份有限公司 129
　　3.8.7　奇瑞汽车股份有限公司 131
　　3.8.8　长城汽车股份有限公司 133
　　3.8.9　北京汽车集团有限公司 135
　　3.8.10　广州汽车集团股份有限公司 137
　　3.8.11　安徽江淮汽车股份有限公司 137
第4章　新能源汽车及智能汽车 139
　4.1　新能源汽车 139
　　4.1.1　电动汽车 139
　　4.1.2　太阳能汽车 148
　　4.1.3　醇类燃料汽车 150

4.1.4　燃气汽车 153
　4.2　智能汽车 155

第5章　汽车运动 157
　5.1　汽车运动的起源 157
　5.2　汽车运动的种类 158
　　5.2.1　方程式汽车赛 158
　　5.2.2　非方程式汽车场地赛 170
　　5.2.3　汽车拉力赛 172

第6章　汽车传媒与汽车时尚 176
　6.1　汽车传媒 176
　　6.1.1　汽车与广告 176
　　6.1.2　汽车与电影 178
　　6.1.3　汽车与报纸期刊 179
　　6.1.4　汽车与网络 179
　6.2　汽车时尚 180
　　6.2.1　汽车俱乐部 180
　　6.2.2　世界车城与车展 182

第7章　世界经典名车 187
　7.1　古董老爷车 187
　7.2　经典跑车 189
　7.3　现代超级跑车 192

第8章　汽车名人 195
　8.1　德国汽车名人 195
　　8.1.1　卡尔·本茨 195
　　8.1.2　戈特利布·戴姆勒 195
　　8.1.3　威廉·迈巴赫 196
　　8.1.4　费迪南德·保时捷 197
　8.2　美国汽车名人 197
　　8.2.1　亨利·福特 197
　　8.2.2　威廉·杜兰特 198
　　8.2.3　亨利·利兰 199
　　8.2.4　李·艾柯卡 199
　　8.2.5　瓦尔特·克莱斯勒 200
　　8.2.6　大卫·别克 201
　8.3　中国汽车名人 201
　　8.3.1　饶斌 201
　　8.3.2　郭力 202
　　8.3.3　孟少农 202
　　8.3.4　赖平 203

  8.4 其他各国汽车名人 204
    8.4.1 恩佐·法拉利 204
    8.4.2 劳斯和莱斯 204
    8.4.3 丰田喜一郎 205
    8.4.4 本田宗一郎 206
    8.4.5 安德烈·雪铁龙 206
    8.4.6 郑周永 207
    8.4.7 费鲁吉欧·兰博基尼 208
    8.4.8 迈克尔·舒马赫 209
    8.4.9 阿尔费雷德·斯隆 210
    8.4.10 路易斯·雪佛兰 210
    8.4.11 阿尔芒·标致 211
    8.4.12 路易斯·雷诺 211
    8.4.13 沃尔特·本特利 212
    8.4.14 埃托里·布加迪 212

参考文献 214

第 1 章

汽车发展简史

 1.1　世界汽车的诞生与发展

人类经历了漫长的靠双足跋涉的时代后,发明了车轮和车。蒸汽机和内燃机的出现为汽车的发明开辟了道路。

1886 年 1 月 29 日,德国人卡尔·本茨发明了世界上第一辆三轮汽车,人们认为这一天是汽车的诞生日。汽车在其诞生、成长与发展的历史长河中,凝聚了无数人的智慧和力量。人类历史进入现代社会以来,汽车不仅仅是一种交通工具,更是一种文化。现在,中国已经超越世界其他国家,成为世界第一汽车生产大国,汽车保有量稳步增加,汽车爱好者和研究者也随之增加,接下来让我们一起回望世界汽车的发展史,体会汽车发展历程给我们带来的喜悦。

1.1.1　汽车萌芽阶段

1. 车轮的出现

车轮是人类在搬运物体的劳动实践中逐渐发明出来的,人类建立了第一个陆地运输系统。

原始社会,人类发明的重要运输工具之一就是橇。它的特点是借助滑杆在地上滑动,来减轻人们的运送负担。公元前 5000 年,北欧已使用鹿拉雪橇;公元前 3500 年,美索不达米亚平原已有牛拉陆橇。人们用滑动实现了运输方式的第一次飞跃。

人们将木板或木棒做成橇,把物品放在上面拉,但是这样产生的摩擦力太大,后来人们想到在下面放圆木滚动着搬运比较省力,这种圆木就称为滚子。人们用石斧把圆木截短,并把两段圆木在中间凿一个圆洞,再在洞里穿上一根细一点的木棍将其连接起来。这样,一种滚子橇就制造成功了。车轮就是由滚子改进而成的,车轮的发明带给人类一种新的运动方式,实现了从滑动到滚动的第二次飞跃。(见图 1-1)

此外,某些自然现象也给了古人启示,如"圣人见飞蓬转而知为车"(《淮南子·说山训》);"蓬",指蓬草,即蓬草随风转动,带来制作车轮的灵感。

公元前 3300 年,美索不达米亚平原出现了最古老的车,有车身有车轮。最早的苏美尔车

主要用在战场上。（见图1-2）

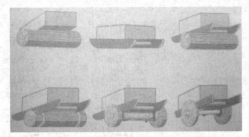

图1-1 车轮的出现和演变过程

图1-2 苏美尔战车

2. 马车的出现及兴盛

到了罗马帝国时代，西欧的塞尔人制造出了第一辆前轴可以旋转的车。但是，最初的车都是人力车，后来出现了畜力车，使车的载运能力更大、速度更快，行驶里程也更远。自从人类发明了车轮并制造出车辆之后，就开始用驯化的马、牛拉车。马车是运输、代步和打仗最主要的工具。

中华民族是最早使用车辆的民族之一，在公元前2697年，黄帝就制造了车，后人称他为"轩辕黄帝"。据《路史》记载：黄帝在空桑山北创造车子。"横木为轩，直木为辕"，直木、横木架在轮子上，成了一辆雏形车。（见图1-3）

《说文解字》记载："车，舆轮之总名也，夏后时奚仲所造。"据《左转》记载，公元前2250年，夏朝初大禹时代，车正（专司车旅交通、车辆制造的官）奚仲制造出世界上第一辆新型车子，有车架、车轴、车厢等，采用了左右两个轮子。由于车有两个轮子，且两轮相对，故称"车两"。后来随着时间的推移，"车两"变成"车辆"了。在大禹时代，需要设立车正这一官职对车辆进行管理，说明车辆的数量已有相当的规模。《墨子》中提到："古者羿做弓，予做甲，奚仲做车，巧垂做舟。"关于"奚仲造车"的史实，史书记载较多。（见图1-4）

图1-3 轩辕黄帝与车

图1-4 奚仲造车

周朝古礼中有"六艺"之说。所谓"六艺"，据《周礼·保氏》记载："养国子以道，乃教之六艺：一曰五礼，二曰六乐，三曰五射，四曰五驭，五曰六书，六曰九数。"就是指礼节、音乐、射箭、驾车、书写、计算。可见，"会驾车"在周朝已经成为一个人学识和身份的象征。在马车的制造方面，周朝的人已能制造出相当精美的两轮车。

春秋（公元前770—公元前476年）和战国（公元前475—公元前221年）时期，马拉的兵车仍是军队的主要作战工具。由于驾车的马以4匹马为主，因而多以"驷"为单位计数车辆。《论语·季氏》中说:"齐景公有马千驷。"就是说齐景公有1 000辆车和4 000匹马,4马加1车称为"一乘",所以又有了"千乘之国"的说法。

公元前221年,秦始皇完成了对古中国的统一大业并建立了中国历史上第一个多民族的统一的中央集权国家。为便于统治,大力修筑"驰道",以保证运输通畅,还实施"车同辙",就是统一车辆的轮距(规定为6尺),这是世界上最早的车辆标准化法规。在陕西临潼秦始皇陵出土的铜车马模型(见图1-5)前面有四匹马牵引,马匹后面有一个与车辕相接的牵引横杆,由一人驾驭。车子采用闭式车身和宽大的硬顶,门窗开闭自如,窗上有菱形格,车身上还刻有龙凤,富丽堂皇。铜车马模型由2 000多个零件组成,反映了我国2000多年前制造车辆的先进技术。

图1-5 铜车马

公元前3世纪,汉朝杰出的科学家张衡发明了举世闻名的记里鼓车(见图1-6),该车外形为一辆车子,车上设两个木人及一鼓一钟,木人一个击鼓,一个敲钟。车上装有一组减速齿轮,与轮轴相连。利用车轮在地面的转动带动齿轮转动,变换为凸轮杠杆作用,使木人抬手击鼓,车行一里时,控制击鼓木人的中平轮正好转动一周,木人便击鼓一次;车行10里时,控制敲钟木人的上平轮正好转动一周,木人便敲钟一次。坐在车上的人只要聆听这种鼓声和钟声,就知道车行驶了多少里程。记里鼓车是现代车辆里程表的始祖。

三国时期,马钧制造了指南车(见图1-7)。指南车除了用齿轮传动外,还设置了自动离合装置,它用齿轮传动系统和离合装置来指示方向。木人的一只手臂平伸向前,只要开始行车的时候木人的手臂指南,此后无论车子怎么改变方向,木人的手臂始终指向南方。指南车的原理是,车上装有一套差动齿轮装置,当车辆左右转弯时,车上可以自动离合的齿轮传动装置就带动木人向车辆转弯相反的方向转动,使木人的手臂始终指向南方。

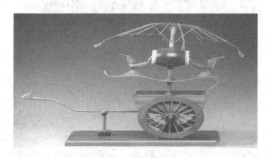

图1-6 记里鼓车

图1-7 指南车

三国蜀相诸葛亮创造了木牛流马，据史学家推测，这极有可能是跨越峡谷和河流的绞盘缆车，木牛（见图1-8）可能是人力或畜力驱动的绞盘，流马（见图1-9）可能是绳索下方滑行的装载工具。这种独轮车无论是在山地还是平原，无论是在宽阔的马路还是在狭窄的小道，都可使用，是经济实用的运输工具。

图1-8 木牛

图1-9 流马

14—16世纪，欧洲的文艺复兴使欧洲的思想文化和科技走向繁荣，欧洲的车辆制造技术在那个时候赶上并超过了中国，马车的式样和种类繁多。

1662年，法国人埃米尔·卢巴首次将马车轨道嵌入地面，在巴黎街头出现了轨道马车。车轮在轨道上的滚动阻力远比在普通路面上的滚动阻力小得多，所以载客量就随之增加了。在18世纪，轨道马车被英国的煤矿广泛运用，用来装运矿石，提高了运输效率。

1832年，美国纽约在曼哈顿街道铺设了供马车运行的轨道，开始运行有轨公共马车（见图1-10），仅用两匹马就可以拉动载有40名乘客的车厢。

1847年，英国伦敦出现了最早的双层公共马车（见图1-11），乘客坐在车上可以欣赏窗外风景。

图1-10 有轨公共马车

图1-11 双层公共马车

1904年，四轮马车在与蒸汽汽车的竞争中失败，蒸汽汽车开始登上历史舞台。马车的黄金时代宣告结束。

3. 自走车辆的探索

由于马车受车速和载货量的限制，所以人们渴望能制造出速度更高、装载量更大的车辆。世界上设想汽车的第一人，是我国唐朝的天文学家僧一行（见图1-12），他原名张遂，发明了"激铜轮自转之法，加以火蒸汽运，名曰汽车"。

在 1250 年的英国，现代实验科学家的鼻祖、著名科学家罗吉尔·培根预言："我们大概能造出比用一群水手使船航行得更快，而且为了操纵这艘船只要一名舵手的机械；我们似乎也可以造出不借用任何畜力就能以惊人的速度奔跑的车辆；进而我们也可以造出带有翅膀、能够像鸟儿一样飞翔的那种机械。"

1478 年，达·芬奇提出了对汽车的设想（见图 1-13）。达·芬奇设想的车型四四方方，带有三个车轮，他设想在汽车中部安装两根弹簧以解决车辆的动力问题。达·芬奇也设想了制动装置，在齿轮之间有一个木块，拉动绳索将木块卡在齿轮之间，车就可以停止。但他只是提出了设想，并没有进行实际的研究。

图 1-12　僧一行

(a)

(b)

图 1-13　达·芬奇和他设想的汽车模型

1600 年，荷兰人西蒙·斯蒂芬发明了双桅风力帆车（见图 1-14），据说这种车能沿荷兰海岸奔驰，速度可以达到 24 km/h，但是风力帆车只能作为玩具，因为受风的限制，无法作为实用的车辆使用。

1630 年，德国钟表匠汉斯赫丘发明了发条车（见图 1-15）。这种发条车的速度为 1.6 km/h，而且每前进 230 m，就必须人工上一次发条。由于这种工作的强度太大，所以发条车没有得到发展。这辆车相当于现代的儿童玩具，但在当时却是一件稀世珍宝，被瑞典王子重金购买。

图 1-14　双桅风力帆车

图 1-15　发条车

1668 年，比利时耶稣会传教士南怀仁在中国京都（今北京）制成了一辆布兰卡冲动式蒸汽机汽车（见图1-16）。该车车长60 cm，有4个行走轮和1个导向轮，车身中央安装着一个煤炉，上置盛水的金属曲颈瓶。水被加热到沸腾至汽化，产生一定的压力，蒸汽由弯曲的瓶口高速射出，叶轮在蒸汽的冲击下转动，产生的动力再通过齿轮传递给车轮，驱动车辆前进。它可称得上是一辆成功的蒸汽车，但它还是一辆汽车模型，而无实用价值。

图1-16 南怀仁与布兰卡汽车

1.1.2 现代汽车的诞生

1. 蒸汽汽车

1712年，英国的托马斯·纽科门制造出了活塞式蒸汽机，人们称其为纽科门蒸汽机。

1763年，英国发明家瓦特（James Watt，1736—1819年）开始针对纽科门蒸汽机的缺点研究新的蒸汽机。1765年，瓦特成功研制了具有独创性的蒸汽机（见图1-17），并于1769年取得了专利。当蒸汽机在煤矿、棉纺机厂和手工作坊里普及时，发明家们就开始因为车辆的原动力而打起了它的主意。当时有人委托瓦特制造汽车用的蒸汽机，但是作为一个清教徒，瓦特拒绝使用高压的蒸汽压力，认为这会使它成为古怪的机器，禁止用他的专利制造蒸汽汽车。

（a） （b）

图1-17 瓦特和他发明的蒸汽机

1768年，有人试制成第一台装有冷却器的蒸汽机样机。这一成果的产生为实用汽车的问世创造了必要的条件，人们开始设想把蒸汽机装到车上。

1769年，法国陆军工程师、炮兵大尉尼古拉斯·古诺（N.J.Cugnot，1725—1804年）经过六年的苦心研究，将一台蒸汽机装在了一辆木制三轮车上，这是第一辆完全凭借自己的动力实现行驶的蒸汽汽车，是汽车发展史上的第一个里程碑，标志着人类以机械力驱动车辆时代的开始。这辆汽车被命名为"卡布奥雷"，车长7.3 m，车高2.2 m，车架上放着直径为1.3 m的锅炉，前轮直径为1.28 m，后轮直径为1.5 m，前轮用作驱动兼转向，车速为4 km/h。由于控制方向比较费力，在试车途中下坡时撞到了般圣奴兵工厂的石头墙上，被认为是世界上第一起机动车事故。该车现被设在巴黎的法国国家艺术及机械品陈列馆收藏。（见图1-18）

图 1-18 世界上第一辆完全依靠自身动力行驶的蒸汽机汽车

1801 年,英国工程师理查德·特雷威蒂克制造出了英国最早的蒸汽机汽车。两年后,他又制成了形状类似公共马车的蒸汽汽车。这辆公共汽车能够乘载 8 人,车速为 9.6 km/h。

1825 年,英国公爵嘉内制成了世界上第一辆蒸汽公共汽车。该车有 18 个座位,车速为 19 km/h,这是世界上第一辆营业性质的公共汽车(见图 1-19)。

英国的斯蒂芬孙(G.Stephenson)不但解决了火车出轨问题,铺筑了世界上第一条铁路,还是真正使火车成为有效的运输工具的人。

图 1-19 世界上第一辆营业性质的公共汽车

"魔鬼之车"

蒸汽汽车行驶起来浓烟滚滚,噪声很大,吓得鸡飞狗跳,人们称之为"魔鬼之车"。

蒸汽汽车的出现引起了马车商的强烈不满。当时欧洲各国马车公司的势力很大,对政府政策的制定起着举足轻重的作用。因此政府官员也不支持蒸汽汽车。

英国于 1861 年颁布了《红旗法》,规定了蒸汽汽车在市区和郊区的行驶速度,还规定在蒸汽汽车驶来的前方 55 m 处要有人手持红旗,以告知行人有蒸汽汽车驶过。

蒸汽汽车还不能算是现代汽车,由于速度慢、体积大、噪声大、污染严重等问题,逐渐退出了历史舞台。但是蒸汽汽车的问世是一项革命性的突破,在汽车发展史上起到了重要的作用。

2. 内燃机汽车

由于蒸汽汽车存在各种弊端,人们为了从根本上解决问题,开始积极研究内燃机的使用。

1860 年,法国的勒诺巴赫制成了煤气内燃机,这是世界上最早的内燃机。它的主要问题是功率小,消耗的煤气太多。

1861 年，法国的铁路工程师罗夏发表了有关进气、压缩、膨胀、排气的四冲程内燃机理论。

1866 年，德国工程师尼古拉斯·奥托成功地试制出一台四冲程煤气内燃机，这台内燃机被称为奥托内燃机。（见图 1-20）后来，人们将四冲程循环称为奥托循环。

图 1-20　奥托和他研制的四冲程内燃机

1897 年，德国人鲁道夫·狄塞尔成功试制出了第一台柴油机（见图 1-21）。针对蒸汽机效率低的弱点，狄塞尔专注于开发高效率的内燃机。当时尼古拉斯·奥托发明的点火式内燃机已较成熟，但那时奥托发动机的燃料是煤气，储存、携带均不方便，效率也受到影响。19 世纪末，石油产品在欧洲极为罕见，于是狄塞尔决定选用植物油来解决机器的燃料问题（他用于实验的是花生油）。因为植物油点火性能不佳，无法套用奥托内燃机的结构。狄塞尔决定另起炉灶，提高内燃机的压缩比，利用压缩产生的高温高压点燃油料。后来，这种压燃式发动机循环便被称为狄塞尔循环。1892 年，狄塞尔提出："在空气中注入燃料，通过压缩，空气温度升高，可使喷射在空气中的燃料自燃点火。"

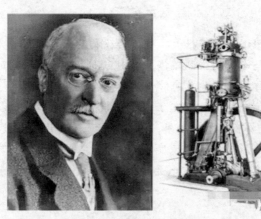

图 1-21　鲁道夫·狄塞尔和他的柴油机

狄塞尔与奥格斯堡机器制造厂的老板签订了试制合同，于当年制成实验用柴油机。1892 年 1 月 28 日，狄塞尔向柏林皇家专利局申请了发明专利，同年 2 月 27 日获得柴油机专利。1893 年，狄塞尔对这台缸径为 150 mm、行程为 400 mm 的柴油机的实验失败。1894 年 2 月

17日，改进的柴油机成功运行了一分钟。因为急于出售，第一批20台柴油机出售不久，用户纷纷退货，狄塞尔陷入困境，1913年10月29日，他因绝望而跳海自杀。后人为纪念狄塞尔，就将他发明的柴油发动机称为"狄塞尔发动机"。因此，"柴油机"的英文名为Diesel（狄塞尔）。由于柴油机的热效率远远高于汽油机的热效率，并具有较高的安全性，使得柴油机成为重型车辆和军用车辆的首选动力。

卡尔·本茨（Karl Benz，1844—1929年）是现代汽车工业的先驱者之一，1844年出生于德国卡尔斯鲁厄市。他的父亲是一位火车司机，本茨从小就有过人的动手能力，1866年毕业于卡尔斯鲁厄综合科技学校，开始了自己的创业生涯。

1883年，卡尔·本茨创建了"奔驰公司和莱茵煤气发动机厂"。1886年，他将煤气发动机改进为汽油发动机，并将其安装在一辆三轮车上，制成了世界上公认的第一辆三轮汽车奔驰一号（见图1-22）。

1886年1月29日，卡尔·本茨获得了汽车专利证书（见图1-23），这一天被确认为汽车的诞生日。卡尔·本茨被世人誉为"汽车之父"（见图1-24）。

图1-22 奔驰一号

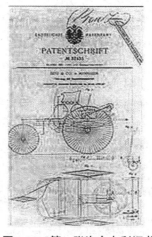
图1-23 第一张汽车专利证书

图1-24 卡尔·本茨

奔驰一号的自身质量为254 kg，装有三个实心橡胶轮胎的车轮，发动机为单缸汽油发动机。它具备现代汽车的一些特征，如电点火、水循环冷却、后轮驱动、前轮转向、有钢管车架和散热器。该车最高车速为18 km/h，但无法倒行，前进方向的控制完全依靠一根操纵杆来实现。该车没有设置制动装置，也没有减振机构，更没有车篷。此车现收藏于德国慕尼黑科学技术博物馆，至今仍然可以开动。

女人和孩子的试车壮举

卡尔·本茨的发明最初被人们所怀疑，经常熄火抛锚，当时曼海姆的报纸把他的车贬为无用之物。本茨的妻子贝尔塔（见图1-25）为了鼓励和支持本茨，于1888年8月带着两个儿子进行驱车实验，驾驶着本茨的第一辆三轮汽车，从曼海姆到福茨海姆（贝尔塔的娘家）往返144 km。这次试车坚定了本茨坚持制造汽车的信心。本茨的妻子是历史上的第一位女驾驶员，贝尔塔在试车时领取的是临时驾驶许可证，4年后她领到了正式的驾驶许可证，这也是世界上第一张汽车驾驶证。

图 1-25　贝尔塔试乘汽车

图 1-26　戈特利布·戴姆勒

在本茨获得现代汽车发明专利的同时，德国的另一位伟大的汽车发明家戈特利布·戴姆勒（Gottlieb Daimler，1834—1900年）（见图1-26）也独立制造出世界上第一辆四轮汽车。戴姆勒出生于1834年，父亲是德国绍恩多夫市的一位手工业者。1859年，戴姆勒从斯图加特技术学校毕业。

1863年，戴姆勒来到德国罗伊特林根机械工厂，在这里他发掘了一名技术天才——21岁的学徒工威廉·迈巴赫（Wilheim Maybach）。1872年，奥托组建道依茨发动机厂，戴姆勒被聘为技术指导，迈巴赫随往担任制图员。在道依茨发动机厂，迈巴赫设计出了内燃机进气控制系统，并解决了活塞、连杆的润滑问题，为内燃机的实用化做出了重要贡献。

1882年，戴姆勒提出开发高速内燃机，但奥托不同意，于是戴姆勒辞职，迈巴赫也跟着离开，他们建立了实验工厂，共同研究高速内燃机。

1883年，戴姆勒和迈巴赫制造了首部戴姆勒卧式发动机，该发动机在1883年12月获得了德国专利。随后他们把卧式发动机改装成立式发动机，戴姆勒给它取名为"立钟"。1885年8月，戴姆勒将功率为0.8 kW的"立钟"发动机装到一辆木制双轮自行车上，并申请到了"骑式机动双轮车"的专利，这就是世界上第一辆摩托车（见图1-27），所以戴姆勒被称为"摩托车之父"。

1886年8月，戴姆勒为庆祝妻子43岁生日，订购了一辆四轮马车，他和迈巴赫改造了车子，将他的立式发动机安装在马车上，增加了传动、转向等机构，成功地制造出世界上最早的乘坐用四轮汽油机汽车（见图1-28）。该车装有缸径122 mm、排量0.47 L、功率为845 W、转速为655 r/min的汽油机；车速可达17.5 km/h，发动机后置，装有摩擦式离合器，后轮驱动，采用转向杆转向；车架涂着深蓝色漆，座位上套着黑色皮套；车前挂着一盏灯笼用以夜晚照明。

图 1-27　世界上第一辆摩托车　　　　图 1-28　世界上最早的乘用四轮汽油机汽车

1890 年，戴姆勒在斯图加特成立了戴姆勒汽车公司，开始生产汽车。

在戴姆勒生产汽车的过程中，奥地利驻法国使馆的领事、大商人埃米尔·耶利内克（Emile Jellink）起到了很大的推动作用。耶利内克在金融界和贵族中有一定的影响，他热爱汽车竞赛，订购了一辆戴姆勒车参赛，但车速只有 25 km/h，与他要求的高速度相差甚远，但他没有就此失望，他建议改进戴姆勒凤凰牌汽车的结构，以增加轴距、降低重心、提高功率，在大赛中以他女儿的名字"梅赛德斯"为汽车命名，取得了好成绩，所以他建议戴姆勒将所有的车都命名为"梅赛德斯"。

从 1902 年起，戴姆勒公司生产的轿车都命名为"梅赛德斯"。Mercedes 也于 1902 年 6 月 23 日注册，1909 年被戴姆勒公司正式申请为轿车品名。戴姆勒汽车以优异的发动机性能、先进的安全结构及精致的品质，赢得了世界性的声誉。

梅赛德斯汽车与其他汽车的不同之处在于，其他汽车的发动机在驾驶员座位的后面或者是下面，使其轴荷分配较均匀，而梅赛德斯汽车的发动机则装在驾驶员座位的前面。特别是戴姆勒生产的汽车速度快，在竞赛中屡屡获胜，名声大震，非常畅销，使戴姆勒公司超过了奔驰公司而跃居汽车工业之首位。

由于通货膨胀，为了竞争的需要，1926 年 6 月 29 日，戴姆勒和本茨两人的汽车公司合并为戴姆勒—奔驰汽车公司，所生产的汽车都命名为梅赛德斯—奔驰。不可思议的是，这两位汽车业的创始人一生中从没见过面。

继德国出现汽车之后，法国在 1890 年、美国在 1894 年、英国在 1896 年、日本在 1907 年、俄国在 1910 年先后造出了自己的内燃机汽车。

现代汽车已发展了 100 多年，汽车工业的发展可分为以下几个阶段：

① 汽车发明和试验时期（1886—1910 年）。汽车基本上是手工制造的，成本高，寿命短。汽车诞生于德国，而世界早期汽车工业中心却在法国的巴黎。

② 汽车不断完善时期（1911—1940 年）。汽车不断取得技术进步，汽车的行驶速度、安全性和使用寿命大大提高。汽车工业的中心迅速向美国转移，美国占据了世界汽车工业的霸主地位。

③ 汽车技术迅速发展时期（1941—1960 年）。汽车在各发达国家已大量进入家庭，对汽车性能和设计方面提出了更高的要求。

④ 汽车综合技术及高科技广泛应用时期（20 世纪 60 年代以后）。达时汽车从机械工程学、空气动力学、人体工程学到造型艺术发展，操作安全、乘坐舒适，已成为现代汽车工业

发展的象征。世界工业形成了美、日、欧三足鼎立的格局。

1.2 中国汽车工业的发展

从晚清时期到红旗的诞生,从第一个汽车合资厂的诞生到汽车走进中国的千家万户,汽车已经主宰了交通工具市场,汽车见证了中国百年的剧烈变化与发展。这也说明我国的经济实力不断增强,人民生活水平大幅度提高。车的变迁与人们的生活息息相关,代表着一种文化背景。

1.2.1 旧中国的汽车工业

1901年冬天,一个叫李恩时(Leinz)的匈牙利人将两辆美国生产的奥兹莫比尔汽车(见图1-29)从中国香港运到上海,从此中国开始出现汽车,但专供外国人使用。当时,它行驶在公共租界,出没于公馆洋房,成为我国汽车之先声。

我国现在保存的最早的汽车存放在颐和园,是慈禧太后的座驾(见图1-30)。慈禧太后是第一个拥有私人汽车的中国人,时间是1902年,这辆车是袁世凯从中国香港购买的,由美国人杜里埃兄弟1898年设计制造,当时作为慈禧太后66岁的生日礼物。

图1-29　奥兹莫比尔汽车

图1-30　袁世凯送给慈禧太后的汽车

尽管袁世凯为这件贡品费尽心思,但慈禧并不喜欢,黑色的车身在西方人眼里威严庄重,但比不上慈禧心目中象征至高无上皇权的金黄色。更令"老佛爷"不能容忍的是,驾驶员孙富龄竟然大模大样地坐在她前面,让她感到有失体面,于是她下令孙富龄跪着给她开车。可是跪着怎么开车?所以后来慈禧太后还是去坐她的16抬大轿,该车就长期闲置,后来从故宫转移到了现在的颐和园,20世纪70年代初经修整后展出。

1903年以后,上海已陆续出现了从事汽车或零部件销售、汽车出租的洋行。1929年汽车进口量已达8 781辆,1930年,中国汽车保有量为38 484辆,却没有一辆国产汽车,不少有志之士都想制造中国的汽车,可限于当时的情况,都没能实现。

1920年,孙中山先生发表的《建国方略》一书中讲道:"……最初用小规模,而后逐渐扩大,以供四万万人之需要。所造之车当合驭各种用途,为农用车、商用车、旅行用车、运输用车等。一切车以大规模制造,实可较今更廉,欲用者皆可得之。"

1928年,张学良在东北易帜后,要化兵为工,在辽宁迫击炮厂成立了民用工业制造处,后改称为辽宁民生工厂，试制汽车。中国人当时还没有生产汽车的经验，于是聘请了美国人为总工程师。1929年3月，民生工厂引进了一辆美国"瑞雪牌"汽车进行装配实验，以该车为样板，于1931年试制成功了一辆名为民生牌75型载货汽车（见图1-31），它开辟了中国人试制汽车的先河。民生牌汽车为长头，棕色，采用六缸水冷48 kW（65马力）汽油发动机，最高车速达65 km/h；该车共有666种、1 750个零部件，自制件为464种。

图1-31 旧中国国产第一辆车——民生牌75型载货汽车

1928年，一个叫汤仲明的铁路工人，他有着法国的洋学历，先后在南台火车制造厂、巴不来格飞机制造厂、巴黎雷诺制造厂工作过六年，他知道世界上不产油的国家如比利时、日本都在做木炭代替汽油的研究，但没有成功。于是他自己辞去工作到乡下秘密研究，并于1931年取得了成果。他将木炭代油炉装在车上，并亲自进行驾驶实验，实验表明：每加一次木炭，汽车可以行使四小时，速度达到每小时40公里，每公里消耗木炭一斤①，仅是汽油的十分之一，人们称之为木炭车（见图1-32）。而汤仲明将这项发明技术的图纸毫无保留地公布于众。

图1-32 汤仲明的木炭车

此后，我国各地又试制过几种汽车。其中山西汽车修理厂试制的山西牌汽车，对社会公众影响颇大。

早在20世纪20年代，阎锡山在太原创办兵工厂，并已初具规模。1932年，阎锡山出任太原绥靖公署主任，以"生产救国，开发实业"为口号，将名为晋绥军修械所的兵工厂改称为壬申制造厂，制造农具等；将双向引信厂改为山西汽车修理厂。厂址在太原小东门，工人百余名，厂长叫姜寿亭，主要负责修理晋绥公署的公车。

1932年3月，该厂技术员阎春和赴天津购置机器，用以仿造汽车，但因技术、设备问题

---

① 1斤=0.5千克。

而未能成功。同年4月，阎锡山令汽车修理厂制造汽车，由姜寿亭负责设计、试制。1932年12月，仿美国飞德乐（Federal）牌汽车试制成功，制成装载量为1.5 t的汽油载货汽车一辆，定名为山西牌。到1933年夏，试车行驶约1.8万千米，各部件尚属完好。

但由于爆发了"九一八"事件，东北三省被日本占领。旧中国的造车梦毁于统治者的腐败无能，毁于帝国主义的硝烟战火。直到新中国成立后，才建立和发展了中国的汽车工业。

1.2.2 新中国的汽车工业

1949年10月1日，新中国成立，为中国汽车工业开辟了新的道路。经过半个多世纪的艰苦努力，我国汽车工业发生了翻天覆地的变化，形成了一个产品齐全、生产能力较强的汽车工业体系。我国汽车工业的发展可概括为初创、成长、全面发展三个阶段。

1. 初创阶段（1949—1965年）

在初创阶段，首先建立了第一汽车制造厂（以下简称"一汽"），实现了中国汽车工业零的突破；又先后建立了南京汽车制造厂、上海汽车制造厂、济南汽车制造厂、北京汽车制造厂，有了五个汽车生产基地。

（1）汽车工业的筹划

1949年10月，中央重工业部成立。重工业部机器工业局筹备组开始做建设汽车工业的筹备工作。

1950年1月，中央人民政府主席毛泽东、政务院总理周恩来在莫斯科同苏联政府领导人会谈并商定，苏方援助中国建设一批重点工业项目，包括建设一座现代化的载货汽车工厂。

1951年1月18日，政务院财经委员会主任陈云召开会议，听取重工业部和汽车工业筹备组关于汽车厂厂址等问题的汇报。会议决定在吉林省四平至长春一线选择厂址，产品为苏联吉斯150型4吨载货汽车，年产3万辆。

1952年12月18日，第一机械工业部任命东北局财经委员会秘书长饶斌（中国汽车之父）为第一汽车制造厂厂长，郭力、孟少农、宋敏之为副厂长。

1953年1月，在汽车工业筹备组基础上组建汽车工业管理局，组织筹建汽车工业，行使管理职能，张逢时为局长，江泽民为副局长。

1953年6月6日，毛泽东主席签发《中共中央关于力争三年建设长春汽车厂的指示》。

（2）第一汽车制造厂的建立

1953年7月15日，新中国汽车工业筹建工作拉开帷幕。在一汽奠基典礼大会上，李岚清等将毛主席亲笔题词"第一汽车制造厂奠基纪念"的基石碑抬进会场。来自祖国四面八方的建设大军，战酷暑，斗严寒，仅仅用了三年时间，于1956年7月13日，第一辆解放牌CA10型载货汽车（见图1-33）下线，结束了中国不能制造汽车的历史。

1957年5月，一汽开始仿照国外样车自行设计轿车。在全厂的共同努力下，1958年5月12日，第一汽车制造厂试制成功第一辆轿车——东风牌CA71型轿车，也叫"东风金龙"（见图1-34）。东风牌轿车被送到北京中南海，毛泽东主席和林伯渠先生乘坐了国产的东风轿车。通过东风轿车的试制，我国终于迈出了自制轿车的第一步。

图 1-33　解放牌汽车

图 1-34　第一辆东风牌轿车——"东风金龙"

1958 年，第一机械工业部决定集中精力研制高级轿车，并定名为"红旗牌"。为制造出高级轿车，第一机械工业部汽车局从吉林工业大学调来一辆 1955 年美国产的克莱斯勒 C69 型高级轿车作参照，根据自己的民族特色加以改造，1958 年 7 月，第一汽车制造厂自行设计、试制的第一辆红旗牌 CA72 高级轿车（见图 1-35）诞生了。这辆汽车发动机为 8 缸、V 型排列，功率为 162 kW/4 000 r/min，装有自动变速器。散热器罩采用传统的扇子造型。红旗牌高级轿车是国产高级轿车的先驱，红旗是一个国内外驰名的品牌。1963 年 8 月，第一汽车制造厂建成具有批量生产能力的红旗牌轿车生产基地。

1958 年，随着一汽生产出了中国第一辆小轿车，上海汽车厂也开始跃跃欲试，要制造自己的小轿车。于是为了响应政府的号召，上海交电汽车装修厂承担了这一重任。通过对一辆奔驰 220S 轿车不到一年时间的"活体解剖"，上海的第一辆轿车雏形初现。

1958 年 9 月，上海交电汽车装修厂（后更名为上海汽车厂）试制成功第一辆凤凰牌轿车（见图 1-36），这就是"上海"牌的前身。

图 1-35　国产第一辆红旗牌 CA72 型高级轿车

图 1-36　第一辆凤凰轿车

（3）五个汽车生产基地的建成

至 1966 年，我国汽车工业已建成第一汽车制造厂、南京汽车制造厂、上海汽车制造厂、济南汽车制造厂、北京汽车制造厂五个汽车生产基地。

1）中国第一汽车制造厂

一汽是我国第一个汽车工业生产基地，于 1953 年建立，1956 年生产出第一辆车。

2）南京汽车制造厂

1958 年 3 月 10 日，南京汽车制造厂生产出第一辆跃进牌 NJ130 型 2.5 t 轻型载货汽车（见图 1-37）。同年 5 月 10 日，南京汽车制造厂成为第二家直属中央的汽车企业。

3）上海汽车制造厂

1958年9月，上海汽车装配厂试制成功第一辆凤凰牌轿车。1960年10月，上海汽车装配厂迁安亭扩建，更名为上海汽车制造厂。1964年12月，上海汽车制造厂开始生产上海牌SH760型轿车。

4）济南汽车制造厂

1959年，济南汽车制造厂参照捷克生产的斯柯达706RT型8 t载货汽车设计我国的重型载货汽车。1960年4月，济南汽车制造厂试制成功黄河牌JN150型重型载货汽车。

5）北京汽车制造厂

1958年，北京汽车制造厂研制了中国自行设计的第一辆轿车，起名井冈山牌（见图1-38）。

图1-37　第一辆跃进牌NJ130型2.5 t轻型载货汽车

图1-38　井冈山牌轿车出厂

1961年，国防科工委批准以北京汽车制造厂作为生产轻型越野汽车的基地。1961年，北京汽车制造厂试制出第一辆北京BJ210型轻型越野汽车。1966年5月，北京BJ212型越野汽车设计定型，并投入批量生产。

到20世纪初，全国建成了五个汽车生产基地，截至1965年，全国汽车生产累计已达17万辆。

2. 成长阶段（1966—1978年）

在成长阶段，我国先后建成了第二汽车制造厂（以下简称"二汽"）、四川汽车制造厂和陕西汽车制造厂，分别生产军用越野汽车、矿用自卸汽车和重型汽车。

（1）第二汽车制造厂的建立

1964年，根据毛泽东主席的"备战备荒为人民"和"三线建设要抓紧"的指示，二汽建设被列入第三个五年计划。

1965年12月21日，中汽公司决定成立第二汽车制造厂筹备处，由饶斌、齐抗负责。

1966年5月10日，国家建委在北京召开会议，会议确定二汽厂址定在鄂西北的郧县十堰到陕西的旬阳一带。

1969年，二汽开始在湖北十堰市筹划建设。湖北开始有了自己的汽车工业。二汽建设从1972年正式开始，到1975年建成，1976年开始出车。直至20世纪90年代，二汽主要生产"东风牌"卡车，1992年9月1日更名为东风汽车公司。2003年9月，东风汽车公司将总部迁至武汉。

（2）四川汽车制造厂和陕西汽车制造厂的建立

1966年3月11日，四川汽车制造厂举行开工典礼，厂址选定在四川大足。1966年6月，四川汽车制造厂洪岩牌CQ260型越野车试制成功。1971年7月，四川汽车制造厂批量投产红岩牌CQ261型越野汽车。

陕西汽车制造厂厂址选定在陕西省岐山县。1974年12月27日，陕西汽车制造厂生产的延安牌SX250型越野汽车鉴定定型。1978年3月14日，陕西汽车制造厂和陕西齿轮厂建成，正式投产延安牌SX250型越野汽车。

（3）开发生产矿用自卸汽车和重型载货汽车

1969年以后，上海、长春、本溪等地投入矿用自卸汽车试制和生产；安徽、南阳、丹东等地开始生产重型载货汽车。

1969年7月，根据周恩来总理关于国家急需矿用载货汽车的指示，由上海汽车底盘厂试制的上海SH380型32 t和SH361型15 t矿用自卸车试制成功。1971年12月，第一汽车制造厂试制成功60 t矿用自卸汽车。

3. 全面发展阶段（1979年至今）

（1）1978年到20世纪末

从载重汽车到轿车，中国汽车工业获得了长足的发展，形成了完整的汽车工业体系，开始全面发展。这一阶段是我国汽车工业由计划经济体制向市场经济体制转变的转型期。

1984年，第一家整车制造合资公司——由北京汽车工业公司与克莱斯勒共同投资的轿车生产企业诞生，这标志着汽车产业进入对外开放阶段。从此，大批合资公司在中国诞生。

1984年，上海汽车厂与德国大众签署合资协议。1985年3月21日，上海大众有限公司成立，标志着中国汽车工业从此掀开了历史性的一页。

从此，中国汽车产业进入了一个新的发展阶段——独立自主、自力更生的发展阶段。

1989年6月23日，第一辆中国斯太尔重型载货汽车在济南汽车制造厂诞生。原第二汽车制造厂在东风EQ140型载货汽车的基础上，又生产出东风EQ1092型、东风EQ1118型等新型载货汽车。

进入20世纪90年代，一汽、二汽、北汽、南汽分别建立合资轿车生产企业，"一汽大众"（中德合资）、"神龙汽车"（中法合资）、"北京吉普"（中美合资）、"南京依维柯"（中意合资）等汽车品牌相继出现。

自20世纪90年代后期开始，我国汽车产业出现了新的特点，并逐渐成为我国经济发展的支柱力量。虽然民营企业的资金不如大型国有企业雄厚，但是可以从容应对市场变化、及时调整产品，很快也在我国汽车制造业中找到了自己的位置。1997年，国家统计局第一次将家用汽车列为城镇居民家庭耐用消费品进行了统计。从1997年到2007年，我国城镇居民家用汽车数量增长了30倍。据国家统计局2013年的数据显示，我国城镇居民家用汽车数量已达到9 309万辆。长春市在2015年9月家用汽车数量已达到100万辆，平均每四个人就拥有一辆家用汽车。

同样是在1997年，一汽轿车和上海汽车先后在上海证券交易所上市，资本市场成为我国汽车产业的重要融资来源。此后，汽车金融等各类型的汽车服务行业逐渐出现，汽车的产业链逐步延伸。到2001年，中国加入世界贸易组织，中国汽车产业逐渐开始迎接外来挑战，我

国汽车产业进入多元的发展阶段。

在这个阶段中，我国汽车产业发展的一个重要特点就是自主创新开始活跃。科研经费的投入、科研技术人员的培养、汽车工业总产值和总能耗比率的变化，都在表明我国汽车产业技术的进步。

我国自主品牌轿车的市场份额从之前不足20%，逐渐上升到2007年的26%，以后一直保持着平稳的增长。尤其是在我国汽车产业的自主创新活动中，中小型汽车企业的创新最为活跃，这些企业的创新模式不同于合资企业引进、消化、吸收、再创新，而是以内资驱动，从完全模仿和逆向工程出发，到正向开发，最终实现自主创新。

2008年，金融危机席卷全球，世界汽车市场也陷入低迷。而在此时，中国汽车产业却在接受挑战，2009年，中国成为世界汽车产销量第一大国，刷新了历史。然而，产能的增加却并未从根本上扭转我国汽车产业核心技术缺乏、严重依赖进口的被动局面。关键设备和零部件普遍与世界一流水平存在10年以上的差距。国产零部件仍以中低端产品为主，且重要占据维修市场而非配套系统。

（2）21世纪

进入21世纪以后，中国汽车工业在中国加入世界贸易组织（WTO）后进入了快速发展的高速路，进入了一个市场规模和生产规模迅速扩大、自主创新、全面融入世界汽车工业体系的时期。

总之，中国汽车产业在总体发展形势大好的同时，也面临着来自外部环境的压力，要想继续保持较快发展，就必须有效地应对发展过程当中的各种挑战。同时，把握好新能源汽车、汽车电子和模块化创新模式带来的新的发展机遇，加大自主创新力度，切实提升产业技术能力，实现由大到强的转变。

4. 我国汽车工业的新技术

（1）电磁兼容

近年来，日益繁多的电子产品广泛应用于汽车工业，并逐渐形成汽车电子技术。汽车电子技术的应用程度已成为提高汽车技术水平的重要标志。各种电子产品已占汽车总成本的30%以上，而且这种趋势仍不断发展。汽车电磁兼容技术是一门新兴技术，电磁兼容是指车辆或零部件或独立技术单元在其电磁环境中能令人满意地工作，又不对该环境中任何事物造成不利影响。在汽车及其周围的空间中，在一定的时间内（运行的时间），在可用的频谱资源条件下，汽车本身及其周围的用电设备可以共存，不致引起降级。

20世纪90年代，我国开展汽车无线电干扰特性的普查工作，开始控制汽车无线电干扰。此后国内开展了汽车及其零部件的电磁兼容技术研究，并建设大型电磁兼容实验设施。2001年3月，中国汽车技术研究中心建成我国汽车行业第一家综合性电磁兼容检测实验室，并通过国家质量技术监督局实验室认可委员会和国家商检局实验室认可委员会的双重认可。2003年，国内汽车行业新的电磁兼容实验室（包括电磁波暗室）陆续建成。长春汽车检测中心建成电磁波暗室并配套了相关仪器；襄樊汽车检测中心购置了GTEM；上海机动车检测中心、重庆汽车检测中心等单位计划出巨资建设电磁波暗室并配套相应仪器。

随着汽车电子化程度的提高，汽车电磁兼容技术作为汽车技术的一个重要分支正在确立其重要地位。人们关心并重视汽车电磁兼容技术的研究与应用的程度应进一步提高。电磁兼容技术标准化进程将会加快，增强与国内国外同行的技术交流。今后的重点应是在汽车零部件的电磁兼容性研究与测试方面，以推动国内汽车电子电器部件技术的加速发展，提高国内企业的汽车电子电器部件的生产水平，加快汽车生产的国产化进程，同时发展汽车整车的电磁抗扰性研究与测试，争取尽快赶上国际汽车技术发展水平，提高国产汽车的整体水平。

（2）新能源汽车

随着我国经济的快速增长，我国的石油消费量逐年增加，然而国内石油产量增长缓慢，导致石油供给和需求的矛盾日益突出。我国在2009年发布的《汽车产业调整和振兴规划》中提出以新能源汽车产销成规模为重要目标。新能源汽车可以分为四大类，分别是氢发动机汽车、混合动力汽车、纯电动汽车和燃料电池汽车。其中混合动力汽车包括普通混合动力汽车和插电式混合动力汽车两类。我国在燃油汽车清洁化、代用燃料汽车研制开发与推广应用以及电动汽车、混合动力汽车、燃料电池汽车的研制开发和示范应用方面取得较大进展。进一步降低了汽车排放污染，有效地改善了大气质量，促进了多元化的汽车能源结构的形成，增强了汽车工业自主开发的能力，有利于国民经济可持续发展战略的贯彻实施。

燃气汽车推广应用范围逐步扩大，能源替代效益显著。发展燃气汽车是我国清洁汽车行动的重要内容，随着清洁汽车行动的不断向前推进，燃气汽车的推广应用得到较大发展。2011年，中国天然气汽车保有量超过100万辆，已建成3 000多座天然气加气站，整车生产厂以每年10万辆左右的速度投放市场。到2015年，中国天然气汽车保有量超过150万辆，成为世界最大、最具成长性的天然气汽车市场。天然气的主要成分是甲烷，具有较高的辛烷值和热值，性质稳定、燃烧比较完全，与汽油、柴油相比，具有较好的排放性能。因此，天然气汽车以其优良的燃烧和排放特性得到市场认可。同时我国是天然气资源比较丰富的国家，据国土资源部2012年评价结果显示，全国天然气地质资源量为52万亿立方，可采资源量为32万亿立方，比2003—2007年开展的新一轮全国油气资源评价分别增长了49%和45%。

电动汽车在"十五"期间取得了重要的科研成果。国内200多家企业、高校和研究机构参与了专项工作，并在电动汽车整车及零部件关键技术方面取得较大进展。2007年由同济大学研发的"超越二号"燃料电池轿车问世，它的所有关键零部件都由我国自主研发，采用桑塔纳3000为原型车装配而成，突出清洁、环保汽车的理念。它在节能上有着出色表现，每百公里氢消耗量为1.03千克，最高时速118公里，续驶里程达到197公里。天津一汽与天津清源电动车辆有限公司合作，已经开发出大、中、小三个系列共7个品种的电动汽车动力总成，能够满足纯电动轿车、混合动力电动轿车、纯电动客车、混合动力电动客车和电动特种车的需要，并在整车和关键部位开发上取得突破，达到国内领先和世界先进水平；2007年东风汽车公司与东风电动车辆有限公司开发的东风混合动力公交EQ6110HEV1型在国内率先通过滚翻试验，并荣获国家科技部、商务部、质监总局、环保总局联合颁发的"国家重点新产品证书"。武汉市批量采购东风混合动力电动公交车，首批30台交付武汉市公交集团。比亚迪汽车公司推出的e6先行者搭载比亚迪自主研发的铁电池，是全球首款采用铁电池为动力的纯电动汽车，动力能源转化率高达90%，远高于传统燃油车。K9纯电动客车则搭载了多项比亚迪自主研发的先进技术。车载动力为公司自主生产的铁电池，行驶过程中完全无污染；电池更新时所含的化学物质均可回收，是绿色环保电池；车顶安装太阳能电池板，在行驶过程中可提供辅助续航动力。该公司推出的DM双模电动车采用电动车系统和混合动力系统，这是一种将控制发电机和电动机两种混合力量相结合的先进技术，不仅降低了油耗及排放，更极

大地提高了动力和操纵性能,实现了既可充电又可加油的多种能量补充方式,实现了真正意义上的双动力混合系统,成为世界上最主流的新能源汽车系统。

我国正逐步建立起新一代新能源汽车动力系统技术平台,并通过整车集成配套技术研发,实现与传统汽车的技术对接,逐步向产业化延伸。在对各关键零部件性能以及整车系统集成控制进行测试和调整的实践基础上,各整车研发单位已建立起电动汽车动力系统测试平台等一批相对完备的电动汽车研发软硬件环境。

（3）汽车环保新技术

安全、节能、环保是当今世界汽车工业发展的三大主题,汽车新产品开发和技术性能的提高将继续围绕这三大主题进行。安全、节能、环保的汽车产品是世界各国研究和发展的主要方向,我国也不例外。

我国大力推广使用乙醇汽油。国家发改委等8部委联合发布《车用乙醇汽油扩大试点方案》,把试点范围扩大到9个省,其中黑龙江、吉林、辽宁、河南和安徽5个省为全省推广,河北、山东、江苏和湖北4个省为部分地区推广。车用甲醇汽油研制成功并投入生产,这一产品可以与石化汽油混合使用,彼此不排斥,交叉使用也可以,不必为此清洗油箱,对汽车燃油系统没有损伤,低温起动性好,排放污染低,成本低。

中科院广州能源研究所合成燃料实验室与香港大学的合作项目——生物质气制甲醇取得重大进展;机动车尾气排放控制系统计算机模拟设计技术投入运行,这是一项拥有完全自主知识产权的技术。2010年9月26日,由一汽解放汽车有限公司无锡柴油机厂和第一汽车集团公司技术中心联合设计开发的CA6SN1-42E4N2型天然气发动机点火成功。该机功率达420马力,是目前国内功率最大的天然气发动机。清华大学攻克了"铅酸蓄电池超级复原技术"。

拓展知识

充气轮胎的发明及其在汽车上的应用

1888年,英国苏格兰兽医约翰·伯德·邓禄普看到儿子所使用的自行车的实心橡胶轮在石头路上颠簸得很厉害,他受花园浇花水管的启发,在一根通过活门充气的管子的外面涂上橡胶作保护层,做了一个气胎,将这种气胎缠在车轮上,要修补内管的刺孔,必须首先用苯把涂的橡胶泡下来,修好后再涂上橡胶。邓禄普为他的发明申请了专利,放弃了兽医的职业,建立了世界上第一家轮胎制造厂,开始生产橡胶轮胎。

1. 简述汽车诞生的必然性。
2. 简述对世界汽车和中国汽车发展做出突出贡献的人物。
3. 简述中国汽车工业发展的三个阶段。

第 2 章 汽车基础知识

本章主要介绍汽车的分类、汽车的总体构造、汽车的组成、汽车外形设计和色彩的演变。

2.1 汽车分类及基本构造

2.1.1 汽车的分类

1. 根据汽车的用途分类

汽车按用途可分为运输汽车和特种用途汽车两大类。其中，运输汽车包括轿车、客货两用车。特种用途汽车主要执行运输以外的特殊任务，为此常设有不同的专用设备，以便进行某种特定的作业，它们包括市政和公用事业用车，如清扫车、医疗车、消防车、混凝土搅拌车等，还包括特为农业生产设计的农业作业车以及专供运动和竞赛用的竞赛汽车等。

（1）轿车（Passenger Car）

以运送人员及其行李和物品为主要目的设计制造的，包括驾驶员座位在内最多可设置 9 个座位的汽车。按发动机的工作容积（气缸排量），轿车可分为以下几个等级：微型（1.0 L 以下）、轻型（1.0～1.6 L）、中型（1.6～2.5 L）、大型（2.5 L 以上），目前也称 0.6 L 以下的车为超微型车。按照其结构，轿车可分为普通轿车、豪华轿车和旅行轿车。

（2）运动汽车（Sports Car）

以娱乐运动为目的而设计的轻便型高速轿车。

（3）客货两用汽车（Multipurpose Passenger Car）

具有箱式、敞开式（或可敞开式）车身，为便于输送货物而设计的轿车。

（4）载货汽车（Motor Truck）

以运送货物为主要目的设计制造的汽车。

（5）客车（Bus）

以输送人员及其行李为主要目的设计制造的，包括驾驶员座位在内设有 10 个以上座位的汽车。

（6）专用汽车（Special Purpose Vehicle）

在普通的汽车底盘上安装有特殊用途的专用车身的汽车。

（7）特种汽车（Special Vehicle）

为了特定的目的而加装特种装备（或装置）的汽车。

2. 根据汽车的设计理念分类

近年来，汽车设计理念发生了很大的变化和进步。按设计理念不同，还可以分为SUV、CRV、SRV等。

（1）SUV

SUV（Sport Utility Vehicle，运动型多用途车）是20世纪80年代起源于美国，为了迎合年轻白领阶层而在皮卡的底盘上改装发展而来的一种厢体车。

SUV离地间隙较大，在一定程度上既有轿车的舒适性，又有越野车的越野性。福克斯杂志评选出的2007年度十佳SUV中有凯迪拉克SRX（见图2-1）、路虎揽胜（见图2-2）、荷兰的世爵D12（见图2-3）、本田的讴歌MDX（见图2-4）等。

图2-1　凯迪拉克SRX

图2-2　路虎揽胜

图2-3　荷兰的世爵D12

图2-4　本田的讴歌MDX

（2）CRV

CRV（City Recreation Vehicle，城市休闲车）是本田的一款车，国产的叫作东风本田CRV（见图2-5）。

（3）SRV

SRV（Small Recreation Vehicle，小型休闲车）一般指两厢轿车，如上海赛欧SRV（见图2-6）和吉利豪情SRV（见图2-7）。

图2-5 东风本田CRV

图2-6 上海赛欧SRV

图2-7 吉利豪情SRV

（4）RAV

RAV源于丰田的一款小型运动车RAV4（见图2-8）。丰田公司的解释是Recreation（休闲）、Activity（运动）、Vehicle（车），缩写就成了RAV，又因为车是四轮驱动的，所以后面又加了一个4。

（5）HRV

HRV源于上海通用凯越HRV轿车（见图2-9），取Healthy（健康）、Recreation（休闲）、Vigorous（活力）之意，是在一个全新的汽车设计理念下设计制造的。

图2-8 丰田RAV4

图2-9 上海通用凯越HRV轿车

（6）MPV

MPV（Multi-Purpose Vehicle或Mini Passenger Van，多用途汽车）集轿车、旅行轿车和厢式货车的功能于一体，车内的每一个座椅都可以调整，并有多种组合方式，如长城嘉誉（见图2-10）、本田艾力绅（见图2-11）、金杯阁瑞斯（见图2-12）、上海通用GL8、普力马、奥德赛等。

图2-10　长城嘉誉

图2-11　本田艾力绅

近年来，MPV趋向于小型化，并出现了所谓的S-MPV，S就是小（Small）的意思，车身紧凑，一般有5~7个座。江西昌河北斗星（见图2-13）是S-MPV的典型代表。

图2-12　金杯阁瑞斯

图2-13　江西昌河北斗星

（7）CUV

CUV（Car-Based Utility Vehicle）是以轿车为设计平台，融合轿车、MPV和SUV特性为一体的多用途车，也被称为Crossover。

CUV最初源于20世纪的日本，之后在美国、西欧等地流行，开始成为崇尚轿车驾驶感受和操控性以及多用途运动功能，喜欢SUV粗犷外观，同时也注重燃油经济性与良好通过性的这类汽车用户的最佳选择。

三菱的欧蓝德（见图2-14）、长城的哈弗（见图2-15）都是典型的CUV。

图2-14　三菱的欧蓝德

图2-15　长城的哈弗

（8）NCV

NCV（New Concept Vehicle，新概念轿车）以轿车底盘为平台，兼顾了轿车的舒适性和 SUV 的越野性。

奇瑞瑞虎（见图 2-16）和黄海法萨特（见图 2-17）都是 NCV。作为新概念轿车，它比家用轿车的使用范围更广。

图 2-16 奇瑞瑞虎

图 2-17 黄海法萨特

（9）RV

RV（Recreation Vehicle，休闲车）是一种用于娱乐、休闲、旅游的汽车。首先提出 RV 概念的国家是日本。

RV 的覆盖范围比较广泛，没有严格的范畴。从广义上讲，除了轿车和跑车外的轻型乘用车，如 MPV、SUV、CUV 等，都可归属于 RV。

3. 根据汽车的结构分类

（1）按汽车的行走方式进行分类

1）轮式汽车（Wheeled Vehicle）

用车轮作为行走装置的汽车。

2）履带式汽车（Crawler Vehicle）

用履带作为行走装置的汽车。

3）半履带式汽车（Semi-crawler Vehicle）

用履带作为驱动装置、用车轮作为转向装置的汽车。

（2）按动力装置进行分类

1）内燃机汽车（Internal Combustion Engine Automobile）：用内燃机作为动力装置的汽车。通常，内燃机汽车的主要形式有以下几种：

① 汽油机汽车（Gasoline Automobile）：用汽油机作为动力装置的汽车。

② 柴油机汽车（Diesel Automobile）：用柴油机作为动力装置的汽车。

③ 气体燃料发动机汽车（Gaseous Fuel Automobile）：发动机用天然气、煤气等气体作为燃料的汽车。

④ 液化气体燃料发动机汽车：发动机使用液化气体（液化石油气）作为燃料的汽车。

2）电动汽车（Electric Automobile）

用电动机作为动力装置的汽车。根据电源形式可将电动汽车分为以下两种：

① 无轨电车（Trolley Bus）：从架线上接受电力，用电动机驱动的大客车。

② 电瓶车（Battery Car）：用蓄电池作为电源的电动汽车。

3）燃气涡轮机汽车（Gas Turbine Automobile）

用燃气涡轮机作为动力装置的汽车。

（3）按照发动机的位置进行分类

1）前置发动机汽车（Front Engine Automobile）

将发动机安装在车辆前部的汽车。

2）后置发动机汽车（Rear Engine Automobile）

将发动机安装在车辆后部的汽车。

3）中置发动机汽车（Mid-ship Engine Automobile）

将发动机置于前后桥之间的汽车。

（4）按照驱动方式进行分类

1）前轮驱动汽车（Front Drive Automobile）

用前轮作为驱动轮的汽车。

2）后轮驱动汽车（Rear Drive Automobile）

用后轮作为驱动轮的汽车。

3）全轮驱动汽车（All Wheel Drive Automobile）

前后轮都可以作为驱动轮的汽车。

（5）按照发动机位置和驱动方式进行分类

1）前置前驱汽车（Front Engine Front Drive Automobile）

前置发动机的前轮驱动汽车。

2）前置后驱汽车（Front Engine Rear Drive Automobile）

前置发动机的后轮驱动汽车。

3）后置后驱汽车（Rear Engine Rear Drive Automobile）

后置发动机的后轮驱动汽车。

4）中置后驱汽车（Mid-ship Engine Rear Drive Automobile）

中置发动机的后轮驱动汽车。

（6）按照有无车架进行分类

1）有车架汽车（Vehicle With Frame Construction）

在构成车辆底盘的骨架上安装了悬架、车桥、发动机和车身等总成的汽车。

2）无车架汽车（Vehicle With Integral Chassis-body Construction）

一种没有底盘骨架，底盘和车身成为一体，使其具有一定强度的汽车。

4. 国家标准规定的汽车分类

从 2002 年 3 月份起，新的汽车分类国家标准开始实施。该标准将汽车划分为乘用车和商用车两大类，私人作为代步工具的车辆被称为乘用车，公务及商业经营的运输车被称为商用车。有关专家表示，此举将与国际接轨，有利于加强国内车辆管理，对税费影响不大。

新的分类标准，根据国际通用办法，在两大类的前提下，按照排放、载重、车型等多种方法再细分。这样，可以用国际上统一的排放、认证和统计标准来衡量我国汽车的性能，也有利于交通部门的汽车管理。

新的国家标准（以下简称新国标）的具体说明如下：

两个新国标为 GB/T 3730.1—2001 和 GB/T 15089—2001，均于 2002 年 3 月 1 日起正式实施，前者主要用于行驶认证，后者主要是通用性分类，适用于一般概念、统计、牌照、保险、政府政策和管理的依据。新国标在按用途划分的基础上，建立了乘用车和商用车概念，尤其是在轿车的划分上改革较大，解决了管理和分类的矛盾，是和国际接轨的标准。

（1）汽车

1）乘用车（Passenger Car）

在其设计和技术特性上主要用于载运乘客及其随身行李和临时物品的汽车（Motor Vehicle），包括驾驶员座位在内最多不超过 9 个座位。它也可以牵引一辆挂车。下面给出的前 6 个乘用车俗称轿车。

① 普通乘用车（Saloon，Sedan）。车身：封闭式，侧窗中柱可有可无。车顶：固定式，硬顶，有的车顶一部分可以开启。座位：4 个或 4 个以上座位，至少两排，后座椅可以折叠或移动，以形成装载空间。车门：2 个或 4 个侧门，可有一后开启门。

② 活顶乘用车（Convertible Saloon）。车身：具有固定侧围框架的可开启式车身。车顶：车顶为硬顶或软顶，可开启式车身可以通过使用一个或数个硬顶部件和/或合拢软顶将开启的车身关闭。座位：4 个或 4 个以上座位，至少两排。车门：2 个或 4 个侧门。车窗：4 个或 4 个以上侧窗。

③ 高级乘用车（Pullman Saloon）。车身：封闭式，前后座之间可以设有隔板。车顶：固定式，硬顶，有的车顶一部分可以开启。座位：4 个或 4 个以上座位，至少两排，后排座椅前可安装折叠式座椅。车门：4 个或 6 个侧门，也可以有一个后开启门。车窗：6 个或 6 个以上侧窗。

④ 小型乘用车（Coupe）。车身：封闭式，通常后部空间较小。车顶：固定式，硬顶，有的车顶一部分可以开启。座位：2 个或 2 个以上座位，至少一排。车门：2 个侧门，也可有一个后开启门。车窗：2 个或 2 个以上侧窗。

⑤ 敞篷车（Convertible）。车身：可开启式。车顶：车顶可为软顶或硬顶，至少有两个位置，第 1 个位置遮覆车身，第 2 个位置车顶卷收或可拆除。座位：2 个或 2 个以上座位，至少一排。车门：2 个或 4 个以上侧窗。

⑥ 舱背乘用车（Hatchback）。车身：封闭式，侧窗中柱可有可无。车顶：固定式，硬顶，有的车顶一部分可以开启。座位：4 个或 4 个以上座位，至少两排，后座椅可折叠或可移动，以形成一个装载空间。车门：2 个或 4 个侧门，车身后部有一个舱门。

⑦ 旅行车（Station Wagon）。车身：封闭式，车尾有较大的内部空间。车顶：固定式，硬顶，有的车顶一部分可以开启。座位：4 个或 4 个以上座位，至少两排，座椅的一排或多排可拆除，或装有向前翻的座椅靠背，以提供装载平台。车门：2 个或 4 个侧门，并有一个后开启门。车窗：4 个或 4 个以上侧窗。

⑧ 多用途乘用车（Multipurpose Passenger Car）。上述七种车辆以外的，只有单一车室载运乘客及其行李或物品的乘用车。

⑨ 短头乘用车（Forward Control Passenger Car）。一种乘用车，它一半以上的发动机长度位于车辆前风窗玻璃最前点以后，并且方向盘的中心位于车辆总长的前1/4部分内。

⑩ 越野乘用车（Off-road Passenger Car）。在其设计上所有车轮同时驱动（包括一个驱动轴可以脱开的车辆），或其几何特性（接近角、离去角、纵向通过角、最小离地间隙）、技术特性（驱动轴数、差速锁止机构或其他型式机构）和它的性能（爬坡度）允许在非道路上行驶的一种乘用车。

⑪ 专用乘用车（Special Purpose Passenger Car）。运载乘员或物品并完成特定功能的乘用车，它具备完成特定功能所需的特殊车身和/或装备，如旅居车、防弹车、救护车、殡仪车等。

2）商用车（Commercial Vehicle）：在设计和技术特性上用于运送人员和货物的汽车，并且可以牵引挂车。乘用车不包括在内。

● 客车（Bus）。客车是指在设计和技术特性上用于载运乘客及其随身行李的商用车辆，包括驾驶员座位在内，座位不超过9座。客车有单层的或双层的，也可以牵引一挂车。客车可细分为以下8种。

① 小型客车（Minibus）：用于承运乘客，除驾驶员座位外，座位数不超过16座的客车。

② 城市客车（City-bus）：一种为城市内运输而设计和装备的客车。这种车辆设有座椅及站立乘客的位置，并有足够的空间供频繁停站时乘客上下车走动用。

③ 长途客车（Interurban Coach）：一种为城市间运输而设计和装备的客车。这种车辆设有座椅及站立乘客的位置，但在其通道内可载运短途站立的乘客。

④ 旅游客车（Touring Coach）：一种为旅游而设计和装备的客车。这种车辆的布置要确保乘客的舒适性，不载运站立的乘客。

⑤ 铰接客车（Articulated Bus）：一种由两节刚性车厢铰接组成的客车。在这种车辆上，两节车厢是相通的，乘客可通过铰接部分在两节车厢之间自由走动。两节刚性车厢永久连接，只有在工厂车间使用专用的设施才能将其拆开。

⑥ 无轨电车（Tolley Bus）：一种经架线由电力驱动的客车。

⑦ 越野客车（Off-road Bus）：在其设计上所有车轮同时驱动（包括一个驱动轴可以脱开的车辆）或其几何特性（接近角、离去角、纵向通过角、最小离地间隙）、技术特性（驱动轴数、差速锁止机构或其他行驶机构）和它的性能（爬坡度）允许在非道路上行驶的一种车辆。

⑧ 专用客车（Special Bus）：需经特殊布置安排后才能载运人员的车辆。

● 半挂客车（Semi-trailer Towing Vehicle）。半挂客车是指装备有特殊装置，用于牵引半挂车的商用车辆。

● 货车（Goods Vehicle）。货车是一种主要为载运货物而设计和装备的商用车辆，细分为以下6种。

⑨ 普通货车（General Purpose Goods Vehicle）：一种在敞开（平板式）或封闭（厢式）载货空间内载运货物的货车。

⑩ 多用途货车（Multipurpose Goods Vehicle）：主要用于载运货物，但在驾驶员座椅后带有固定或者折叠座椅，可以载运3个以上乘客的货车。

⑪ 全挂牵引车（Trailer Goods Vehicle）：一种牵引全挂车的货车。它本身可在附属的载

运平台上运载货物。

⑫ 越野货车（Off-road Goods Vehicle）：在其设计上所有车轮同时驱动（包括一个驱动轴可以脱开的车辆）或其几何特性（接近角、离去角、纵向通过角、最小离地间隙）、技术特性（驱动轴数、差速锁止机构或其他行驶机构）和它的性能（爬坡度）允许在坏路上行驶的一种车辆。

⑬ 专用作业车（Special Goods Vehicle）：在其设计和技术特性上用于特殊工作的货车，如消防车、救险车、垃圾车、应急车、街道清洗车、扫雪车、清洁车等。

⑭ 专用货车（Specialized Goods Vehicle）：在其设计和技术特性上用于运输特殊物品的货车，如罐式车、乘用车运输车、集装箱运输车等。

（2）挂车

挂车（Trailer）是指就其设计和技术特性而言需汽车牵引，才能正常使用的一种无动力的道路车辆，用于载运人员和货物。

1）牵引杆挂车（Draw-bar Trailer）

① 客车挂车（Bus Trailer）：在其设计和技术特性上，用于载运人员及其随身行李的牵引杆挂车。

② 牵引杆货车挂车（Goods Draw-bar Trailer）：在其设计和技术特性上，用于载运货物的牵引杆挂车。

③ 通用牵引杆挂车（General Purpose Draw-bar Trailer）：一种在敞开（平板式）或封闭（厢式）载货空间内载运货物的牵引杆挂车。

④ 专用牵引杆挂车（Special Draw-bar Trailer）：一种牵引杆挂车，需经特殊布置后才能载运人员或/和货物，只执行某种规定的运输任务。

2）半挂车（Semi-trailer）

车轴置于车辆重心（当车辆均匀受载时）后面，并且装有可将水平或垂直力传递到牵引车的连接装置的挂车。半挂车可细分为以下 4 种。

① 客车半挂车（Bus Semi-trailer）：在其设计和技术特性上用于载运乘客及其随身行李的半挂车。

② 通用货车半挂车（General Purpose Goods Semi-trailer）：一种在敞开（平板式）或封闭（厢式）载货空间内载运货物的半挂车。

③ 专用半挂车（Special Semi-trailer）：一种半挂车，需经特殊布置后才能载运人员或/和货物，只执行某种规定的运输任务。

④ 旅居半挂车（Caravan Semi-trailer）：能够提供活动睡具的半挂车。

3）中置轴挂车（Center Axle Trailer）：牵引装置不能垂直移动（相对于挂车），车轴位于紧靠挂车重心（当均匀载荷时）的挂车，这种车辆只有较小的垂直静载荷作用于牵引车，不超过相当于挂车最大质量的 10% 或 1 000 N 的载荷（两者取较小者）。其中一轴或多轴可由牵引车来驱动。

（3）汽车列车

① 乘用车列车（Passenger Trailer Combination）：乘用车和中置轴挂车的组合。

② 客车列车（Bus Road Train）：一辆客车与一辆或多辆挂车的组合。各节乘客车厢不相通，有时可设服务走廊。

③ 货车列车（Goods Road Train）：一辆货车与一辆或多辆挂车的组合。

④ 牵引杆挂车列车（Draw-bar Tractor Combination）：一辆全挂牵引车与一辆或多辆挂车的组合。

⑤ 铰接列车（Articulated Vehicle）：一辆半挂牵引车与具有角向移动连接的半挂车组成的车辆。

⑥ 双挂列车（Double Road Train）：一辆铰接式列车与一辆牵引杆挂车的组合。

⑦ 双半挂列车（Double Semi-trailer Road Train）：一辆铰接式列车与一辆半挂车的组合。两辆车的连接是通过第二个半挂车的连接装置来实现的。

⑧ 平板列车（Platform Road Train）：一辆货车和一辆牵引杆货车挂车的组合。

2.1.2 汽车的总体构造

1. 汽车的组成部分

作为路面高速行走的工具，汽车的构造是非常精密和复杂的。汽车通常由发动机、底盘、车身、电气设备等部分组成。

（1）发动机

发动机（见图2-18）是汽车的动力装置，它的作用是使供入其中的燃料燃烧而产生动力。一般汽车都采用往复活塞式内燃机。它由机体、曲柄连杆、配气机构、燃料供给系统、冷却系统、润滑系统、点火系统和起动系统等几部分组成。

图 2-18 发动机

（2）底盘

底盘（见图2-19）由传动系、行驶系、转向系和制动系四部分组成。底盘的作用是支撑、安装汽车发动机及其各部件、总成，成形汽车的整体造型，并接受发动机的动力，使汽车产生运动，保证正常行驶。

（3）车身

车身（见图2-20）是形成驾驶员和乘客乘坐空间的装置，也是存放行李等物品的工具。因此，它既要为驾驶员提供方便的操作条件，又要为乘客提供舒适的环境；既要保护全体成员的安全，又要保证货物完好无损。也就是说，车身既是保安部件，又是承载部件。在现代汽车中，车身是技术与艺术的有机结合。轿车车身由本体、内部装饰和车身附件等组成。

图 2-19 底盘

图 2-20 车身

（4）电气设备

电气设备（见图2-21）是汽车的重要组成部分，它由电源、发动机点火系统（汽油机）和起动系统、照明和信号装置、空调、仪表、报警系统、辅助电器等组成。

高级轿车更多地采用了现代新技术，尤其是电子技术，如微处理机（汽车电脑，见图2-22）、中央计算机系统、各种人工智能装置等，从而显著地提高了汽车的性能。

图2-21 电气设备

图2-22 汽车电脑

2.1.3 车身及附属设备

1. 车身的定义

车身是汽车的基本骨架，也是最大的部件，它决定了汽车的基本形状、大小和用途。

车身壳体是一切车身零部件的安装基础，通常是指纵、横梁和支柱等主要承力元件以及与它们相连的钣制件共同组成的刚性空间结构。

2. 车身的类型

轿车车身的类型如图2-23所示。轿车车身无明显骨架，它是由外部覆盖件和内部钣金件焊接成的空间结构。

轿车车身一般采用承载式（见图2-24）或非承载式（见图2-25）。

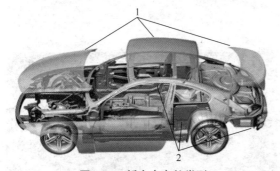

图2-23 轿车车身的类型

1—车身覆盖件；2—车身结构件

图2-24 承载式车身

承载式车身底板有较完整的纵、横承力元件，前部有较粗大的纵梁，通常与两侧的前挡

图 2-25 非承载式车身

泥板和前面的散热器固定框焊接，构成一个刚性较好的空间框架，为发动机、前悬架等部件的安装提供坚实可靠的基础。

非承载式车身的车前钣制件往往不是焊接在车身壳体上，而是用螺钉连接并安装在其车架上。因此，非承载式车身前面较薄弱。但是高级轿车为乘坐舒适，仍多采用非承载式车身。

两种车身类型的优缺点：

（1）承载式车身

1）优点

① 无车架，减轻整车质量；

② 地板高度降低，上下车方便；

③ 适合轿车、小车以及城市 SUV 这种混种车，比较轻、省油。

2）缺点

① 噪声大，传动系统和悬架的震动和噪声会直接传入车内，需采取防震和隔声措施。

② 底盘部件与车身接合部在汽车运动载荷的冲击下，极易发生疲劳损坏。

③ 维修困难，由于事故所导致的整体变形较为复杂，车身维修作业难度大。

（2）非承载式车身

1）优点

① 安全性能好。车身强度高，车架能够提供很强的车身刚性，也有利于提高安全性。

② 舒适性能好。在走颠簸路面时更平稳舒适一些。

③ 工艺简单，易于改装。底盘和车身分开装配，简化装配工艺，并易于改装成其他用途的车辆。

2）缺点

① 重量大。车架本身就很重，而车身和车架又是两个独立的部件，所以整体重量就更大了，用的钢材多，成本也会相对较高。

② 车辆重心比承载式更高。车架在底部，而车身是安装在车架上，坐过非承载式车身结构专业越野车的人可能会有这样的感觉：整辆车看上去非常高大，可是坐进去感觉却没有想象中那么大，因为地板也很高。

3. 汽车仪表及附件

（1）汽车仪表及附件的含义

汽车仪表是驾驶员通过视觉了解汽车工作状态的必备部件，其种类很多，但大致可分为读取数值的仪表（如车速表）和判断车况是否正常的仪表或装置。

这些仪表安装在驾驶员最容易看见的驾驶员座椅对面的仪表板上（见图 2-26）。

由于仪表是靠视觉来了解汽车工作状态的，因此，应具有良好的目视性（容易辨认）。

图 2-26 轿车仪表板

将仪表设置在正面的仪表板上，可减少视线从前方路面移开。

需要频繁读数的仪表，若安装在仪表板中间，则会增加视线移动量而带来不便。不需经常确认的警报灯等，可安装在目视性较差的部位。

警报灯（指示灯）发生异常时灯亮，但它不能读出数值。

（2）汽车主要仪表及附件的作用

1）车速里程表

它由指示汽车行驶速度的车速表和记录汽车所行驶过距离的里程表组成，它们装在同壳体中，由同一根轴驱动。

2）车速报警装置

它是为保证行车安全而在车速表内设置的音响报警系统。

3）机油压力表

它是在发动机工作时指示发动机润滑系统主油道中机油压力大小的仪表。

4）机油低压报警装置

其作用是当发动机润滑系统主油道中的油压低于正常值时，向驾驶员发出报警信号，机油低压报警装置由装在仪表板上的机油低压报警灯和装在发动机主油道上的油压传感器组成。

5）燃油表

其作用是指示汽车燃油箱内的存油量。

6）燃油油面报警装置（即燃油液位报警灯）

其作用是当燃油箱内的燃油量少于某一规定值时立即发出报警，以引起驾驶员的注意。

7）水温表

其功能是指示发动机气缸盖水套内冷却液的工作温度。

8）水温报警灯

该灯能在冷却液温度升高到接近沸点（如 95 ℃～98 ℃）时发亮，以引起驾驶员的注意。

9）电流表

电流表用以指示蓄电池充电和放电的电流值。在进口车上，目前很少采用传统的电流表，而普遍采用充电指示灯。灯亮，表示不充电；灯不亮，则表示充电。

10）充电指示灯

充电指示灯仅在发电机不对蓄电池充电时才发亮。

4. 安全防护装置

（1）安全带

随着轿车工业的发展，汽车安全问题日益被人们所重视。人们采取了各种措施以提高汽车的安全性能。其中，安全带的使用是提高汽车安全性的重要措施之一。汽车在行驶时，乘员以与汽车相同的速度运动。当汽车发生碰撞紧急制动时，由于惯性作用，乘员被抛向前方。这种突如其来的惯性力非常大，即使在 20 km/h 的车速下发生很轻的碰撞，靠人的腕力也无法支撑身体。而座椅安全带通过高强度的织带约束乘员的运动，减轻或避免乘员与其他物体碰撞受伤。同时，当汽车失去平衡、倾覆或翻滚时，安全带将人体约束在座椅上，避免其在车内翻滚而造成二次或多次碰撞。大量实践证明，安全带是最有效的安全防护装置，它可大幅度降低碰撞事故的受伤率和死亡率。

（2）安全气囊

现在，越来越多的汽车都装备了安全气囊，其目的是辅助保护乘员，但基本前提是佩戴安全带。由于汽车撞车时产生的冲击力很大，即使佩戴了安全带，驾驶者的脸部有时也会撞击在转向盘或前方其他物体上。安全气囊系统可弥补佩戴安全带后仍不能完全固定身体的缺陷，使乘员得到更充分的保护。当汽车以大于 20 km/h 的运行速度，在正前方±30°的范围发生撞击时，安全气囊就会迅速自动充气弹开，瞬间鼓起一个很大的气囊，犹如缓冲垫填在驾驶员和转向盘之间（见图 2-27），从而减轻驾驶员（或乘员）头部及胸部的伤害。

图 2-27 安全气囊的保护作用

（3）其他安全防护装置

头枕是在汽车后部受撞击时限制人的头部向后运动的装置，该装置能够有效地控制由于追尾碰撞而造成的头部前后甩动，以避免头部、颈椎受伤害。

车门带有门锁机构，汽车在行驶中，万一车门打开，非常危险，现代汽车的门锁和门铰链都制作得十分牢固可靠，发生碰撞时不会因车身和车门的变形使车门轻易打开，碰撞后，门锁不会影响车门的正常开启。行驶中，儿童门锁可以防止儿童顽皮误将车门突然打开，儿童门锁与普通门锁不同，从车门内侧操作不能打开车门，儿童摆弄也不能解除门锁的安全机关。有的车门还设有车门未锁报警开关。

车窗玻璃的性能不仅影响驾驶员及乘员的视野，也关系到车内人员的安全。夹层玻璃或局部钢化玻璃兼顾了这两方面的问题。因此，它也是一种安全措施。

现代汽车车身内部一切可能与人体撞击的构件应避免采用尖角、凸棱或小圆弧过渡的形状，而且车身内广泛采用软材料包垫。室内软化不仅是为了满足舒适性要求，更重要的是为了满足安全防护性能的要求。

保险杠是安装在汽车前后、防止轻度碰撞时损坏汽车及乘员、行人的部件；横装于轿车侧面的保护条，可在开车门或侧面发生碰撞时，利用保护条保护车身；车身可靠的强度和硬度对保证汽车及乘员的安全也十分重要。

5. 暖风空调装置

现代汽车大都装有车用暖风装置和车用空调，来提高车内乘坐的舒适性。

（1）暖风装置

水冷式发动机的暖风装置，是一个以发动机工作时产生的热量为热源的暖风机。外部空气由送风机吸入，发动机的高温冷却水在循环途中，部分导入暖风机，经暖风机的热交换器将空气加热，再将加热的空气送入车内用以取暖、车窗除霜等。通过调节向暖风机输入的冷却水循环量及调节送风机转速可以增减外部空气的吸入量，以便控制暖风的温度。这种暖风装置多用于普通级和中级轿车或载货汽车驾驶室。对于大型客车，利用发动机热源不能满足供热要求，应另设热源。

（2）空调装置

汽车空调一般由通风装置、暖风装置、冷气装置以及空气净化装置等组成。其工作过程如下：

① 压缩机运转时，将蒸发器内产生的低温、低压制冷剂蒸气吸入并进行压缩后，在高温、高压的状态下排出。

② 高温、高压气态制冷剂流入冷凝器，经冷却，气态制冷剂变成液体。

③ 液态制冷剂进入干燥过滤器，取出水分和杂质。

④ 高压液态制冷剂从膨胀阀小孔喷出，成为低压雾状制冷剂流入蒸发器。

⑤ 雾状制冷剂在蒸发器内吸收蒸发器盘管外边空气中的热量汽化，从吹风机来的空气流经蒸发器表面，被冷却后送到车厢内，气态制冷剂又重新被压缩机吸入，这样反复循环，即可达到制冷目的。

2.2 汽车外形设计风格与色彩

2.2.1 汽车外形的演变

1886 年，德国工程师卡尔·本茨（1844—1929 年）在曼海姆制造了一辆装有 0.625 kW（0.85 马力）汽油机的三轮车，拉开了汽车现代史的帷幕。在此后的 100 多年内，汽车无论是从车身造型还是从动力源或底盘、电器设备来讲，都有了翻天覆地的变化。其中最富特色、最具直观感的当数车身外形的演变。

1. 马车型

从 19 世纪末到 20 世纪初，世界上相继出现了一批汽车制造公司，除戴姆勒和奔驰各自成立了以自己名字命名的汽车公司外，还有美国的福特公司、英国的劳斯莱斯公司等。当时的汽车外形基本上沿用了马车的造型（见图 2-28），因此被人们称为无马的"马车"。

2. 箱型

马车型汽车很难抵挡风雨的侵袭，美国福特汽车公司在 1915 年生产出一种新型的福特 T 型车，这种车的车室部分很像一只大箱子，被称为"箱型汽车"（见图 2-29）。

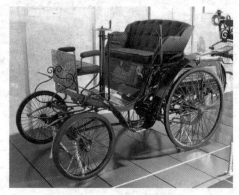

图 2-28　马车型汽车

图 2-29　箱型汽车

为了提高车速，人们开始降低车的高度以减小空气阻力。但由于车顶高度的降低影响前方视野，这种方法最终被放弃，转而采用提高功率的方法。这样一来，发动机由单缸变成 4 缸、6 缸、8 缸，气缸一列排开，发动机罩也随之变长。典型的例子就是意大利 1931 年生产的阿尔法·罗密欧牌汽车的外形。

3. 甲壳虫型

作为高速车，箱型汽车并不够理想，因为它的阻力大大妨碍了汽车前进的速度，所以人们又开始研究一种新的车型——流线型。

1934 年美国的克莱斯勒公司生产的气流牌小客车，首先采用了流线型的车身外形。1936 年福特公司在气流的基础上，研制成功林肯和风牌流线型小客车。此车散热器罩很精练，颇具动感，俯视整个车身呈纺锤形，很有特色。流线型车身的大量生产是从德国大众开始的。

1933 年德国的波尔舍博士设计了一种类似甲壳虫外形的汽车（见图 2-30）。波尔舍最大限度地发挥了甲壳虫外形的长处，使其成为同类车中之王，"甲壳虫"也成为该车的代名词。

由于第二次世界大战的原因，甲壳虫型汽车直到 1949 年才真正开始大批量生产，并以一种车型累计生产超过 2 000 万辆的纪录畅销世界各地。

4. 船型

美国福特公司经过几年的努力，于 1949 年推出具有历史意义的新型福特 V8 型汽车。这种车型改变了以往汽车造型的模式，使前翼子板和发动机罩、后翼子板和行李箱罩融于一体，大灯和散热器罩也形成一个平滑的面，车室位于车的中部，整个造型很像一只小船，所以人们把这类车称为"船型汽车"（见图 2-31）。

福特 V8 型汽车的成功，不仅在于它在外形上有所突破，还在于它首先把人体工程学应用在汽车的设计上，强调以人为主体来设计便于操纵、乘坐舒服的汽车。

图 2-30　甲壳虫型汽车

图 2-31　船型汽车

5. 鱼型

从 20 世纪 50 年代至今，船型已成为世界上数量最多的一种车型。船型汽车尾部过分向后伸出，形成阶梯状，在高速时会产生较强的空气涡流。为了克服这一缺陷，人们把船型车的后窗玻璃逐渐倾斜,倾斜的极限即成为斜背式。这类车被称为"鱼型汽车"(见图 2-32)。

与甲壳虫型汽车相比,鱼型汽车的背部和地面的角度较小,尾部较长,围绕车身的气流也比较平顺,涡流阻力较小。另外,鱼型汽车基本上保留了船型汽车的长处,车室宽大,视野开阔,舒适性也好,并增大了行李箱的容积。

最初的鱼型汽车是美国 1952 年生产的别克牌小客车。

1964 年美国的克莱斯勒·顺风牌和 1965 年的福特·野马牌都采用了鱼型造型。自顺风牌以后,世界各国逐渐生产鱼型汽车。

鱼型汽车由于后窗玻璃倾斜太甚,面积增加两倍,强度下降,产生了结构上的缺陷。此外,还有一个潜在的重大缺点,就是对横风的不稳定性。

对鱼型汽车的这一缺点,人们想了许多方法加以克服,例如在鱼型汽车的尾部安上一只翘翘的"鸭尾",以克服一部分扬力,这便是"鱼型鸭尾式车型"(见图 2-33)。

图 2-32 鱼型汽车

图 2-33 鱼型鸭尾式车型

6. 楔型

为了从根本上解决鱼型汽车的升力问题,人们设计了种种方案,最后终于找到了"楔型汽车"(见图 2-34)。就是将车身整体向前下方倾斜,车身后部像刀切一样平直,这种造型能有效地克服升力。1963 年司蒂倍克·阿本提第一次设计了楔型小客车——阿本提。

"阿本提"诞生于船型汽车的盛行时代,与通常的汽车外形形成尖锐的对立,因此,未能起到引导车身外形向前发展的作用,直到 1966 年才被奥兹莫比尔·托罗纳多所继承。

楔型汽车对于目前所考虑到的高速汽车,已接近理想造型。现在世界各大汽车生产国都已生产出带有楔型效果的小客车,这些汽车的外形清爽利落、简洁大方,极富现代气息。

汽车发展到鱼型,关于空气阻力的问题已经基本解决,楔型汽车继承了这一成果,并有效地克服了鱼型汽车的升力问题,使汽车的行驶稳定性有了显著提高,因而成为目前最为理想的车身造型。

7. 子弹头型

后来,人们又从改名轿车使用概念上做文章,于是多用途的厢式汽车出现了,多用途厢式汽车(Multi-Purpose Vehicle,MPV)属于微型厢式汽车范畴,外形趋于楔形,被我国称为子弹头汽车(见图 2-35)。

图 2-34 楔型汽车

图 2-35 子弹头型汽车

2.2.2 汽车外形设计风格

1. 汽车外形设计风格

汽车是改变人类生活的不朽发明与创造，它不仅仅是一种现代化运载工具，而且是一种特殊的艺术品。汽车从诞生之日起，就承载了人类许多的梦想，人们几乎把所有的聪明才智和发明创造都集合在它身上，汽车的外形和设计风格也在文化和科技的不断汇集中发展和演变，形成了比较完善的体系。

（1）如今不再流行的精典汽车外形设计

在高科技横行的时代，汽车也在不断地更新发展。许多早期较为先进的汽车外形设计，如今已在慢慢消退。

1）大灯雨刷器

该配置流行时普遍在一些豪华品牌车型上出现，在奔驰第四、五代 S 级和第二代 E 级，以及沃尔沃 S80、850 车型上都较为常见（见图 2-36 和图 2-37）。

图 2-36 大灯雨刷器（1）

图 2-37 大灯雨刷器（2）

消失原因：
① 在事故中可能对行人造成更多伤害；
② 长时间开灯的高温炙烤雨刷器橡胶；

③ 清洁虫尸效果不好。

现在大多数车型都已经普及了代替大灯雨刷器的大灯清洗功能（见图 2-38 和图 2-39）。清洗功能是用效果很好的高压喷雾方式去清洗大灯，而且造型也更加美观。

图 2-38　大灯清洗（1）

图 2-39　大灯清洗（2）

2）汽车收音机自动伸缩天线

这项配置曾经在以桑塔纳 2000 为代表的车型中大量出现。在打开旋钮式收音机开关时，前风挡玻璃左下方的天线便会自动升起。自动伸缩天线，在当时可以说是体现车辆豪华性的一项配置。像 90 年代的皇冠、奥迪 100、日产公爵都配有此配置，只是会安装在不同位置（见图 2-40 和图 2-41）。

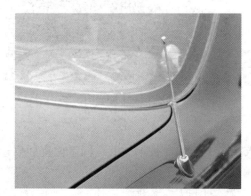
图 2-40　伸缩天线（1）

图 2-41　伸缩天线（2）

消失原因：

① 突兀站立的天线影响空气动力；

② 在高速行驶时有断裂的风险。

现在许多汽车采用了软质短天线（见图 2-42），既可以保证接收效果，也有一定的韧性应付剐蹭。但是在比较低矮的停车场等位置，这样的天线还是有些碍事。

源自宝马设计的鲨鱼鳍天线不仅体积较小，造型好看，而且对改善车辆的空气动力学有些帮助。当然，这类造型的天线，也成为众多汽配厂著名的"改装件"（见图 2-43）。

许多看不到传统天线设备的车辆，不是没有天线，而是采用了有源后窗隐藏式天线（见图 2-44）。后窗电热丝，就是收音机天线。

3）上翻式门把手

这种设计一般都是在一些老旧车型上才可见到，而现在一些廉价汽车也还是会使用上翻式门把手，但现在越来越少见此开门方式了（见图2-45）。

图 2-42　软质短天线

图 2-43　鲨鱼鳍天线

图 2-44　有源后窗隐藏式天线

图 2-45　上翻式门把手

消失原因：

① 这种门把手在开门时，需要把手指插入后向上提起，长期如此，门手位置划痕较多；

② 对于大部分长指甲的女性来说，容易折断指甲。

图 2-46　门上烟灰缸

上翻式门把手逐渐消失还有一种说法，就是当发生交通事故后，这种开门方式不容易拽开车门，而手握式门把手则不存在这样的问题，安全性更佳。

4）门上烟灰缸

早年间，吸烟这个不健康的行为在欧美国家也曾大肆盛行过。而汽车厂家考虑到部分人群愿意在车中吸烟，因此很多车型内饰的门上都设有烟灰缸（见图2-46）。

消失原因：

① 现在大部分发达国家的烟民数量正处于下降趋势；
② 越来越多的人已经意识到吸烟除了对自己无益，还会影响他人；
③ 会诱导人产生更多吸烟的念头；
④ 影响车内卫生。

5）车身防擦条

主要安装在车身侧方车门下方，或是前后保险杠的边角位置，防止车辆突出的位置被刮划。一般防擦条都采用黑色塑料材质（见图 2-47），有些为了提升外观质感，会采用镀铬材质（见图 2-48）。

图 2-47　塑料材质车身防擦条

图 2-48　镀铬材质车身防擦条

消失原因：

由于实用性和美观性的问题，越来越多的车辆不再使用。

6）车身侧面转向灯

转向灯是车辆最重要的信号灯光之一，除了在前后灯组的位置之外，车身侧面的存在也是非常有用的，可以进一步提升车辆行驶时的安全性。一开始有车身侧面转向灯的时候，普遍安装位置都在车身前翼子板上（见图 2-49）。

图 2-49　车身侧面转向灯

消失原因：
① 制造翼子板时还需多道开孔的工序；
② 相对较为麻烦的线束布局；
③ 不是车身侧面最明显的位置。

而后视镜作为整辆车最宽、最突出的部件，无疑是安装转向警示灯更佳的位置。第四代奔驰 S 级算是这项配置的领头车型（见图 2-50 和图 2-51）。

图 2-50 第四代奔驰 S 级

图 2-51 后视镜转向灯

7）双色车身

双色车身，也是早期车辆外观上的一种设计。主要是为了减少车身离地最近部分的受脏程度。代表车型有第一、二代雷克萨斯 LS 和第四、五代奔驰 S（见图 2-52 和图 2-53）。

图 2-52 雷克萨斯 LS 双色车身

图 2-53 奔驰 S 双色车身

8）跳灯

这项曾经风靡一时的配置，当时是外观拉风、性能出众的跑车的独特"标志"（见图 2-54 和图 2-55）。在大灯翻起的那一瞬间，周围顿时聚集无数羡慕的眼光。即便这么炫酷的车辆配置，还是会随着人们安全意识的进步而淘汰。

图 2-54 跳灯（1）

图 2-55 跳灯（2）

消失原因：

① 格外凸起的大灯会给行人带来更加严重的创伤；

② 造价成本较高。

9）隐藏式后轮

一般是老爷车和一些老式美系车的主流设计（见图 2-56 和图 2-57）。少数特殊车型也有全覆盖后轮的样式，而采用该设计的主要目的是降低风阻。国内能见到采用隐藏式后轮的车型非常少，但还是有少量车型进入过国内。凯迪拉克 Fleetwood、雪铁龙 CX 这两款车算是国内的代表车型。

图 2-56　隐藏式后轮（1）

图 2-57　隐藏式后轮（2）

（2）汽车车身造型设计风格

1）欧洲汽车车身造型风格

由于历史悠久，街道狭窄，加上两次世界大战的摧残，欧洲造就了许多经典的紧凑实用的汽车，如大众甲壳虫（见图 2-58）、雪铁龙 2CV、菲亚特 500P（图 2-59）和英国的奥斯汀、迷你等。

图 2-58　大众甲壳虫

图 2-59　菲亚特 500P

欧洲风格的汽车总体上来说比较保守、内敛、严谨，功能性比较强。欧洲风格又可细分为英国风格、法国风格、德国风格和意大利风格。

英国风格的汽车稳重有内涵。他们反对机械化生产，崇尚手工制品和自然植物纹路的设计，因此，汽车造型趋于保守，热衷于装饰，着意体现豪华、气魄、庄重，形态以四平八稳的三厢形为主（见图 2-60）。

德国风格的汽车冷静，深藏不露，很少哗众取宠。他们主张汽车的造型设计必须把功能放在首位，符合科学原理，具有良好的功能，适合机械化生产，反对装饰和雕琢，并且明确提出设计的目的是让人安全和舒适。因此，在设计中大量采用直线与几何形体，创造了一种严谨、科学、理性的汽车造型风格（见图 2-61）。

图 2-60　宾利

图 2-61　奥迪

法国风格的汽车浪漫实用，个性十足，洋溢着法兰西浪漫气质。法国是现代艺术的发祥地，汽车造型也是标新立异的（见图 2-62）。

意大利风格的汽车狂野不羁，同时又是功能与造型的完美结合。意大利是文艺复兴的策源地，汽车造型注重实践和个人技艺的发挥（见图 2-63）。

图 2-62　标致

图 2-63　法拉利

2）美国汽车车身造型风格

美国的轿车一般比欧洲的轿车更宽、更长，车身线条舒展流畅、强劲有力（见图 2-64）。

3）日本汽车车身造型风格

日本汽车以小型车居多，灵活实用，造型活泼，注重细节设计，廉价省油，质量上乘（见图 2-65）。因此，20 世纪 70 年代石油危机时，日本汽车受到美国人青睐，并大批出口到美国。

图 2-64 林肯

图 2-65 本田

（3）汽车造型元素的审美

汽车形态不仅体现出汽车的功能、用途，还体现出汽车的个性、时代特征、神态和品牌。汽车形态与发动机技术及布置方式、汽车整体布置方式、内部构造、车身材料与工艺、空气动力学和人机工程学等有着密切关系，外形受到它们的影响与限制。同时外部形态还受到地域文化、品牌文化、时代审美、其他艺术形式和设计师个人的影响。

从某种程度上来说，汽车是一种人造动物。它不仅由马车进化而来，而且和动物一样，也具有身体工作系统，比如有自己的"心脏""大脑""四肢"，甚至有自己的生命意志。而当不少汽车设计师把动物展现的形态作为创作灵感时，这种活灵活现又进一步被演绎得惟妙惟肖（见图 2-66）。

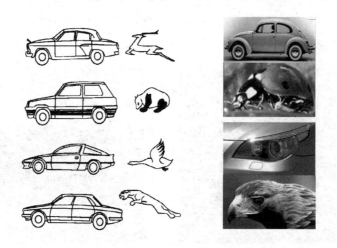

图 2-66 活灵活现的仿生学设计

1）奔驰—鸥翼门

仿生学设计在车门和整个车身都能得到应用，在车门设计中，应用仿生学理念的鸥翼门称得上是明星。第一个发明使用向上开启车门设计的就是奔驰的经典跑车 300SL（见图 2-67）。从名称上就能看出，那对向上开启的车门正是模仿了海鸥的双翼，优雅迷人且富有动感。从视觉效果上来看，300SL 算得上是世界上第一款仅靠开关车门就能够引人注目的车型，300SL 也正是因其鸥翼车门而获得了"永恒经典"的美誉。其实，鸥翼车门在安全性方面存在缺陷，不过这似乎并不影响人们对鸥翼车门的追捧，时至今日，仍有一些顶级跑车沿用这一设计。

(a)

(b)

图 2-67　奔驰 300SL 和海鸥

2）甲壳虫—甲壳虫车身

整车外形完全采用仿生设计的汽车最具代表性的属大众甲壳虫（见图 2-68）。它可以说是将仿生设计进行到了极致，不仅外形线条极为传神，就连命名也直截了当地使用了甲壳虫的名字。从诞生之初到现在，甲壳虫历经了几十年的更新发展，但那圆润可爱的造型始终没有发生改变。如今的甲壳虫已经从最初的普通家用轿车升级为时尚的代名词，很多青春靓丽的年轻人都将它作为梦想中的座驾；不论是从历史意义还是从车型成就来看，它都堪称大众品牌的代表作。甲壳虫之所以能够取得这样的成就，独特的仿生造型绝对是第一要素，这也是甲壳虫能吸引个性人群的原因所在，从这一点来看，它也应该算得上是世界上最讨人喜爱的"虫子"（见图 2-69）。

图 2-68　大众甲壳虫

图 2-69　甲壳虫

3）保时捷 911—青蛙车身

保时捷 911 系列是整个德国乃至于整个世界最传奇的车型之一，与甲壳虫一样，它也出自费迪南德·保时捷之手，且都在设计过程中应用了相似的溜背造型（见图 2-70）。在设计过程中，保时捷 911 也采用了仿生学设计理念，灵感取自青蛙。第一代保时捷 911 确实跟青蛙（见图 2-71）非常像，它的前大灯高高突起，像极了青蛙的眼睛，与车身颜色搭配得天衣无缝。

图 2-70 保时捷 911

图 2-71 青蛙

4）东风标致 508—狮爪尾灯

标致车型与狮子相关的地方并非只有车标一处。东风标致 508 的尾灯光源来自三排 6 颗 LED 灯泡（见图 2-72），它点亮时的效果犹如狮子抓过的爪痕（见图 2-73），因此也称为"狮爪大灯"，其在提升科技感的同时，也增加了不少趣味性。

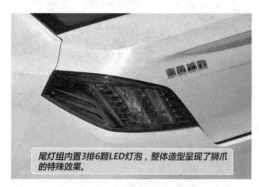
图 2-72 东风标致 508—狮爪尾灯

图 2-73 狮子

5）宝马 5 系—鹰眼大灯

第五代宝马 5 系（E60）（见图 2-74）可以说是令国人印象最为深刻的一代 5 系车型，原因是这款宝马豪华轿车首次被引入国内时，为了能更好地展现出其视觉冲击力，设计师克里斯·班戈给出了答案——鹰眼（见图 2-75），鹰的眼神总是给人以专注、犀利和炯炯有神的感

图 2-74 宝马 5 系

图 2-75 鹰眼

觉，犀利的鹰眼大灯传达出了宝马品牌的精髓：豪华、凶猛、凛然不可侵犯的王者之风。鹰眼大灯成为经典，这一设计在后来也受到了消费者的一致赞许，成为那一代宝马 5 系的标志性特色，至今仍被众多车迷津津乐道。

6）起亚—虎啸式前脸

彼得·希瑞尔（见图 2-76）曾经担任奥迪、大众的首席设计师，他曾先后设计出新甲壳虫、奥迪 A6、奥迪 TT 等多款经典车型，并曾获得设计界的至高荣誉——英国皇家艺术学院"荣誉博士"头衔。2006 年，他加盟起亚汽车，对福瑞迪、秀尔、凯尊、起亚 K5（见图 2-77）和起亚智跑（见图 2-78）等一系列车型做出了颠覆性的改造。如同宝马的"双肾前脸"、别克的"直瀑式进气格栅"一样，现今的起亚汽车也有了被称为"DESIGN KIA"的家族式设计语言，这种语言的主要表现手法是"简约的直线美"以及"虎啸式前脸"（见图 2-79），它们也成为起亚汽车的家族脸谱，并在之后的其他产品上得到沿袭。

图 2-76　彼得·希瑞尔

图 2-77　起亚 K5

图 2-78　起亚智跑

图 2-79　虎啸

7）三菱—鲨鱼嘴前脸

蓝瑟 FVY（见图 2-80）的血脉延续至今已经有十代产品，从它诞生那刻起，就被刻上了运动的印记，而今天的 FVY 已经是当之无愧的日本性能小车代表之作。说起第十代 FVY，不得不提到它那霸气的前脸，犹如鲨鱼张开的血盆大口在吞吐世间万物（见图 2-81），先不论性能如何，光是这造型已经能起到震慑作用。这种模仿鲨鱼的设计称为"鲨鱼嘴前脸"，目前已经装配在不少三菱车型上，2010 款三菱欧蓝德也运用了鲨鱼嘴前脸造型（见图 2-82）。

图 2-80　三菱蓝瑟 FVY

图 2-81　鲨鱼嘴

8）道奇—蝰蛇

蝰蛇系列是美式超级跑车的代表，与福特 GT、雪佛兰考维特等跑车比起来，蝰蛇可能略显稚嫩，但是蝰蛇传承着美式跑车的精髓。除了甲壳虫，道奇蝰蛇（见图 2-83）也采用了相同的设计思路，无论是名称、外形，还是动态性能，都与蝰蛇一样凶悍（见图 2-84）。道奇蝰蛇的标志是一个直立的蛇头对着它的猎物怒目而视。而它的大灯与标志上的蛇眼一样，也像在怒视着什么东西。新一代道奇蝰蛇

图 2-82　2010 款三菱欧蓝德

高达 8 升排量的 V10 发动机能输出 664 牛米的最大扭矩，足够载重货车，这也造就了蝰蛇一蹿而出的力量，就像捕食的猛蛇一样凶猛迅疾。

图 2-83　道奇蝰蛇

图 2-84　蝰蛇

9）光冈—大蛇

以蛇为模仿对象的汽车还有光冈大蛇（见图 2-85），只不过它在中国并不被人所熟知。其实同丰田、日产一样，光冈在原产地日本是非常知名的品牌。"大蛇"这个名字是从日本的神话故事里来的，即八歧大蛇（见图 2-86）。它整个车的设计是以蛇为灵魂，据说当初为了祈愿这款车取得成功，还举行过入魂仪式，就是希望能把"魂"传授进光冈大蛇的车体，而其车头正犹如蛇在吐着信子。光冈大蛇的车身十分低矮，造型前卫夸张，如果你盯着这辆车看的话，仿佛感觉得到这辆车是有灵魂的。

图 2-85　光冈大蛇　　　　　　　　　图 2-86　传说中的八歧大蛇

仿生学设计在人们的生活中已经得到了广泛应用,在汽车设计开发过程中发挥的作用同样巨大;在大自然中寻找灵感绝不是空谈,它早已融入了汽车工业领域的各个层面。

2.2.3　汽车色彩

色彩在人类生活中占有相当重要的地位。人们在生活中充分地体验着色彩的魅力,如蓝天、碧海、彩虹、白云……对于人类来说,世界上如果没有色彩,将是难以想象的,也是不能忍受的。色彩也是汽车造型的重要组成部分。人们在观察汽车时,首先映入眼帘的是汽车的色彩,然后才是汽车的外观和质感。每年在各地举行的汽车展上,最能触动人们的心灵、激发人们强烈购买欲望的重要因素除了汽车的造型、发展概念与科技含量外,就是给人以强烈视觉震撼的汽车色彩。经典的颜色和车型,令人一见钟情。汽车在颜色的演绎下,也呈现出千姿百态、迥然不同的韵味。

汽车是人们经常接触的一种重要的交通工具。随着汽车工业的发展和汽车数量的不断增加,汽车的色彩对城市和道路的美化,对人们的精神感染已成为不容忽视的问题。此外,研究驾驶员的色觉,从而为他们提供舒适安全的操作环境也是十分重要的。

1. 汽车色彩的含义

汽车车身的颜色,不论是对汽车的使用者来说,还是对外界环境或车辆本身来讲,都是非常重要的,汽车常用的颜色主要有以下几种。

（1）银灰色

灰色的原意是灰尘的色。从光学角度看,它介于白色和黑色之间,属于中等明度、无彩度的色。从生理学角度分析,它对眼睛的刺激适中,既不刺眼,也不暗淡,属于视觉最不容易感到疲劳的颜色。银灰色是最能反映汽车本质的颜色。人们看见银灰色,就想起了汽车的金属材料,给人的整体感很强。在汽车销售时,每一品牌之中,银灰色汽车最具有人气。如大众 Polo、宝来、日产天籁、奥迪 A6 等,银灰色汽车的销售一直名列前茅。

（2）白色

白色是由全部可见光均匀混合而成的,为全色光,是光明的象征。白色是中性色,对车主的性别要求不高,容易与外界环境相吻合。白色给人以明快、活泼和大方的感觉。白色车身较耐脏,路上泥浆或污物溅在车身变干后不易看出。另外,白色是膨胀色,容易使小车显大。日本在 20 世纪 80 年代有白色代表高级的说法,白色车的销售量达到总销售量的 70%。

（3）黑色

黑色即无光，是无彩之色。光照弱或物体反射光的能力弱，物体表面往往呈现出相对黑暗的面貌。黑色是一种矛盾的颜色，既代表保守和自尊，又代表新潮与性感，给人以庄重、尊贵和严肃的感觉。黑色也是中间色，容易与外表环境相适应，但车身不耐脏。黑色一直是公务车的首选，高档黑色轿车气派十足，但低档车最好不要选黑色。

（4）红色

在可见光谱中，红色光波最长，容易引起人们的注意，给人以兴奋、激动、紧张的感觉，但眼睛不适应红色的刺激，不善于分辨光波波长的细微变化，因此红色很容易使视觉产生疲劳。红色包括大红和枣红。红色是放大色，同样可以使小车变大。红色是别致又理想的颜色，对于跑车和运动型车来说非常适合。

（5）蓝色

蓝色光的波长短于绿色光，比紫色略长一些，在空气中穿过时形成的折射角度较大，辐射的距离短，它在视网膜上成像的位置最浅，是后退的远逝色。蓝色是安静的色调，感觉非常收敛，个性不张扬，如同地球的深邃和大海的包容，但蓝色不耐脏。

（6）黄色

在可见光谱中，黄色光的波长适中，与红色相比，眼睛更容易接受。早晨和傍晚的阳光、大量的人造光源所辐射的光都倾向于黄色。黄色光的光感最强，给人以光明、辉煌、灿烂、醒目、庄重、高贵、忠诚、轻快、柔和、纯净和充满希望的感觉。黄色是扩大色，在环境视野中很显眼。跑车、小型车用黄色很适合；出租车和工程抢险车也使用黄色，便于人们及早发现。但私家车很少选用黄色，一般使用的是由黄色派生出来的香槟色。

（7）绿色

绿色光在可见光谱中波长居中，人眼对绿色光波长微小变化的分辨能力强，对绿光的反应最平静，绿光在各种高纯度的色光中，是使眼睛最能适应和最能获得休息的色光。绿色颜色浅淡，但其色彩鲜艳，具有较好的可视性，既是大自然中森林的颜色，又是春天的颜色。使用绿色的金属漆也一改以前冰冷的色调，以温暖的面貌出现。

汽车色彩的名称起得都很悦耳，通常以著名地名、形似色进行命名，如宝石蓝、富贵黄、元首黑等。颜色的命名虽然很有文化底蕴，但有时也让人不知所措。其实有时候用颜色命名就是为了听起来显得有档次。实际选用颜色时不要被其名称所迷惑，要实际考察，眼见为实。常见的颜色命名如表2-1所示。

表2-1 常见的颜色命名

颜色	名称
红色	波尔多红、法拉利红、庞贝红、印第安红、瑞丽红、卡罗拉红
绿色	威尼斯绿、云杉绿、碧玺绿、典雅绿、皇家绿
白色	极地白、砖石白、塔夫绸白、糖果白
黄色	香槟金、伊莫娜黄、丰收金、未来金
银色	水晶银、金属银、丝缎银

续表

颜 色	名 称
灰色	宇宙灰、金属灰、狼堡灰
蓝色	勒芒蓝、领袖蓝、太空蓝、永恒蓝、温莎蓝、峡湾蓝
黑色	魔力黑、无黑

色彩给人的心理感觉是指冷暖感、进退以及象征感。对于汽车，每一种颜色都有其美妙的韵味。例如，红色代表生命，象征充满火热的激情，因此一些运动型轿车往往采用红色，如法拉利，其经典的红色让一代又一代的车迷为之倾倒；黑色是最具神秘感的颜色，高贵典雅，是高级轿车永恒的流行色；白色纯净素雅，不同凡俗，给人以超凡出尘的感觉；蓝色博大与沉静，让人联想起无边无际的大海，一袭尊贵的蓝色，让你在享受驾驶快感的同时，也体会到成功者的睿智与豁达；绿色，提起它就会让人联想起绿水青山的诗情画意，给人以心灵的抚慰。表 2-2 所示为各种色彩给人的心理感觉。

表 2-2 各种色彩给人的心理感觉

颜 色	含 义
银色	雅致、热爱未来风格、酷
白色	纯净、素雅
大红	性感、速度感、高能量与活力
深蓝、深红	类似于红色，但比红色稍内敛
淡蓝、天蓝	酷、沉着、安静、忠诚
暗蓝色	可信、自信、可靠
灰褐色	永恒、基本和简单的口味
黑色	权力感、优雅、经典
灰色	冷静、实用、注重实际
暗绿色	传统、和谐、可信赖
土黄色、土绿色	新潮、古怪、反复无常、活跃
金黄色	聪明、温暖、热爱舒适
明黄色	阳光、快乐、年轻
深棕色	脚踏实地
橙色	热爱乐趣、潮流、变化无常
深紫色	有创意、个性化强

2. 汽车色彩与安全

汽车色彩更重要的是在安全方面的作用。近来，科学研究表明，轿车行车安全性不仅受其操作安全视线的影响，而且受到车身颜色能见度的影响。心理学家认为，视认性好的颜色能见度佳，因此把它们用于轿车外部以提高行车安全性。视认性主要与下列因素有关。

（1）颜色的进退性

即所谓前进色和后退色。例如，使红、黄、蓝、绿色的轿车与观察者保持等距离，在观察者看来，似乎红色和黄色轿车要近一些，而蓝色和绿色轿车要远一些。因此，红色和黄色称前进色，蓝色和绿色称后退色。前进色的视认性较好。

（2）颜色的胀缩性

将相同车身涂上不同的颜色，会产生体积大小不同的感觉。如黄色感觉大一些，有膨胀性，称为膨胀色；蓝色和绿色感觉小一些，有收缩性，称为收缩色。膨胀色与收缩色视认效果不一样。据日本和美国车辆事故调查显示，发生事故的轿车中，蓝色和绿色的最多，黄色的最少，可见膨胀色的视认性较好。

（3）颜色的明暗性

颜色在人们视觉中的亮度是不同的，可分为明色和暗色。红色和黄色为明色，视认性较好。暗色的车型看起来会让人觉得小一些、远一些和模糊一些。例如，银灰色汽车，不仅看上去有品位，而且其色彩能反光，视认性最好，发生车祸的概率最低。

汽车内饰色彩的选择也同样影响着行车安全。不同的色彩对驾驶员的情绪具有不同的影响。内饰采用明快的配色，能给人宽敞、舒适的感觉。夏天最好用冷色，冬天最好用暖色，可以调节冷暖感觉。红色内饰最容易引起人的视觉疲劳，浅绿色则可以放松视觉神经。利用不同颜色的座椅布套来调节车内颜色，花钱不多，效果显著。

3. 汽车色彩的变迁

汽车色彩的流行具有一定的时间性、区域性和层次性。汽车的流行色彩有其自身的发展规律，新鲜感则是汽车流行色彩的原动力。如果总是一样的色彩，人们会产生视觉疲劳，所以需要新的刺激。大量资料表明，汽车的流行色彩是呈现周期性变化的，其新鲜感周期一般是一年半左右，交替周期大约为三年半。以日本汽车色彩的变迁为例，1965年前，灰色汽车备受青睐；1965年则盛行蓝色、灰色和银色；1968年，黄色汽车增多；而到1970年，橄榄色和褐色增多；1985年，白色汽车又占有了主导地位；而现在，银灰色、白色、黑色则成为汽车中的主体色。

未来的汽车世界将会色彩斑斓。调查结果显示，银色在未来的一段时间内还将占据主打色的位置。但日益高涨的客户期望使更多的中性色彩受到关注，客户不再需要传统的单色或纯色，而是能够充分体现自己个性的色彩。柔和的车体表面配合精细的色彩变化以及略微带有金色和橙色色调的银色和灰色的变体色将成为未来的一种趋势。同时，加入了一些银色调的米色和带有细致的青绿色调的石墨色将会受到欢迎，它们通常不会让人觉得反感。但是这些细腻新颖的色彩自然会比普通的颜色要贵，因此在色彩时代还未到来之前，这些较贵的颜色与目前提倡的节俭风格相矛盾。不过我们还是期待着那一天的到来，届时街道将变成一幅色彩斑斓的图画，这个趋势将首先现身于小型跑车的身上。

4. 汽车色彩的应用

轿车一般是单色的，但轿车的级别不同，其色彩也应有差别。首先，颜色是车主个性的显示。颜色不仅是汽车包装和品牌识别的标志，而且反映车主的情感和身份。红色能激发欢乐情绪；黄色是大自然的本色；蓝色显示豪华气派；白色给人以纯洁、清新、平和的感觉；黑色可以说是一种矛盾的颜色，既代表保守和自尊的一面，又代表新潮和性感的一面；绿色给人沉静和谐的气氛；而现在流行的鲜紫色和桃红色，则体现出车主的活跃个性。

颜色的重要性还在于它能在人的心理上产生一种造型功能。颜色的造型效果取决于其面积、明度、纯度和匹配等因素。对于三维物体的轿车车身，由其形体、质量及色差所造成的这种影响就更为明显，因此要根据车型来选择轿车颜色。例如大客车，由于车身转折比较简单，大平面较多，因而更要注意比例划分，使用双色最好。但选用色彩时，两种色彩在色相上不宜采取过强的对比，而在色彩的明度、纯度和面积等几个方面，则可以有较大的区别，以便分清主次。货车和越野汽车因为用途较广，不宜采用太浅的颜色。军用汽车则一般采用迷彩色。特种车一般采用鲜明的对比色彩，如黄色和红色等。

明度和纯色高的颜色能使车体显得大一些，如淡蓝、淡绿、灰白色等，因此适用于微型轿车。对于大型和中型轿车来说，采用明度和纯度适中的颜色较为适宜，如蓝色、白色和银色等。买大型轿车最好选择低明度和低纯度颜色，如黑色、深灰色、深蓝色等，因为这类颜色所产生的压缩效应使车体看起来较为紧凑和坚实。有时车体丰满的豪华车喷上一两种颜色的饰条，可变得"俏丽苗条"起来。

选购汽车颜色，还应考虑不同纬度的日照量及地区的光强和湿度。在低纬度地区（如海南省），日照时间长，光线相对较强，因此车身的日照面与背面颜色的反差很大，如采用柔和的中间色调就可消除这种反差；而在高纬度地区（如黑龙江省），日照时间短，光线相对较弱，反差小，可采用强烈的纯色，以加强车身造型效果。

近几年来各种流行的颜色在汽车上的应用情况如下：

（1）银色

银色近几年在汽车上使用始终处于榜首位置。在豪华级、高级轿车中排第 1 位，占 31.5%；在中级轿车中排第 1 位，占 35.5%；在紧凑级和小型轿车中排第 1 位，占 30.3%；在小型客车和货车中排第 2 位，占 18.6%。

（2）蓝色

蓝色在豪华级、高级轿车中排第 3 位，占 16.9%；在中级轿车中排第 2 位，占 19.7%；在紧凑级和小型轿车中排第 2 位，占 20.9%；在小型客车和货车中排第 5 位，占 13.5%。

（3）黑色

黑色颜色庄重，很受欢迎。在豪华级、高级轿车中排第 2 位，占 22.3%；在中级轿车中排第 3 位，占 15.5%；在紧凑级和小型轿车中排第 3 位，占 14.2%；在小型客车和货车中排第 5 位，占 6.7%。

（4）灰色

灰色几乎和银色一样受欢迎。在豪华级、高级轿车中排第 4 位，占 14.2%；在中级轿车中排第 4 位，占 11.5%；在紧凑级和小型轿车中排第 4 位，占 10.6%；在小型客车和货车中排第 7 位，占 3.5%。

麦弗逊式独立悬架的发明

1934 年，麦弗逊设计出一种全新的悬架方式：将减振器和弹簧合二为一，单独安装在车轮前轴，这就是麦弗逊独立悬架（见图 2-87）。1947 年，麦弗逊加入福特公司，福特公司于 1949 年推出的 Vedette 车型，成为世界上第一款搭载麦弗逊独立悬架的车型。

图 2-87　麦弗逊式独立悬架

复习思考题

1. 根据不同的划分标准，汽车可分为哪些类型？
2. 汽车的总体构造是什么？
3. 车身及附属设备有哪些？
4. 简述汽车色彩的含义。
5. 简述汽车色彩命名的由来。
6. 汽车色彩的视认性与哪些因素有关？

第 3 章

著名汽车公司及品牌

 3.1　德国汽车公司及其品牌

3.1.1　戴姆勒—奔驰汽车公司

戴姆勒—奔驰汽车公司是世界十大汽车公司之一，除了以高质量、高性能豪华汽车闻名外，也是世界上最著名的大客车和重型载重汽车的生产厂家。奔驰公司在德国国内有 6 个子公司，在国外有 23 个子公司，在全世界范围内都设有联络处、销售点以及装配厂。

戴姆勒—奔驰汽车公司创立于 1926 年，创始人是卡尔·本茨和戈特利布·戴姆勒。它的前身是 1883 年成立的奔驰汽车厂和 1890 年创建的戴姆勒汽车厂，总部设在德国的斯图加特市。

1926 年，奔驰公司和戴姆勒公司合并以后，两者的标志也结合在一起，图 3-1 是奔驰公司车标的演变过程。

图 3-1　奔驰公司车标的演变过程

现在奔驰公司的车标将月桂枝改成圆环，并去掉了"Mercedes"和"Benz"字样，标志是简化了的形似汽车方向盘的一个环形圈围着一颗三叉星，三叉星的车标象征该公司在陆海空领域全方位发展的势头。

1. 戴姆勒—奔驰汽车车系分类

奔驰轿车共分为四大类别：A级（微型轿车）、C级（小型轿车）、E级（中型轿车）和S级（大型豪华轿车）。

跑车系列有SLK、CLK、SL和CL。

多用途车有M和V级车，还有G级越野车。

梅赛德斯—奔驰在中国销售的产品包括：A级轿车、B级轿车、E级长轴距轿车、S级轿车、CLS级运动轿车、CLS级猎装车、C级旅行轿车、B级运动旅行车、R级旅行车、GLK级SUV、G级越野车、GL级SUV、M级SUV、C级轿跑车、E级轿跑车、E级敞篷轿跑车、SLS超级跑车、SL级敞篷跑车、SLK级敞篷跑车以及Smart和Mercedes AMG系列。

戴姆勒在中国的合作项目还有福建戴姆勒，主要生产威霆（Vito）、唯雅诺（Viano）、斯宾特（Sprinter）的MPV车型。

2. 戴姆勒—奔驰汽车公司的主要汽车品牌

主要生产的汽车品牌有梅赛德斯—奔驰、迈巴赫和精灵（Smart）等。

（1）梅赛德斯—奔驰汽车

历经百年的发展，梅赛德斯这一名称已经成为世界最具创新性汽车品牌的代名词。自从1900年12月22日戴姆勒汽车有限公司的首辆梅赛德斯汽车问世以来，经过不懈努力，戴姆勒股份公司如今已发展成为世界最大的国际汽车企业之一。如今戴姆勒股份公司旗下的梅赛德斯—奔驰已是世界上最成功的、质量上乘的高档汽车品牌。这一品牌承载着其非凡的技术实力、上乘的质量标准和大胆的创新能力以及一系列的汽车传奇。为奔驰汽车公司做过突出贡献的有4人：戈特利布·戴姆勒（Gottlieb Daimler）、卡尔·本茨（Karl Benz）、威廉·迈巴赫（Wihelm Maybach）以及埃米尔·耶利内克（Emil Jellinek）。

全新奔驰C级Coupe（见图3-2）于2016年3月30日在北京正式上市，新车基于全新奔驰C级打造，采用了双门Coupe造型设计。未来，奔驰全新C级Coupe上市后将主要针对国内年轻个性化细分市场，竞争对手直指宝马4系Coupe、奥迪A5 Coupe。

图3-2　全新奔驰C级Coupe

国产全新奔驰E 180 L（见图3-3）、E 200 L 4 MATIC以及E 320 L 4 MATIC新车在2016年推出。

图 3-3　奔驰 E 180 L

2016 年 10 月 24 日，戴姆勒专为中国市场定制的分时租赁项目 Car2 Share 随心开正式进驻 SOHO 中国。

（2）迈巴赫汽车

迈巴赫（MAYBACH）品牌首创于 20 世纪 20 年代。被誉为"设计之王"的威廉·迈巴赫不但是戴姆勒·奔驰公司的三位主要创始人之一，更是世界首辆梅赛德斯—奔驰汽车的发明者之一。1919 年，难舍汽车梦想的威廉·迈巴赫与其子卡尔·迈巴赫共同缔造了"迈巴赫"这一传奇品牌，缔造出象征着完美和昂贵的轿车。

迈巴赫品牌车标由两个交叉的 M 围绕在一个球面三角形里组成，双 M 代表的含义是"迈巴赫制造"（见图 3-4）。

但是由于市场业绩不佳，迈巴赫系列轿车（见图 3-5）已于 2013 年全面停产。2014 年 11 月 19 日，梅赛德斯—奔驰在广州正式发布全新子品牌梅赛德斯—迈巴赫，同时，该品牌首款车型迈巴赫 S 级也正式在全球首发亮相，然后陆续出现新车型（见图 3-6 和图 3-7）。

图 3-4　迈巴赫车标

图 3-5　迈巴赫轿车

图 3-6　2015 款梅赛德斯—迈巴赫 S400

图 3-7　2016 款奔驰 S 级 MAYBACH

（3）Smart（精灵）

Smart 是德国梅赛德斯—奔驰与手表巨头瑞士 Swatch 公司合作的产物。Smart 中的 S 代表了斯沃奇（Swatch），M 代表了戴姆勒集团（Mercedes-Benz），而 art 则是英文中艺术的意思，合起来可以理解为，这部车代表了斯沃奇和戴姆勒合作的艺术，而 Smart 车名本身在英文中也有聪明伶俐的意思，这也契合了 Smart 公司的设计理念。小巧的造型，配合智能化及人性化的操控设计，令 Smart 的车型如同一部聪明的大玩具（见图 3-8）。

图 3-8　精灵汽车及车标

2014 年 4 月 20 日，灵动先锋 Smart 全系家族集体登陆第十三届北京车展，2014 款 Smart 上市，售价为 11.5 万～18.8 万元，Smart2014 款保留原有的标准版、舒适版、激情版及 BRABUSXclusive 四个基本配置版本。在 2016 年巴黎车展上，Smart 发布了全新 Fortwo、Forfour 和敞篷版的 EV 版车型（见图 3-9）。三款车型的续航里程均为 160 km。

图 3-9　2016 款 Smart Forfour

3.1.2 奥迪汽车公司

1. 奥迪汽车历史

奥迪是一个国际高品质汽车开发商和制造商，现为大众汽车公司的子公司，总部设在德国的英戈尔施塔特。1899年，汽车制造天才奥古斯特·霍希（见图3-10）开创了奥迪的历史。在位于曼海姆的奔驰公司担任了多年车辆制造主管职务后，31岁的霍希在科隆建立了自己的公司，着手实现他制造大型、大功率轿车的愿望。奥迪品牌现在的车标如图3-11所示。

图3-10 奥古斯特·霍希

图3-11 奥迪汽车公司标志

从1932年起，奥迪开始采用四环徽标，它象征着奥迪与小奇迹（DKW）、霍希（Horch）和漫游者（Wanderer）合并成的汽车联盟公司。其中每一个圆环代表一个公司（见图3-12）。4个圆环同样大小，并列相扣，代表四家公司地位平等，团结紧密，整个联盟牢不可破。从1932年开始，无论奥迪公司的组织结构如何变动，四环车标都没有发生任何改变。

图3-12 四个圆环代表四家公司

（1）霍希公司

和保时捷汽车公司一样，奥迪的创立也离不开一个天才的铁匠之子，他的名字叫作奥古斯特·霍希。这位车坛大佬在28岁时进入了鼎鼎大名的奔驰之家，当上了制造部门的总经理。顺风顺水的职场经历没让霍希满足，他在1899年离开了奔驰公司，在莱茵河畔的城市创建了自己的汽车公司——奥古斯特·霍希公司（见图3-13）。

（2）奥迪公司

1910年霍希创办了第二家霍希公司，但却遭到原公司的控告，要求其改名。后来有人将霍希"Horch"译成拉丁文奥迪"Audi"，从此开创了奥迪的历史（见图3-14）。

图 3-13　霍希公司标志

图 3-14　Audi 公司标志

（3）dkw 公司（见图 3-15）

乔尔根·斯卡夫特·拉斯姆森出生于丹麦，曾在米特韦达学习工程，毕业后在萨克森设立了他的第一家公司。1904 年，他在开姆尼斯建立了一家设备工程公司。三年后，他来到厄尔士山脉地区，并从 1916 年开始进行蒸汽驱动的汽车实验。尽管没有通过这些实验制造出一些特别的车型，公司却由此确定，其名称为 dkw—蒸汽驱动汽车，dkw 是德文名称（dampf kraft wagen）的缩写。1919 年，拉斯姆森从 hugo ruppe 手中获得了两冲程发动机的设计，这是一个名为 "des knaben wunsch"（意为 "男孩的梦想"）的玩具发动机的微型版本。这种微型发动机迎合了高层次消费者的需求，并作为辅助冲程发动机，于 1922 年被改进成 "das kleine wunder"（小奇迹）摩托车发动机。在拉斯姆森、经理 carl 和首席设计师 hermann weber 的努力下，dkw 成为 20 世纪 20 年代世界上最大的摩托车制造商，同时也成为世界上占据领先地位的发动机制造商。

（4）漫游者公司（见图 3-16）

漫游者这一名称的使用在历史上可以追溯到 1896 年。1902 年，漫游者开始生产摩托车，1904 年，第一次试生产汽车。1913 年，漫游者开始批量生产一款名为 "puppchen" 的小型汽车，而且深受大众喜欢。但是直到配有 30 马力 1.5 升发动机的漫游者 w10 汽车在 1926 年首次亮相时，该款小型车的第二代才推入市场。该车型综合了当时世界汽车工业的所有最新开发成果，如方向盘左置、中央排档杆、整体铸缸发动机和变速箱，以及四轮制动系统等，在市场上十分畅销，供不应求。为了应付供不应求的局面，公司在 siegmar 市的开姆尼斯郊区成立了一个新的汽车制造厂。汽车部件继续在原有工厂内生产，然后用铁路运输到新工厂，零配件直接从车箱卸到组装线上。这种准时制生产方法在 20 世纪 20 年代末正好适应了生产的需要：位于 siegmar 的周转仓库最多只能容纳一天的汽车生产量——25 辆汽车。

因为漫游者牌汽车性能可靠、质量很高，所以造价也很高。20 世纪 20 年代末，漫游者试图用更现代的车型设计和更高性能的发动机来摆脱开始出现的经营危机，但汽车产量仍然下滑，经营也出现了赤字，这导致整个公司的摩托车部门被 nsu 公司收购。此后，漫游者最大的股东——德雷斯顿银行又卖掉了汽车部门，转而生产可盈利的机械工具和办公设备。

图 3-15　dkw 公司　　　　　　　　　　图 3-16　漫游者公司

2. 奥迪车系

目前奥迪汽车公司生产的产品主要有 A 系，包括 A1、A2、A3、A4、A5、A6、A7、A8；Q 系，包括 Q2、Q3、Q5、Q7（SUV）；R 系、RS 系，包括 R8、RS5、RS6、RS7 Sportback；S 系，包括 S3、S5、S6、S7、S8；跑车 TT 系列，包括 TT、TTS、TT 敞篷等。

A 系列是奥迪最主要的车型，A3、A4、A6、A8 是目前最畅销的奥迪车型，分别是 A、B、C、D 级轿车，竞争对手分别是宝马 1、3、5、7 系和奔驰 B、C、E、S 级。奥迪轿车和 MPV 的型号是用公司英文（Audi）的第一个字母（A）打头，数字越大，表示价格越高。

A1　系列是紧凑型掀背车（A1 有三种，分别是五门掀背、三门掀背和敞篷车）；

A2　系列是小型旅行车；

A4　系列是运动轿车；

A5　系列是 coupe 轿跑车；

A6（A6 L）系列是公务轿车（见图 3-17）。

A7　系列是大型豪华型跑车。

S 系列是基于 A 系列的较高性能车型（见图 3-18），竞争车型为宝马的 135 i、335 i、550 i 等普通版顶级排量车型。

图 3-17　2014 年奥迪 A6 L 轿车　　　　图 3-18　2016 款奥迪 S8

RS 系列是基于 A 系列的顶级性能车型，图 3-19 为 2016 款奥迪 RS6。

3.1.3　宝马汽车公司

1. 宝马汽车历史

宝马汽车公司的全称是巴伐利亚汽车制造厂。它是由一个制造飞机引擎的公司于 1916

图 3-19　2016 款奥迪 RS6

年 3 月注册的。这家公司第一个成功的产品是由费兹设计的直列六缸发动机,在第一次世界大战时装配在德国战斗机上。德国王牌飞行员恩斯特·乌德特把他们成功的很大一部分归功于宝马的引擎。宝马汽车公司的前身虽是宝马飞机公司,但后来改为巴依尔发动机公司(Bayerische Motoren Werhe),1918 年改为宝马汽车公司。

宝马与一些车坛老大哥如菲亚特、福特、雷诺、劳斯莱斯等相比,是一个很年轻的车厂。但是在 20 世纪 30 年代,它却制造出了世界上最好的跑车和豪华轿车,从"二战"的破坏和 20 世纪 50 年代的财政衰退中恢复过来。20 世纪 70 年代早期,它再度成为世界高性能和豪华轿车市场上的主角之一,并一直延续至今。

BMW 是巴依尔发动机公司"Bayerische Motoren Werhe"3 个单词首字母的缩写。宝马汽车公司以生产宝马跑车、宝马轿车、宝马摩托车为主,其产品享誉全球。

宝马采用了内外双圆圈的圆形,并在双圆环的上方标有 BMW 字样的商标。在内圆的圆形间隔图案中,采用蓝天、白云和运转不停的螺旋桨(见图 3-20),寓示宝马汽车公司渊源悠久的历史,象征该公司过去在航空发动机技术方面的领先地位,又象征公司的一贯宗旨和日新月异的新面貌。

图 3-20　宝马车标

宝马汽车公司历来以重视技术革新而闻名,不断为高性能高档汽车设定新标准。同时,宝马汽车公司十分重视安全和环保问题。宝马汽车公司在"主动安全性能"方面的研究及其 FIRST(整体式道路安全系统)方面为公司赢得了声誉。

宝马汽车公司致力于推动中国汽车工业在高科技应用方面的发展。1994 年 4 月,宝马汽车公司在北京设立了代表处。现在宝马和华晨汽车公司合作,在中国生产宝马轿车。在中国的合资公司是宝马集团为其亚洲生产和销售网络增加的强大基石,这体现了宝马集团一贯坚持的亚洲策略。

2002 年,BMW 从劳斯莱斯原来的东家大众汽车那里买到了"劳斯莱斯"这个商标品牌,准备同大众掌握的宾利品牌争夺高端市场。尽管 BMW 同意在 2003 年之前不使用这个品牌,但也开始筹划它在西索塞克斯的古德伍德为新款劳斯莱斯所建立的新工厂。2003 年 1 月,属于宝马的劳斯莱斯推出了第七代的幻影轿车。在 2012 年全球企业声誉 100 强中,宝马获得最佳头衔。

2. 宝马汽车旗下品牌及车系

一贯以高档品牌为本，正是企业成功的基础。BMW 集团拥有 BMW、MINI 和 Rolls-Royce（劳斯莱斯）三个品牌。这些品牌占据了从小型车到顶级豪华轿车各个细分市场的高端，使 BMW 集团成为世界上唯一一家专注于高档汽车和摩托车的制造商。

宝马的车系有 1、2、3、4、5、6、7、8（停产）、i、M、X、Z 几个系列。其中 1 系是小型汽车，2 系是小型轿跑，3 系是中型汽车，4 系是中型轿跑（含敞篷），5 系是中大型汽车，6 系是中大型轿跑（含敞篷），7 系是豪华 D 级车，i 系是宝马未量产的概念车系列，M 系是宝马的高性能与跑车版本，X 系是宝马特定的 SUV（运动型多功能汽车）车系，Z 系是宝马的入门级跑车。最新又出了 4 系，量产版的宝马 4 系基本就是由 4 系 Coupe 概念车转化而来的。宝马汽车公司在全球 10 多个国家和地区设有子公司。

（1）3 系列

宝马 3 系是宝马公司有史以来最成功的车型，这一点是无可争议的。迄今为止，宝马 3 系在全球的累计销售量已超过了 300 万辆，现在世界上大概平均每卖出的两辆宝马轿车中就有一辆是 3 系。从 1975 年第一代宝马 3 系面世以来，它一直被人们看作最能表达宝马轿车特点的车型。在过去的 30 年中，宝马公司曾经对 3 系进行过多次升级换代，算起来新 3 系应该是宝马 3 系第五代产品了。图 3-21 是宝马 2014 款宝马 3 系轿车。

（2）5 系列

宝马 5 系从 1972 年到现在已经经历了六代的发展，并逐步成为以品质、科技为主导的宝马全新形象的代表，尤其以 1995 年亮相于法兰克福车展上的第四代宝马 5 系最为耀眼，出色的整车性能以及安全稳定性，使其在当时获得不计其数的荣誉，同时也应验了人们常说的"坐奔驰，开宝马"。2014 年广州车展华晨宝马展台最引人注目的无疑是新宝马 530 Le 插电式混合动力车型的全球首发。这是一款基于宝马 5 系长轴距开发的新能源汽车，由华晨宝马自主研发，并获得宝马总部全力支持。宝马 530 Le（见图 3-22）对宝马集团具有特殊的意义，因为它是宝马品牌推出的首款插电混合动力车型。

图 3-21　2014 款宝马 3 系轿车

图 3-22　宝马 530 Le

（3）7 系列

被誉为"世界五大名房车"之一的宝马 7 系高级轿车（见图 3-23）是宝马汽车的旗舰车型，充分体现了宝马"驾驶乐趣、创新极限"的设计理念。7 系列历来享有全球最佳大型房车的美名，在最高档批量生产的豪华房车中，宝马是唯一可以和奔驰 S 级轿车相抗衡并且超过它的车种。能够以豪华舒适的大车型做到跑车般的操控完美，这就是宝马 7

系列的魅力所在。

（4）X 系

X 系是宝马特定的 SUV（运动型多功能汽车）车系。主要车型有 X1、X3、X4、X5、X6（见图 3-24）。

图 3-23　宝马 7 系高级轿车

图 3-24　2015 款宝马 X6

（5）Z 系

Z 系是宝马的入门级跑车（见图 3-25）。

（6）M 系

M 系列车是基于标准 BMW 车型打造的高性能车款（见图 3-26）。

从 1972 年成立至今，BMW 旗下的 M 系部门一直都是广大车迷津津乐道的一个传奇。1978 年第一款产品 M1 面世，1986 年第一代 M3 推出。BMW 目前主要的业务块为高性能车型、精英驾驶培训、M 选装及套件、个性化定制和 BMW 特种车五个大类。这些业务目前已经全面进入中国。

图 3-25　2013 款宝马 Z4

图 3-26　2014 款宝马 M5

3.1.4　大众汽车公司

1. 大众汽车历史

1937 年 3 月 28 日，费迪南德·保时捷（见图 3-27）在奔驰公司的支持下创建了大众开发公司，同年 9 月改为大众汽车股份有限公司。大众汽车公司（Volks Wagenwerk，VW）是德国最大也是最年轻的汽车公司，是一家国际性集团公司。总部位于德国沃尔夫斯堡的大众集团，是全球领先的汽车制造商之一，同时也是欧洲最大的汽车生产商。在全球最大的汽车市场西欧，大约每 5 辆新车中就有 1 辆来自大众集团。大众汽车公司的创始人是世界著名的汽车设计大师保时捷（Porsche）。大众汽车公司主要经营汽车产品，是一个在全世界许多国家都有子公司的跨国汽车集团。

大众汽车公司的德文 Volks Wagenwerk 意为大众使用的汽车，图形商标是将德文 Volks Wagenwerk 单词的首字母"V"和"W"的叠合后，再镶嵌在一个大圆圈内，然后把整个商标又镶嵌在发动机散热器隔栅的中间，图形商标似 3 个"V"字（见图 3-28）。该图标表示大众公司及其产品"必胜—必胜—必胜"。文字商标则标在车尾的行李箱盖上，以注明该车的名称。大众商标简洁、鲜明，让人过目不忘。

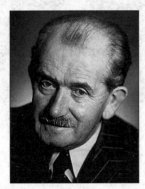
图 3-27　费迪南德·保时捷

图 3-28　大众汽车公司标志

2. 大众集团旗下品牌

大众汽车公司生产的车型有甲壳虫（Beetle）、高尔夫（Golf）、捷达（Jetta）、帕萨特（Passat）、桑塔纳（Santana）、波罗（Polo）、文托（Vento）、卡拉维拉（Caravelle）等。大众汽车是大众集团（Volkswagen Group）的成员之一，其他集团公司包括：

① Audi（奥迪）——德国本土汽车公司，1964 年从戴姆勒—奔驰公司买下；

② NSU——由大众的奥迪分部在 1969 年买下，自 1977 年开始就未再使用该品牌；

③ Seat（西亚特）——西班牙汽车公司，1987 年开始成为主要持有者，1990 年买下；

④ SKODA（斯柯达）——捷克汽车公司，1991 年买下；

⑤ Bentley（宾利）——英国豪华汽车制造公司，于 1998 年从 Vickers 公司与 Rolls-Royce 品牌同时买下，但之后由于注册商标权转移至 BMW 公司，因此无法再使用 Rolls-Royce 品牌制造车辆；

⑥ Bugatti（布加迪）——法国超级跑车制造商，在 1998 年买下；

⑦ Lamborghini（兰博基尼）——意大利超级跑车制造商，于 1998 年 6 月 12 日买下。

⑧ Porsche（保时捷）：2012 年 8 月 1 日，大众花了 44.9 亿欧元收购了保时捷余下的 50.1% 的股份，让这家全国知名的跑车厂商成为自己的全资子公司。德国大众汽车集团宣布：已与保时捷达成一致，保时捷股权将全部归大众所有。

⑨ 杜卡迪摩托（Ducati）：大众于 2012 年 7 月买下了杜卡迪摩托。

⑩ Man 卡车：2012 年大众完成对 Man 卡车的收购。

3. 大众在中国的发展

（1）一汽大众

1991 年 2 月，一汽大众汽车有限公司正式成立（见图 3-29），以下简称"一汽"。

图 3-29　一汽大众

1991 年 12 月 5 日，第一辆捷达 A2 轿车在一汽轿车厂组装下线。

1992 年 1 月 21 日，一汽集团公司开始进行首次捷达轿车国产化试验。作为一汽大众诞生元年的第一款车型，捷达迅速以皮实耐用的产品特性红遍大江南北，畅销中国 19 年，累计销售 197 余万辆，被誉为"车坛常青树"。

1993 年 2 月 17 日，一汽集团公司在总装车间举行第 10 000 辆捷达轿车下线仪式。6 月，一汽集团公司被评为中国 500 家最大工业企业之一。

1997 年 5 月，一汽集团公司和一汽大众公司合资建立的一汽大众销售有限责任公司正式成立。

2001 年 8 月，一汽集团公司在轿车厂总装车间举行成立 10 周年庆典暨被誉为"驾驶者之车"宝来的下线仪式。

2003 年 7 月 15 日，在一汽集团公司诞生 50 周年之际，历经四代改型的高尔夫轿车在全国正式上市。

2006 年和 2007 年，随着中国市场的不断成熟，一汽大众相继投产了出自世界领先 PQ35 和 PQ46 平台的速腾和迈腾。

2007 年 7 月 11 日，搭载 TSI 涡轮增压缸内直喷技术的迈腾撼世而出。

2008 年，一汽大众的 3 年努力终结硕果，自主研发的新宝来问世，这次的 Sportline 车型，不仅外观和内饰更具运动感，还搭载了大众引以为傲、领先全球的 TSI+DSG 动力总成技术。

2009 年 10 月 19 日，第六代高尔夫上市，第六代高尔夫是一款定义新级别的标杆型两厢车，TSI+DSG 动力总成技术在同级别车中遥遥领先于竞争对手车型。

2010 年 7 月，全新上市的车型——CC 是德国大众设计师团队历时 4 年潜心研制的结晶，不仅在操控和动力上表现极致，而且外观内饰亦堪称完美。

2011 年 7 月，新迈腾上市。

2012 年 3 月，高尔夫蓝驱上市。

2013 年，一汽大众产销再度实现新突破，经营业绩再创新高，共生产整车 1 538 888 辆，同比增长 14.6%；实现销售 1 526 288 辆，同比增长 18.4%。

2016 年 10 月 13 日，一汽大众的多款节能与新能源车型亮相 2016 北京新能源车展（见图 3-30）。

图 3-30　2017 款一汽大众 C-TREK（蔚领）

（2）上汽大众（原名上海大众）（见图 3-31）

图 3-31　上汽大众（原名上海大众）

1984 年 10 月，中德双方在北京人民大会堂举行隆重的合营合同签约仪式，上海大众在改革开放的大潮中应运而生。

1984 年，上海大众汽车引进 SANTANA 桑塔纳，至今一直保持着良好的销售势头。

1985 年，上海大众汽车有限公司成立。

2000 年，帕萨特被引进中国，并被誉为"最漂亮的中高级轿车"。

2002 年 4 月 8 日，上海大众 POLO 上市，作为中国第一款与世界同步推出的紧凑型轿车，不仅受到用户的广泛欢迎，并迅速成为时尚精品小车的象征。

2004 年，上海大众首款自主开发产品桑塔纳 3000 型成功上市。

2006 年 6 月，与大众汽车集团同步开发的 POLO 劲情、POLO 劲取上市，全面展示上海大众从造型到动力系统开发的整体实力。

2007 年 12 月，全新跨界车型 Cross Polo 上市。

2008 年 1 月，作为桑塔纳品牌的革新之作——桑塔纳 Vista 志俊上市。

2008 年 6 月，Lavida 朗逸上市。作为上海大众汽车旗下首款自主研发的产品，Lavida 朗逸迅速成为 A 级车市的新一代标杆产品。

2009 年 5 月，专为时尚运动的城市新锐人群量身打造的运动车型 Polo Sporty 上市。

2010 年 3 月，Tiguan 途观上市。

2010 年 12 月，拥有炫酷外观的全新 Polo 上市。

2011 年 4 月，全新帕萨特傲然上市。

2011 年 6 月，Polo 新劲取上市，为上海大众 Polo 家族"年轻、动感、时尚"的品牌理念注入了新的时尚元素。

2015 年 12 月 11 日，上海大众汽车有限公司对外发布更名公告，宣布经公司董事会决议、国家工商总局批准，自 2015 年 12 月 7 日起，上海大众汽车有限公司更名为上汽大众汽车有限公司（SAIC VOLKSWAGEN AUTOMOTIVE COMPANY LIMITED），简称上汽大众（SAIC VOLKSWAGEN）。

2016 年，上汽大众 1—8 月销售 1 249 326 辆汽车，位居国内乘用车市场榜首。同时，在 8 月的零售市场上，上汽大众也以 158 088 辆的成绩蝉联单月销量冠军，图 3-32 是 2017 款大众凌渡 2.0 T GTS。

图 3-32　2017 款大众凌渡 2.0 T GTS

3.1.5　保时捷汽车公司

1. 保时捷历史

保时捷的历史可追溯至 1900 年，当年，第一部以保时捷为名的汽车——Lohner-Porsche 正式登场并造成轰动。这部双座跑车是由费迪南德·保时捷（Ferdinand·Porsche，以下简称大保时捷）设计，当时才是 25 岁的大保时捷（见图 3-33）受聘于 Lohner 车厂担任设计师。在这里他已显示了出众的才能。

1906 年，大保时捷转到 Daimler（戴姆勒）车厂的奥地利分公司，担任技术总监。在接下来的数十年中，他设计了多款具有划时代意义的新车，如戴姆勒—奔驰的 SS 和 SSK 运动车、汽车联合公司（AutoUnion）的大奖赛车（GrandPrix Car），在德国汽车工业中都是光辉的篇章。1923 年他晋升为戴姆勒总厂的总工程师。戴姆勒车厂与本茨（Benz）车厂于 1926 年合并为如今的奔驰车厂。保时捷研究设计发展股份公司（又译为波尔舍公司）是德国颇有影响的研究设计发展公司，接受国内外的设计和研究工作。

"保时捷"的文字商标采用德国保时捷公司创始人费迪南德·保时捷（Porsche）的姓氏，图形商标采用斯图加特市的盾形市徽（见图 3-34）。

图 3-33　费迪南德·保时捷

图 3-34　保时捷标志

1948年，第一辆以"保时捷"命名的跑车问世。从此，保时捷以高速的技术和优雅的造型艺术在跑车世界占有一席之地。Porsche商标标注在发动机盖上方最显眼的位置，表明该商标为保时捷所拥有；Stuttgart字样，说明公司总部在斯图加特市；商标中间是一匹骏马，表示斯图加特这个地方盛产一种名贵马，这种马早在16世纪就非常有名了；商标的左上方和右下方是鹿角的图案，表示斯图加特曾是狩猎的好地方；商标后上方和左下方的黄色条纹代表成熟了的麦子颜色，喻示五谷丰登；商标中的黑色代表肥沃的土地；商标上的红色象征人们的智慧和对大自然的钟爱。由此组成一幅精湛意深、秀气美丽的田园风景画，象征保时捷辉煌的过去和美好的未来。

2. 保时捷车系

2012年7月5日，大众汽车集团收购保时捷汽车公司。

保时捷公司生产的车型有保时捷911系列、保时捷Boxster、保时捷Cayman、保时捷Panamera和保时捷Macan、保时捷卡宴系列汽车。

（1）911系列

保时捷911系列（见图3-35）由费迪南德·亚历山大·保时捷（Ferdinand Alexander Porsche）设计，从1963年诞生以来，共经历了七代车型，因其独特的风格与极佳的耐用性享誉世界。保时捷911系列是整个保时捷汽车公司乃至整个德国、整个世界最传奇的车型之一，同时也是中后置引擎跑车的代表作之一。

图3-35　保时捷911系列

（2）卡宴系列

保时捷卡宴系列最早亮相于2002年年初的日内瓦车展，分为Cayenne、Cayenne S、Cayenne Turbo、Cayenne Turbo S和Cayenne GTS五个类别。由于出身于以生产超级跑车著称的保时捷公司，卡宴系列虽然身为SUV，却也不可避免地带有许多跑车的特质，因此也成为世界上速度最快的越野车，成了越野车世界中的一个飞驰的"辣椒"。在西班牙语中，cayenne是"辣椒"的意思。而这个著名跑车生产厂家生产的越野车无论是外在还是内在，也确实像一只火辣辣的辣椒，吸引着人们的目光（见图3-36～图3-38）。

图 3-36　2015 款卡宴（Cayenne）

图 3-37　2016 款保时捷 Panamera

图 3-38　2015 款保时捷 Boxster（博克斯特）

复习思考题

1. 简述奔驰汽车公司的发展史及奔驰车标的含义。
2. 简述对奔驰汽车公司做出突出贡献的人物。
3. 奔驰汽车公司主要生产哪些汽车品牌？
4. 宝马车标的含义是什么？宝马汽车公司主要生产哪些品牌汽车？
5. 奥迪汽车公司由哪四家公司组成？
6. 大众汽车公司的创始人是谁？旗下品牌有哪些？
7. 保时捷汽车公司的创始人是谁？保时捷有哪些车系？

3.2 美国汽车公司及其品牌

3.2.1 福特汽车公司

1. 福特汽车公司的历史

福特汽车公司以下简称"福特公司"或"福特汽车"是世界最大的汽车企业之一，1903年由亨利·福特（见图3-39）先生创立于美国密歇根州底特律市。现在的福特汽车公司是世界上的超级跨国公司，总部设在美国密歇根州迪尔伯恩市。福特汽车的标志采用福特英文Ford字样，蓝底白字。由于创建人亨利·福特喜欢小动物，所以标志设计者把福特的英文画成一只小白兔样子的图案（见图3-40）。

图3-39 亨利·福特

图3-40 福特汽车公司的标志

福特汽车公司创立伊始，凭借创始人亨利·福特的"制造人人都买得起的汽车"的梦想和卓越远见，福特汽车公司历经一个世纪的风雨沧桑，成为四大汽车集团公司之一（见图3-41）。

1896年6月4日，亨利·福特将他的第一部汽车——一部手推车车架装在四个自行车车轮上的四轮车，开上了底特律大街。

1908年，福特汽车公司生产出第一辆福特T型车（见图3-42），世界汽车工业的革命就此开始。1913年，福特汽车公司又开发出了世界上第一条流水线。流水线明显降低了汽车的生产成本，最早的T型车售价为850美元，而到1924年，仅售290美元。正是由于T型车的热卖，福特汽车公司成为美国最大的汽车制造商。截至1927年，福特T型车总共销售1 500万辆，缔造了一个世界纪录。福特先生为此被尊称为"为世界装上轮子"的人，美国也被称作"车轮上的国家"。

图3-41 福特总部大楼

图3-42 亨利·福特与T型车

时至今日,福特汽车公司仍然是世界一流的汽车企业,仍然坚守着亨利·福特先生开创的企业理念:消费者是我们工作的中心所在,我们在工作中必须时刻想着我们的消费者,提供比竞争者更好的产品和服务。

2. 福特汽车公司旗下品牌

目前,福特汽车公司拥有福特(Ford)、林肯(Lincoln)两个品牌。

林肯汽车是福特公司旗下的豪华品牌,创立于 1922 年,创始人为亨利·利兰(Henry M.Leland)(见图 3-43)。其品牌名称(见图 3-44)是以美国总统亚伯拉罕·林肯的名字命名的。自 1939 年美国总统富兰克林·罗斯福上任以来,由于林肯车杰出的性能、高雅的造型和无与伦比的舒适,一直被白宫选为总统专车。它最出名的一款车是肯尼迪总统乘用的林肯检阅车(见图 3-45)。林肯品牌著名的产品有大陆(Continental)、马克八世(MarkⅧ)、城市(TownCar)和领航员(Navigator)等,目前在中国上市的车型为 MKC、MKX、MKZ 等。

图 3-43 亨利·利兰

图 3-44 林肯车标

图 3-45 肯尼迪总统乘坐的林肯检阅车

福特汽车在中国主要包含三款车系:长安福特、进口福特以及江铃汽车。其中长安福特当前在售车型包括福克斯、新蒙迪欧(见图 3-46)、锐界(见图 3-47)、嘉年华、翼虎、翼搏、福睿斯 7 款车型;进口福特当前在售车型包括 FOCUS ST、锐界、野马、探险者、FIESTA ST 5 款车型;江铃汽车当前在售车型包括福特新世代全顺、经典全顺两款车型。

长安福特汽车有限公司(简称长安福特)成立于 2001 年 4 月 25 日,是中国知名汽车合资厂商,坐落在重庆市北部新区,由长安汽车股份有限公司和福特汽车公司共同出资成立。

长安福特投产的首辆轿车——福特嘉年华于 2003 年 1 月 18 日正式下线。

在中国，福特汽车有 4 个汽车制造工厂，并有 4 个工厂正在建设中。福特员工总数超过 20 000 名。福特汽车正加快在中国市场的发展。2015 年，福特汽车向中国市场推出 15 款新车型，加倍拓展经销商网络。现任董事长兼首席执行官为萧达伟（David Schoch）。

图 3-46　新蒙迪欧

图 3-47　锐界

江铃公司（以下简称"江铃公司"）是福特公司在中国商用车市场的唯一合作伙伴，是中国商用车行业最大的企业之一。江铃公司于 20 世纪 80 年代中期在中国率先引进国际先进技术制造轻型卡车，成为中国主要的轻型卡车制造商。美国福特汽车公司现为江铃公司第二大股东，江铃公司连续多年位列中国上市公司百强。畅销车型为撼路者（见图 3-48）。

图 3-48　江铃福特撼路者

3.2.2　通用汽车公司

1. 通用汽车公司的历史

通用汽车公司（GM）（以下简称"通用公司"）于 1908 年由威廉·杜兰特（见图 3-49）创立，很快成为世界上最大的汽车生产商。杜兰特之前是马车车厢制造商，在 1904 年掌控了别克汽车。通用公司首先在 1908 年兼并了别克、奥斯莫比尔和奥克兰汽车，第二年兼并了凯迪拉克和许多其他的汽车厂及供应商。公司总部设在美国底特律，其标志 GM（见图 3-50）为其英文名称（General Motors Corporation）前两个单词的首字母。

通用汽车公司是美国最早施行股份制和专家集团管理的特大型企业之一，尤其重视质量把关和新技术的采用，因而其产品始终在用户心中享有盛誉。

2016 年 1 月 4 日，美国通用汽车公司宣布，公司董事会全票表决通过任命首席执行官玛丽·巴拉（见图 3-51）兼任董事长，任命立即生效。巴拉的前任泰奥多尔·索尔索留在董事会任首席独立董事。

图 3-49　威廉·杜兰特　　　　　图 3-50　通用公司标志

图 3-51　玛丽·巴拉

2. 通用公司旗下品牌

通用汽车公司（GM）创建以来，在全球生产和销售包括别克、雪佛兰、GMC、凯迪拉克、宝骏、霍顿、五十铃、解放、欧宝、沃豪以及五菱等一系列品牌车型并提供服务。2014年，通用汽车旗下多个品牌全系列车型畅销于全球 120 多个国家和地区，包括电动车、微车、重型全尺寸卡车、紧凑型车及敞篷车。

（1）别克

1903 年 5 月 19 日，苏格兰裔美国人大卫·别克（David Buick）（见图 3-52）在底特律创建了别克汽车公司。1908 年它的产量达到 8 820 辆，居美国第一位。威廉·杜兰特以别克公司为中心成立了通用汽车公司。别克是通用汽车公司旗下的中高端品牌。别克车具有大马力、个性化、实用性和成熟的特点。

别克车标（见图 3-53）源自苏格兰别克家族的盾形家徽，从左到右分别是红、白、蓝色。三个盾形标志分别代表别克汽车历史上三款重要的车型：LaSabre、Invicta 和 Electra。

别克旗下包括众多知名车型：英朗（见图 3-54）、君威、君越、GL8（见图 3-55）及雷昂达、昂科雷、昂科拉等。别克在美国的汽车历史中占有相当重要的地位，它是美国通用汽车公司的一大台柱，带动了整个汽车工业水平的进步，并成为其他汽车公司追随的榜样。

图 3-52　大卫·别克

图 3-53　别克车标

图 3-54　2016 款英朗

图 3-55　别克全新 GL8

(2) 雪佛兰

雪佛兰汽车于 1911 年 11 月 3 日创立，创始人为威廉·杜兰特和瑞士赛车手路易斯·雪佛兰（见图 3-56）。雪佛兰汽车于 1918 年被通用汽车并购，现在为通用汽车旗下最为国际化和大众化的品牌。雪佛兰的车型品种非常广泛，从小型轿车到大型 4 门轿车，从厢式车到大型皮卡，甚至从越野车到跑车，雪佛兰几乎生产消费者所需要的任何一种车型。

雪佛兰的领结标志（见图 3-57）是由通用汽车创始人之一威廉·杜兰特于 1913 年末设计的。但是这个标志成为雪佛兰品牌代名词的故事，则有许多个版本。流传最久并广为人知，而且也得到了杜兰特本人证实的版本是：杜兰特本人创造了雪佛兰领结标志，其灵感来源于

图 3-56　路易·雪佛兰

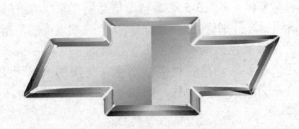

图 3-57　雪佛兰的领结标志

巴黎一家旅馆的墙纸设计。根据 1961 年雪佛兰品牌 50 周年庆典时，其官方出版的《雪佛兰故事》书中记载："1908 年，杜兰特在一次环球旅行中，无意间在一间法国旅馆中看到了墙纸上无限延伸的图案。他撕下一块壁纸保留下来，并展示给朋友们看，认为它将成为绝佳的汽车标志。"

雪佛兰 Chevrolet 是一个值得信赖、年轻有活力的国际汽车品牌。雪佛兰旗下拥有迈锐宝（见图 3-58）、科鲁兹（见图 3-59）、爱唯欧、赛欧 3、科帕奇（见图 3-60）、创酷、科迈罗 RS（见图 3-61）等车型。

图 3-58　迈锐宝

图 3-59　2013 款科鲁兹

图 3-60　2015 款科帕奇

图 3-61　2015 款科迈罗 RS

（3）凯迪拉克

凯迪拉克汽车公司成立于 1902 年 8 月，创始人是亨利·利兰（Henry M.Leland）。1909 年，凯迪拉克加入通用汽车公司，成为通用汽车公司专门生产豪华车的一个分部。

法国探险家及商人安东尼·门斯·凯迪拉克（Le Sieur Antoine de la Mothe Cadillac）在 1701 年创建了底特律这座城市，亨利·利兰正是以这款汽车向美国汽车城的创立者致敬。事实上，凯迪拉克家族历史上的盾徽形纹章是品牌徽标的灵感来源。公司成立短短六年后，凯迪拉克就凭借其精密打造的完全可替换型部件，为现代化汽车量产奠定了坚实的基础。凯迪拉克也因此成为第一家荣获英国皇家汽车俱乐部杜瓦大奖的美国汽车公司。随后，凯迪拉克当之无愧地获得了"世界标准"的美誉。20 世纪初，凯迪拉克推出的"30 型汽车"率先采用了"无曲柄汽车"理念——这是第一辆使用自动电子启动器、点火器和照明系统的量产汽车，不仅让女性体验到了驾驶的乐趣，还再次为底特律赢得了杜瓦奖，凯迪拉克也因此成为唯一两度获此殊荣的汽车制造商。

凯迪拉克车标（见图 3-62）色彩明快，轮廓鲜明，盾牌由不同色彩的块面组成：红色象征行动果敢与追求创新，银白色代表纯洁、仁慈、美德与满足，蓝色代表着豪迈的骑士精神，

图 3-62　凯迪拉克标志

新的标徽再次勾画出凯迪拉克品牌中同时呈现的经典、尊贵和突破精神。

1907 年，通用公司购买了凯迪拉克。经典设计和独领风骚的尖端技术，是凯迪拉克赢得尊重、创造传奇的核心。1908 年，凯迪拉克率先使用标准汽车零件批量生产汽车，从而成为首个获得伦敦皇家汽车俱乐部（RAC）Dewar Trophy 奖殊荣的美国汽车公司。

国内的凯迪拉克车系主要包括上汽通用凯迪拉克和进口凯迪拉克，上汽通用凯迪拉克旗下车型主要有凯迪拉克 XT5（见图 3-63）、ATS-L、CT6、XTS，进口凯迪拉克有 SRX、CTS、凯雷德（见图 3-64）等。

图 3-63　2016 款凯迪拉克 XT5

图 3-64　2014 款凯雷德

3.2.3　克莱斯勒汽车公司

1. 克莱斯勒汽车公司的历史

克莱斯勒（Chrysler）汽车公司（以下简称克莱斯勒）是美国第三大汽车工业公司，创立于 1925 年，创始人是沃尔特·克莱斯勒（见图 3-65）。1924 年，沃尔特·克莱斯勒离开通用汽车公司进入威廉斯·欧夫兰公司，开始生产克莱斯勒牌汽车。1925 年，他买下破产的马克思威尔公司，该公司逐渐发展成为美国第三大汽车公司。

随着经营的扩大，克莱斯勒开始向海外扩张，先后在澳大利亚、法国、英国、巴西建厂和收买当地汽车公司股权，购买了意大利的玛莎拉蒂公司和兰博基尼公司，从而使公司成为一个跨国汽车公司。

在 20 世纪 30 年代的黄金时期，克莱斯勒曾一度超过福特公司。20 世纪 70 年代，公司因管理不善濒于倒闭，著名企业家李·雅柯卡接管该公司。雅柯卡上任后大胆起用新人，裁减员工，争取政府资助，并把主要精力放在市场调研和产品开发上，并在产品广告上出奇制胜。20 世纪 80 年代初，克莱斯勒继续排在世界前 5 名汽车大公司行列。进入 21 世纪以来，美国经济衰落，汽车行业也受到了重创。

2014 年 1 月，意大利菲亚特汽车公司（FIAT）完成了对克莱斯勒 100% 股权的收购。公司更名为 FCA 美国有限责任公司（FIAT Chrysler Automobiles US LLC）。这意味着由福特、通用、克莱斯勒构成的美国汽车"三巨头"局面已不复存在。克莱斯勒公司虽然不复存在，但克莱斯勒品牌（见图 3-66）还在；FCA 美国有限公司将不仅负责原克莱斯勒旗下几个品牌的运营，还要为原菲亚特公司即 FCA 意大利公司的部分品牌提供帮助。目前公司总部位于美国密歇根州奥本山市。

图 3-65　沃尔特·克莱斯勒

图 3-66　克莱斯勒汽车公司的商标

2. 克莱斯勒旗下品牌

原克莱斯勒汽车公司旗下的品牌依然由 FCA 美国有限责任公司管理，分别是享誉世界的汽车品牌道奇和 Jeep。

（1）道奇

道奇品牌的创始人是一对出生在美国密歇根州的兄弟——约翰·道奇和霍瑞德·道奇（见图 3-67）。1928 年，克莱斯勒收购了道奇兄弟公司。道奇兄弟公司（Dodge Brothers Co.）成了克莱斯勒公司的一个分部。它是美国的第五大汽车品牌，在美国市场拥有 6.4% 的市场份额，是全球汽车行业的第八大汽车品牌。在全球，它的产品组合包括了一系列的轿车、卡车、轻型商用车和运动型多用途车（SUV），主要车型有道奇 Caliber、道奇 Viper、道奇 Magnum、Ram、道奇 Caravan 和道奇 Charger 等。道奇具有鲜明自信的品牌形象，车标是道奇兄弟的英文姓氏（见图 3-68）。Ram 皮卡的车标是一个雄壮的公羊头（见图 3-69）。

图 3-67　道奇兄弟

图 3-68　道奇车标

（2）Jeep

1938 年年初，欧洲战火开始蔓延；美国陆军总部向所有汽车制造公司公开征询一款轻型侦查车款。1941 年 7 月，军方与 Willys-Overland 车厂签订制造 Willys MB 车的合约，

图3-69　Ram车标

Jeep（见图3-70）从此便正式开始拓展汽车市场领域。在第二次世界大战期间约有60万辆Jeep车加入作战行列，证明了Jeep产品的成功。

第二次世界大战结束后，美国军队陆续自欧陆撤退。当地居民以使用Jeep为乐，于是开始将它应用在日常工作上，Jeep以其优异的耐用性及可靠度，让人们重新建立起自己的家园及版图。由于人们太享受Jeep所带来的宽广生活空间，因此Jeep很快便被用来作为营造生活乐趣的运输工具。从1941年7月23日至今，Jeep品牌（见图3-71）一直象征着真正的四轮驱动性能、创新技术和持续改进。

图3-70　早期的Jeep

图3-71　Jeep车标

1974年推出的切诺基（Cherokee）是吉普发展史上最重要的车型之一。切诺基取自美洲印第安部族切诺基土著人，他们世代居住在山区，由于生活和狩猎的需要，他们擅长在山地攀行，以此表示"切诺基"汽车能攀过岩石、涉过泥潭。最新款切诺基见图3-72。

图3-72　2016款大切诺基3.6 L（进口）

戴姆勒—克莱斯勒（中国）投资有限公司于2005年9月在北京成立，负责协调和发展中国的轿车和商用车业务，其汽车品牌包括梅赛德斯—奔驰、迈巴赫、smart、Jeep、克莱斯勒、赛特拉等。戴姆勒—克莱斯勒（中国）投资有限公司也负责现有的合资企业项目以及汽车金融机构戴姆勒—克莱斯勒服务集团的发展。

2006年9月15日，戴姆勒—克莱斯勒及其长期合作伙伴北京汽车工业控股有限公司的合资企业北京奔驰—戴姆勒—克莱斯勒汽车有限公司（简称BBDC）新工厂举行落成庆典，宣布生产克莱斯勒300 C。2006年11月8日，国产克莱斯勒300 C在全国上市。

2009年4月30日，美国三大汽车巨头中规模最小的一家——克莱斯勒在纽约申请破产保护，旨在精简该公司的业务运营，并通过与意大利汽车制造商菲亚特（FIat）结盟等方式来削减公司债务和进行重组。

2011年4月9日，克莱斯勒中国战略发布会在京举行。克莱斯勒（中国）汽车销售有限公司总裁兼总经理郑洁在发布会上表示，随着新一代大切诺基和2011款牧马人的推出，吉普的产品力已足以与日系和德系产品抗衡。

2014年1月21日菲亚特发布声明，菲亚特以总额43.50亿美元的价格，购得VEBA所持有的克莱斯勒41.46%的股权，完成收购克莱斯勒100%的股权。目前，菲亚特克莱斯勒集团旗下拥有菲亚特、阿尔法罗密欧、蓝旗亚、阿巴斯、依维柯、克莱斯勒、Jeep、道奇以及超豪华品牌法拉利、玛莎拉蒂等品牌。

复习思考题

1. 美国有几大汽车公司？各公司的创始人是谁？各公司的建立时间是什么时候？
2. 亨利·福特为世界汽车工业做出了什么突出贡献？
3. 通用公司旗下拥有几大核心汽车品牌？各汽车品牌的车标含义是什么？
4. 简述克莱斯勒公司的发展历程。

3.3 日本汽车公司及其品牌

3.3.1 丰田汽车公司

1. 丰田汽车公司的历史及车标

丰田（TOYOTA）汽车公司（以下简称"丰田"）的前身是1933年在丰田自动织布机所设立的汽车部，创始人是丰田喜一郎。1937年8月28日，其正式改名为丰田汽车工业公司。1982年7月1日，丰田汽车工业公司和丰田汽车销售公司合并为丰田汽车公司，总部设在日本爱知县丰田市。

图3-73　丰田车标

20世纪80年代后期，丰田汽车公司的商标图案改成三个椭圆（见图3-73）。三个椭圆巧妙地组合在一起，象征着用户的心和汽车厂家的心是连在一起的，具有相互信赖感。标志中的大椭圆代表地球，中间由两个椭圆垂直组合成一个"T"字，是TOYOTA的第一个字母，代表丰田汽车公司。它象征着丰田汽车公司立足于未来，对未来充满信心，也象征着丰田重科技和革新。

2. 丰田旗下的品牌

（1）皇冠品牌（Crown）

皇冠是丰田历史上存在时间最长的，第一代皇冠轿车于1955年生产，丰田现已生产第12代皇冠轿车。这是一款外形美观、线条优美、性能优越的中级轿车。皇冠是丰田汽车公司的代表车型之一，被称为丰田汽车公司的旗舰。

皇冠商标是一顶皇冠，象征着高贵和典雅，也预示着是日本国产车的王者。车标及车型见图3-74。

图 3-74　皇冠车标及车型

图 3-75　卡罗拉

（2）花冠（Corolla）

花冠是丰田公司的一款经济型家用轿车，也是丰田车系中的代表车型和佼佼者，自从 1966 年年底推出至今，畅销不衰，行销世界 140 多个国家和地区，累积销量超过 2 800 万辆，到目前已经推出了第九代车型。

第九代花冠由一汽丰田生产，是丰田国产车型中首款采用 VVT-i 发动机的车型。

丰田第十代 COROLLA 轿车将中文名从花冠改为卡罗拉（见图 3-75）。

（3）雷克萨斯（Lexus）

原来译为"凌志"，是 1989 年丰田汽车公司专门为在国外销售豪华轿车而成立的一个分部。Lexus 的读音与英文豪华"Luxury"相近，使人联想到豪华车。

雷克萨斯的商标（见图 3-76）是由图形商标和文字商标两部分组成。在一个椭圆中镶嵌英文"Lexus"的第一个大写字母"L"，椭圆代表着地球，表示雷克萨斯轿车遍布全世界。

图 3-76　雷克萨斯车标及车型

3.3.2　本田汽车公司

本田（HONDA）汽车公司（以下简称"本田"）的前身是本田技术研究所，1948 年由本田宗一郎创建。该公司是世界上最大的摩托车生产厂家，于 1962 年开始生产汽车。汽车产量和规模名列世界十大汽车厂家之列。公司总部在日本东京，本田公司先后在美国、亚洲各国、英国等建立了分公司,它的产品除了汽车和摩托车外,还有发电机、农机等。本田车标如图 3-77 所示。

本田公司旗下主要有本田(Honda)和讴歌(Acura)两大品牌。

本田品牌主要车型有雅阁(Accord)(见图 3-78)、思域(Civic)、风范(City)、奥德赛(Odyssey)(见图 3-79)、飞度(Fit)、CR—V 等。

讴歌主要车型有 RDX、MDX、TLX、RLX 等。现在,国产 2016 款讴歌 CDX AWD(见图 3-80)四驱版已上市。

图 3-77　本田车标

图 3-78　2016 款本田雅阁

图 3-79　2016 款奥德赛

图 3-80　2016 款讴歌 CDX AWD

3.3.3　日产汽车公司

日产汽车公司(以下简称"日产")的前身是快进社和户烟铸造公司。1933 年,户烟铸造公司与日本产业公司合资建立汽车制造公司,于 1934 年更名为日产汽车公司。日产的 NISSAN 是日本产业的简称。

1. 日产汽车公司商标

车标中圆表示太阳,中间的字是"日产"两字的日语拼音形式,整个图案的意思是"以人和汽车的明天为目标",车标如图 3-81 所示。

2. 日产旗下汽车品牌

目前日产旗下主要有 INFINITI(英菲尼迪)、骐达、阳光、骊威、逍客(见图 3-82)、天籁、CEFIRO(风度)、CEDRIC(公爵)等。车坛有"科技的日产、销售的丰田"这一说法。

图 3-81 日产车标

图 3-82 日产逍客

日产的高端品牌是英菲尼迪。英菲尼迪商标的标志（见图 3-83）是"一条无限延伸的道路"。椭圆曲线代表无限扩张之意，也象征着"全世界"；两条直线代表通往巅峰的道路，象征无尽的发展，象征着英菲尼迪人一种永无止境的追求。

图 3-83 英菲尼迪车标及车型

3.3.4 三菱汽车公司

三菱（MITSUBISHI）汽车公司（以下简称"三菱"）的前身是岩崎弥太郎 1870 年创建的九十九商会，1873 年九十九商会改名为三菱商会，1970 年，三菱汽车公司从三菱集团中独立出来。

1. 三菱汽车公司商标

1917 年注册成三菱商标（见图 3-84），三菱寓意为三枚菱形钻石，体现公司的三个原则：承担对社会的共同责任；诚实与公平；通过贸易促进国际谅解与协作。

图 3-84 三菱车标

2. 三菱汽车主要车型

主要生产车型有三菱翼神、劲炫、帕杰罗、蓝瑟、欧蓝德（见图 3-85）等。

3.3.5 马自达汽车公司

马自达（MAZDA）汽车公司（以下简称"马自达"）的前身是 1920 年创建的东京软木工业公司，创始人是松田中次郎，MAZDA 为松田的拼音。1982 年，东京软木工业公司更名为马自达汽车公司。马自达汽车公司是世界上唯一研发和生产转子发动机的汽车公司，也是全球第一家实现转子发动机量产化的汽车企业,曾在全球最为严苛的勒芒24小时耐力赛中赢得亚洲车企唯一的综合冠军桂冠。后来,马自达推出新一代"创驰蓝天"技术以及"魂动"设计主题,彰显出不惧艰险、勇往直前的挑战者精神。

1. 马自达汽车公司的商标

马自达车标——椭圆中展翅飞翔的海鸥,同时又组成"M"字样。(见图 3-86)"M"是"MAZDA"第一个大写字母,预示该公司将展翅高飞,以无穷的创意和真诚的服务,迈向新世纪。

图 3-85　2016 款欧蓝德

图 3-86　马自达车标

2. 马自达汽车公司生产的主要车型

自 2000 年开始,马自达公司通过实施"新千年计划",使公司的发展进入了一个新的阶段。2002 年开始,马自达公司先后推出了马自达 6(MAZDA6)(见图 3-87)、马自达 3(MAZDA3)、马自达 2(MAZDA2)、马自达 8(MAZDA8)(见图 3-88)、RX-8、Roadstar、CX-7、阿特兹(见图 3-89)、CX-5、CX-4(见图 3-90)等一系列新车型,在世界各地都取得了不俗的销售业绩。

图 3-87　马自达 6

图 3-88　2015 款马自达 8

图 3-89　2017 款阿特兹

图 3-90　2016 款马自达 CX-4

3. 马自达在中国的发展

（1）一汽马自达汽车销售有限公司（FAW Mazda Motor Sales Co., Ltd.）

该公司成立于2005年3月1日，是由中国第一汽车集团公司、一汽轿车股份有限公司、日本马自达汽车株式会社共同出资成立的汽车销售公司。其总部设在吉林省长春市。

一汽马自达汽车销售有限公司目前主营以下几款系列轿车的销售及售后服务，分别是Mazda6、Mazda6睿翼、Mazda8、CX-7以及它们的零部件、维修工具设备和附件。

（2）长安马自达汽车有限公司

该公司前身为长安福特马自达汽车有限公司南京公司，成立于2005年4月19日，并于2007年9月24日竣工投产，由中国汽车的百年企业——重庆长安汽车股份有限公司、马自达汽车株式会社共同出资组建，双方各占50%的股份。

2012年8月24日，经国家发展改革委核准，长安马自达汽车有限公司成为具有独立法人资格的现代化合资汽车企业，是马自达海外唯一一家集生产、采购、研发、销售于一体的整车制造型企业。旗下拥有马自达3星骋、马自达CX-5、马自达3昂克赛拉5大系列27款车型。

2014年，马自达第二波品牌系列推广活动以"BREAKER+越己·心力量"为主题展开，寓意"突破藩篱、超越自我，心生全新力量"。

3.3.6 铃木汽车公司

铃木汽车公司（以下简称"铃木"）成立于1920年，创始人是铃木道雄，1952年开始生产摩托车，1955年开始生产汽车，以生产微型汽车为主，通用持有铃木10%的股权。铃木公司于2012年11月5日宣布退出美国汽车销售市场，集中于摩托车销售业务。铃木汽车是日本第四大汽车制造商，1955年生产首台Suzulight系列汽车。公司以生产微型轿车为主，同时还生产摩托车、舷外机、摩托艇等，产品销往世界127个国家和地区。

1. 铃木汽车公司的商标

铃木商标（见图3-91）图案中的"S"是铃木英文名"SUZUKI"的第一个大写字母，它给人以无穷力量的感觉，象征无限发展的铃木汽车公司。

图3-91 铃木车标

2. 铃木中国

铃木于1984年首次提供技术给中国市场，也是最早进入中国市场的日本汽车公司之一。

（1）长安铃木

重庆长安铃木汽车有限公司创建于1993年5月，由重庆长安汽车股份有限公司（占51%）、日本铃木株式会社（占25%）、日本双日株式会社（占14%）、铃木（中国）投资有限公司（占10%）四方持股。

长安铃木公司自1995年建成投产并将产品推向市场以来，产销量年年递增，新产品、新款式不断推出。2009年，长安铃木第100万辆轿车下线；2010年，公司年产销轿车突破20万辆；2011年，公司年产销轿车22万辆，同比增长10%，昂首迈入了中国汽车行业主流阵营。

（2）昌河铃木

江西昌河铃木汽车有限责任公司是中日合资经营的企业，于 1995 年 6 月由江西昌河航空工业有限公司、江西昌河汽车股份有限公司、日本铃木株式会社、日本冈谷钢机株式会社共同出资成立，生产派喜、利亚纳三厢（见图 3-92）、两厢轿车和北斗星轿车（见图 3-93）以及昌铃王微型车。

图 3-92　2016 款铃木利亚纳 A6 三厢版

图 3-93　2016 款铃木北斗星 X5

2013 年上海国际车展，昌河铃木发布"三环标"新标识，启动双品牌战略，并推出其年度跨界新车——利亚纳 A6。

3. 铃木汽车公司生产的主要车型

主要生产车型有 Swift（雨燕）、Alto（奥拓）、天宇 SX4、Splash（派喜）、SX4、Jimny（吉姆尼）（见图 3-94）、Grand Vitara（超级维特拉）（见图 3-95）、Kizashi（凯泽西）、Wagon R、MR Wagon、Lapin（拉平）、Stingray（斯汀瑞）、Solio（索里奥）、Palette（帕雷特）、Equator（赤道）等。

图 3-94　2015 款铃木吉姆尼

图 3-95　2013 款铃木超级维特拉

3.3.7　富士重工公司

富士重工（Fuji Heavy Industries）是日本十大汽车公司之一。它的前身是日本军工企业中岛飞行机株式会社。富士公司于 1953 年建立，最初主要生产汽车，同时也制造飞机和各种发动机，是生产多种类型、多用途运输设备的制造商。

斯巴鲁是富士重工（FHI）旗下专业从事汽车制造的一家分公司。日本最早的微型轿车是富士重工的斯巴鲁360，此车诞生在1958年。斯巴鲁在1965年推出前置发动机前驱动（FF）轿车斯巴鲁1000，该车成为日本最早的前驱动轿车；同时开发出水平对置式发动机，降低了发动机的重心；1984年研制出无级变速器，其结构在世界上独一无二。

图3-96 斯巴鲁车标

1. 斯巴鲁车标

斯巴鲁的标志是昴宿星团的六连星（见图3-96），象征着富士重工公司及另外五家公司的团结一致。

2. 斯巴鲁汽车的特点

（1）全时四轮驱动系统

世界上第一组全时四轮驱动系统是富士重工装置在市售轿车上的。

（2）水平对置发动机

水平对置发动机是世界上除了富士重工，只有保时捷才有的发动机技术。

3. 斯巴鲁品牌的主要车型

斯巴鲁的主要产品有四驱动轿车、微型车、轻型汽车和大客车，其中四驱动轿车畅销世界，著名品牌有力狮（见图3-97）和翼豹，还有斯巴鲁森林人（见图3-98）、傲虎、WRX、翼豹XV、Impreza 翼豹、Tribeca 驰鹏等。

图3-97 2016款斯巴鲁力狮

图3-98 2016款斯巴鲁森林人

复习思考题

1. 日本有哪些汽车公司？
2. 日本各品牌车标的含义是什么？
3. 日本三大汽车品牌的高端品牌分别是什么？

3.4 韩国汽车公司及其品牌

3.4.1 起亚汽车公司

起亚汽车公司（以下简称"起亚"）是韩国最老牌的汽车制造厂。成立于1944年12月的起亚汽车前身名为京城精密工业（Kyungsung Precision Industry），位于汉城（今首尔）永登浦区，开始是一家手工制做自行车零部件的小厂。1952年3月公司制造出韩国第一辆自行车，名为三千里号，更名为起亚工业公司。

1961年10月，起亚制造出C-100摩托车，韩国的摩托车工业从此诞生。1962年，一辆小型的厢式三轮货车K360面世。从此，起亚走上了汽车制造的道路。

1973年，起亚生产出韩国第一台汽油发动机，并于1974年10月生产出韩国第一部采用汽油发动机的乘用轿车Brisa，从此，起亚开始向世界车厂的方向发展，并且介入竞争激烈的轿车市场之中，Brisa轿车也成为韩国首部出口的汽车，出口到中东地区。

1997年发生的亚洲金融风暴引发了韩国的金融危机，使得起亚汽车的投资失去可偿还能力，起亚汽车公司进入了清算状态，濒临破产后，韩国政府出面指令现代收购起亚公司。

1998年，起亚汽车公司与韩国最大的汽车公司——现代公司签订了股权转让协定，并且在2000年与现代汽车公司一起成立现代·起亚汽车集团。

2001年，起亚与我国东风汽车集团、江苏悦达三方组成东风悦达起亚合资企业。

1. 起亚汽车公司的商标

起亚的名字源自汉语，"起"代表起来，"亚"代表在亚洲。因此，起亚的意思就是"起于东方"或"起于亚洲"。源自汉语的名字、代表亚洲崛起的含义，正反映了起亚的胸襟——崛起亚洲、走向世界。

图3-99 起亚车标

起亚汽车公司的标志是英文"KIA"，形似一只飞鹰，象征公司如腾空飞翔的雄鹰。起亚汽车现行的标志由白色的椭圆、红色的背景和黑体的"KIA"三个字母构成（见图3-99），而更改后的标识将变为亮红的椭圆、白色的背景和红色的"KIA"字样，给人更加新鲜、充满活力的感觉。

图3-100 彼得·希瑞尔

2. 起亚汽车的设计师

起亚汽车的设计师叫彼得·希瑞尔（Peter Schreyer）（见图3-100），在入主韩国的起亚之前，他已经是欧洲三大汽车设计师之一。他曾设计了大众新甲壳虫、奥迪TT、奥迪A6等经典车型。希瑞尔为起亚带来的不仅是外观设计的变化，还包括整体设计思路的变革。

3. 起亚汽车品牌的主要车型

主要车型有Quoris/K9（首款后驱车型）（见图3-101）、K4、K3、K2、Picanto/Morning、Rio/Pride/锐欧、Venga、Cee'd、Soul/秀尔、速迈、Forte/Cerato/福瑞迪、Oprius/K5（见图3-102）、Cadenza/K7/凯尊、Sorento/索兰托、Sportage/狮跑、SportageR/智跑、Borrego/Mohave/霸锐、Carens/Rondo/佳乐、Carnvial/Sedona/VQ 威客、欧菲莱斯（停售）等。

图 3-101　2015 款起亚 K9

图 3-102　2016 款起亚 K5

3.4.2　现代汽车公司

现代汽车公司（HYUNDAI）（以下简称"现代"）是韩国最大的一家汽车公司，是世界 20 家最大汽车公司之一，创立于 1967 年 12 月，创建人为郑周永。公司总部设在韩国首尔，汽车年产量达 100 万辆。现代汽车公司已发展成为现代集团，其经营范围由汽车扩展到建筑、造船和机械等领域。

2002 年 10 月 18 日，现代汽车与北京汽车工业公司合资建立了北京现代汽车有限公司。

1. 现代汽车的商标

现代汽车公司的标志中，椭圆内的斜字母 H 是现代公司英文名 HYUNDAI 的首个字母（见图 3-103），商标中的椭圆既代表汽车方向盘，又可以看作是地球，两者结合，寓意了现代汽车将遍布全世界。

图 3-103　现代车标

2. 现代汽车的经营理念

现代汽车的经营理念是：以创意的挑战精神为基础，创造丰富多彩的汽车生活，尽力协调股东、客户、职员之间以及公司跟汽车产业之间的利害关系。

3. 现代汽车品牌的主要车型

现代汽车的主要车型有伊兰特（ELANTRA）、雅绅特（ACCENT）、瑞纳（VERNA）、领动（见图 3-104）、索纳塔（SONATA）（见图 3-105）、ix35、ix25、名图、朗动、圣达菲、途胜等车型。

3.4.3　大宇汽车公司

1967 年，金宇中创建新韩公司，公司位于仁川市，后改为新进公司，1983 年改为大宇（DAEWOO）汽车公司（以下简称"大宇"）。它是韩国大宇集团的骨干企业。

2000 年 11 月 8 日正式宣布破产。

2002 年，被美国通用公司收购。

图 3-104　2016 款现代领动

图 3-105　2015 款现代索纳塔

1. 大宇汽车公司商标

大宇汽车公司采用形似地球和花朵的商标（见图 3-106）。大宇商标像高速公路大"动脉"向未来无限延伸，表示大宇的未来和发展意志；椭圆代表世界、宇宙；向上展开的花朵体现了大宇家族的创造力和挑战精神；表示大宇在众多领域无限发展的潜力。大宇被美国通用收购后，商标如图 3-107 所示。

图 3-106　大宇车标

图 3-107　通用大宇车标

2. 大宇汽车的主要车型

大宇汽车主要有 WINSTORM（见图 3-108）、旅行家、蓝龙、Kalos、Lacetti、Magnus、Cielo、Scope、达玛斯等车型。

3.4.4　双龙汽车公司

双龙汽车（SsangYong Motor）公司（以下简称"双龙"）于 1954 年建立。最初双龙为美军生产吉普车，1976 年开始生产特种车辆，1988 年被双龙集团收购，

图 3-108　通用大宇 WINSTORM

改为现名。1991 年，双龙汽车开始与戴姆勒—奔驰（即如今的戴姆勒—克莱斯勒）结成技术伙伴。1997 年，大宇汽车收购双龙汽车，但后因大宇财团出现财政问题又于 2000 年被出售。2004 年，上海汽车工业（集团）总公司收购了双龙汽车 49% 的股份。

2005 年 1 月 27 日，上海汽车集团股份有限公司完成对韩国双龙汽车公司的股权交割手续，获得双龙汽车 51.33% 的股份，正式成为其第一大股东。双龙汽车公司主攻中高档四驱越野车和轿车市场，是 SUV 方面的领先制造商。

1. 双龙汽车公司商标

双龙公司从"双龙兄弟"情深意长的动人传说中悟出了自己的企业哲学,以"双龙"命名自己的公司,其车标将"SSANGYONG"中的"S"抽象成"8"字,形似"双龙"飞舞,表示"双龙"情深意重(见图3-109)。

图 3-109　双龙车标

2. 双龙汽车的主要车型

主要车型有豪华轿车 Chairman(见图 3-110)、四驱越野车 Rexton、Korando、Musso 和豪华 Mpv rodius 等。

图 3-110　Chairman(双龙主席)

复习思考题

1. 韩国有哪些汽车公司?
2. 韩国各汽车品牌车标的含义是什么?
3. 列举韩国著名汽车品牌旗下车型。

3.5　法国汽车公司及其品牌

早在 1769 年,法国人古诺就在军队的支持下试制成功了世界上第一辆具有实用价值的蒸汽机汽车——"卡布奥雷"。第一辆实用的电动汽车则是法国发明家 Gustave Trouv 在 1881 年制成的。1889 年,法国的汽车工业先驱就建立了第一家汽车制造厂(引进戴姆勒的 V2 发动机)。到 1903 年,法国的汽车厂达到 150 多家,产量超过 3 万辆,差不多占了全球总量的一半。

3.5.1　雷诺汽车公司

雷诺(RENAULT)汽车公司(以下简称"雷诺")是世界十大汽车公司之一,由路易·雷诺(见图 3-111)与其兄费尔南德·雷诺、马塞尔·雷诺于 1898 年在法国的比昂古创建。与世界上许多汽车公司的创始人一样,路易·雷诺也是一个对机械充满兴趣的人。路易·雷诺在创业的过程中充分发挥了他在机械方面的天赋,发明了直接传动系统和涡轮增压器。1900 年,雷诺公司因在巴黎、柏林等车赛中接连获胜而名声大振,公司开始发展。1907 年,雷诺生产的出租车出现在伦敦和纽约街头。1914 年雷诺公司开始了大规模生产。

第一次世界大战爆发期间，雷诺除了生产汽车外，还为军队生产枪支弹药、坦克和飞机，发了一笔战争财。停战后的 1919 年，雷诺公司已成为法国最主要的私人公司，汽车产品系列齐全，柴油机技术处于世界领先地位。至第二次世界大战爆发时，雷诺公司已在法国、比利时、英国等地拥有多家工厂。第二次世界大战爆发后，法国被德国人占领，工厂为德军提供武器和飞机发动机，在战争期间，雷诺在比昂古的工厂的一半设施被毁，公司几乎毁于一旦。

图 3-111　路易·雷诺

从 1985 年起，雷诺公司进行了一系列企业改革，推行了全面质量管理，并适时推出了多用途单厢车 Espace，也就是现今 MPV 车的鼻祖。企业改革并生产适销对路的产品，使雷诺公司再次起死回生。公司从 1987 年起重新盈利，此后十余年间，除 1996 年略有亏损外，一直盈利，现已成为世界汽车业中效益最好的公司之一。

1. 雷诺汽车公司商标

1923 年，雷诺首次决定在车身前端使用品牌标识，提升车辆的品牌识别度。标识采用圆形格栅，中央为"RENAULT"字样（见图 3-112）。自 2012 年以来，雷诺致力于与客户建立更加紧密的情感联系。新车标（见图 3-113）视觉识别性更加强大，垂直、显著的砖石标识位于格栅最中央，赋予车辆新的吸引力，雷诺黄变得更加明亮、温暖，呈现为标识右侧的一条垂直色带。

图 3-112　1923 年的雷诺车标

图 3-113　雷诺车标

2. 雷诺车型

雷诺公司注重创新，汽车产品十分齐全，主要品牌有风景（见图 3-114）、克丽欧、丽人行、太空车、卡缤（见图 3-115）、科雷傲（见图 3-116）等。雷诺汽车远销 125 个国家，近一半的产品销往欧洲以外国家。雷诺汽车于 2013 年与中国东风汽车合作成立合资企业东风雷诺，并于 2016 年在中国生产 Kadjar（见图 3-117）车型。

图 3-114　雷诺风景

图 3-115　2015 款雷诺卡缤

图 3-116　全新雷诺科雷傲

图 3-117　雷诺 Kadjar

3.5.2　标致—雪铁龙汽车集团（PSA 集团）

1. 标致汽车公司

1976 年，标致汽车公司（以下简称"标致"）兼并了雪铁龙汽车公司，成立了标致—雪铁龙汽车公司。1980 年，公司改为标致雪铁龙集团（Peugeot Societe Anonyme，PSA）。PSA 集团由标致汽车公司拥有，旗下拥有标致、雪铁龙和 DS 三大汽车品牌。

早在 18 世纪，标致家族便建立了工厂，从事工具制造业和纺织业。19 世纪，随着欧洲工业化的普及，标致家族也迎来了大发展时期。1819 年，标致家族成立了 Peugeot-Frereset Compagie 公司，建立了新的工厂，开始生产钟表、缝纫机等产品。阿尔芒·标致（见图 3-118）接管企业以后，公司开始转向生产汽车，并于 1889 年推出了以蒸汽机为动力的第一辆"标致"牌汽车。1929 年，标致 201 推出，这是标致第一次使用数字（中间为"0"的三个数字）对产品进行命名，这也成为以后标致汽车命名的方法。

（1）标致汽车品牌商标

标致汽车公司的车标是一只站立的雄狮。雄狮是标致家族的徽章，后来也是蒙贝利亚尔省的省徽。雄狮商标最初只用于锯条，1880 年演变为标致公司的唯一商标。1850—2003 年，标致的雄狮图案历经了 9 次演变，目前采用的是前爪伸出做拳击状的立狮图案（见图 3-119）。雄狮商标既突出力量，又强调节奏，富有时代感，喻示着标致汽车像雄狮一样威武、敏捷，永远保持旺盛的生命力。

图 3-118 阿尔芒·标致

图 3-119 标致车标

（2）标致的主要车型

标致车型多以数字命名，主要车型有 308、308 CC、3008、408、4008（见图 3-120）、508（见图 3-121）、5008 等。

图 3-120 2013 款标致 4008

图 3-121 2016 款标致 508

2. 雪铁龙汽车公司

1912 年，安德烈·雪铁龙（见图 3-122）创建了以自己的姓氏命名的雪铁龙（Citroën）齿轮公司（以下简称"雪铁龙"），该公司生产包括人字齿轮在内的各种齿轮。1915 年更名为雪铁龙汽车公司，这是法国第一家采用流水线生产汽车的厂家。1919 年 5 月，雪铁龙公司的 A 型车在法国魁德扎瓦投产，拉开了雪铁龙汽车的生产序幕。

20 世纪 70 年代中期，雪铁龙公司遇到财政困难，意大利的菲亚特汽车公司想趁机将其吞并，但标致公司凭借自己的雄厚实力于 1976 年 10 月兼并了雪铁龙公司，组成了新的持股公司，称"标致雪铁龙集团（PSA）"。

（1）雪铁龙汽车公司品牌车标

雪铁龙汽车品牌的商标（见图 3-123）是人字形齿轮的一对轮齿，象征着人们密切合作，同心协力，步步高升。同时此商标图案也说明了雪铁龙汽车公司的技术领先地位。

（2）雪铁龙品牌的主要车型

雪铁龙的主要车型有 C2、C4 L（见图 3-124）、C4 世嘉、C3-XR、爱丽舍、C5、C6、C4 Aircross（见图 3-125）、C4 毕加索等。

图 3-122　安德烈·雪铁龙

图 3-123　雪铁龙车标

3. DS 品牌

（1）DS 品牌及品牌车标（见图 3-126）

DS 品牌于 2010 年成立，其前身原为雪铁龙在 1955 年推出的一款轿车 DS19。同年在巴黎车展上，雪铁龙 DS 一经亮相，便成为最抢眼的明星。观众争先恐后地赶去参观订购，创下了 45 分钟内 749 个订单、车展第一天 12 000 个订单的神话。

图 3-124　雪铁龙 C4 L

图 3-125　2013 款 C4 Aircross

图 3-126　DS 车标

一年后，DS 成为法国政府的总统专属用车。DS 是当时法国总统戴高乐最钟爱的车型，因其卓越的性能、出色的操控和令人难以置信的稳定表现，在戴高乐总统遇刺事件中扮演了英雄救主的角色。1961 年，雪铁龙 DS 被指定为美国第一夫人杰奎琳·肯尼迪以官方身份正式访问巴黎的专属座驾。2012 年 5 月 15 日，法国新上任总统朗索瓦·奥朗德乘坐 DS 5 Hybrid4 穿越巴黎香榭丽舍大街，来到爱丽舍宫进行就职典礼。

（2）DS 品牌主要车型

DS 品牌主要车型为 DS 3、DS 4 S、DS 5、DS 5 L、DS6（见图 3-127）等。

图 3-127　DS6

复习思考题

1. 法国有哪些汽车公司？
2. 描述法国各汽车公司的商标图案和其所代表的含义。

3.6　意大利汽车公司及其品牌

3.6.1　菲亚特汽车公司

菲亚特汽车公司（FIAT）（以下简称"菲亚特"）是意大利都灵汽车制造厂（Fabbrica Italiana di Automobili Torino）的缩写。FIAT 是乔瓦尼·阿涅利于 1899 年 7 月创立的，厂址设在都灵市。经过一个多世纪的发展，菲亚特汽车公司已成为意大利规模最大的汽车公司。不仅汽车产量占意大利汽车总产量的 90%以上，而且控制着阿尔法·罗密欧、玛莎拉蒂、蓝旗亚、法拉利等汽车公司。1984 年收购了阿尔法·罗密欧，1993 年收购了玛莎拉蒂，成为一个经营多种品牌的汽车公司。为方便经营，1979 年，菲亚特汽车公司成为菲亚特汽车集团中一个独立经营的公司。

1. 菲亚特汽车公司商标

菲亚特的商标是一位都灵的画家将公司名称的缩写字母以"·"号隔开，连读为"菲亚特"，从此"FIAT"的名字就伴随其汽车产品而响彻全球。在百余年的发展史上，作为标识的"FIAT"在式样上经历了许多次变化。

菲亚特的商标表示菲亚特汽车公司的成功、荣誉和辉煌。菲亚特车标的演变见图 3-128。

2. 菲亚特汽车公司及品牌车型

菲亚特旗下的著名品牌包括：菲亚特、蓝旗亚、阿尔法·罗密欧和玛莎拉蒂。其中法拉利也是菲亚特的下属公司，但它是独立运作的。工程车辆公司有依维柯公司。

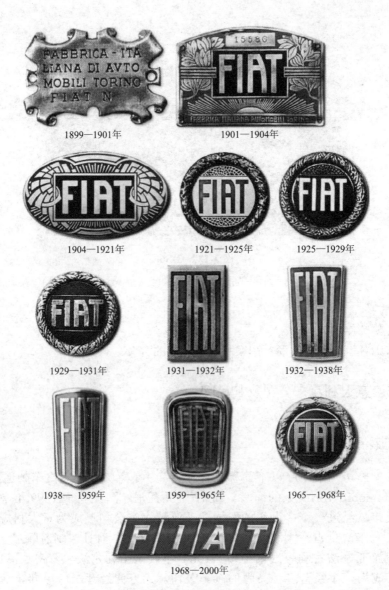

图 3-128 菲亚特车标的演变

菲亚特品牌目前生产的主要车型有熊猫（Panda）、派力奥（Palio）、西耶那（Siena）、乌诺（Uno）等。这些都是意大利著名设计师乔治亚罗设计的。

1999 年 4 月，菲亚特与我国南京跃进汽车集团合资组成南京菲亚特合资公司。双方各持股 50%。

2010 年 3 月 9 日，广汽集团和菲亚特集团按 50:50 的出资比例建立了广汽菲亚特合资公司。首款国产车型 Viaggio 菲翔于 2012 年 6 月 28 日下线。目前广汽菲亚特旗下车型主要包括菲翔（见图 3-129）、致悦、致悦 Cross，进口菲亚特主要车型包括菲亚特 500、博悦（见图 3-130）、菲跃、朋多等。

图 3-129　菲亚特菲翔 Viaggio　　　　图 3-130　2011 款菲亚特博悦

3.6.2　阿尔法·罗密欧汽车公司

阿尔法·罗密欧（ALFA ROMEO）汽车公司是意大利高级轿车、跑车和赛车的制造商，建于 1910 年，总部在意大利米兰市。

1916 年，出身那不勒斯的尼古拉·罗密欧（Nicola Romeo）入主该车厂，并将自己的家族姓氏融入车厂名称中，从而成为今日的阿尔法·罗密欧。1923 年，阿尔法·罗密欧汽车公司起用著名汽车专家亚诺，亚诺设计生产了一系列优秀赛车，为公司在赛车界赢得了荣誉。但由于 1929 年的经济大萧条和 20 世纪 80 年代后的经营不善，产量下降，为了摆脱困难，1987 年，意大利政府决定将其私有化，菲亚特汽车公司收购了它。

1. 阿尔法·罗密欧汽车公司的商标

1911 年，阿尔法·罗密欧汽车公司采用了将 "ALFA ROMEO" 置于米兰市的圆形市徽外圈上半部的商标（见图 3-131）。采用该商标，是为了纪念米兰市的创始人维斯康泰公爵及其家族。红色的十字是米兰城盾形徽章的一部分，吃人的龙形蛇图案则来自当地一个古老贵族家族的家徽，象征着中世纪米兰领主维斯康泰公爵的祖先击退使城市人民遭受苦难的"龙蛇"的传说。

2. 阿尔法·罗密欧的品牌车型

阿尔法·罗密欧公司的经典车型有阿尔法（Alfa）、蜘蛛（Spider）、阿尔菲塔（Alfetta）、吉利耶塔（Giulietta）、阿尔法苏（Alfasud）、Giulia（见图 3-132）等。

图 3-131　阿尔法·罗密欧车标　　　　图 3-132　2016 款阿尔法·罗密欧 Giulia

著名的阿尔法·罗密欧跑车有 145/146 型、155 系列、164 系列、GTV、斯派德（Spider）、96 款"流云"等。

3.6.3 法拉利汽车公司

法拉利（FERRARI）汽车公司是意大利超级跑车和赛车制造公司，创建于 1929 年（最早是赛车俱乐部，即法拉利车队的前身），创始人是恩佐·法拉利（世界赛车冠军），公司总部设在意大利的摩德纳，法拉利现为菲亚特汽车公司的子公司。

菲亚特公司拥有该公司 50%的股权，但最初的法拉利汽车，都是由创始人恩佐·法拉利设计的。他以一个赛车运动员和艺术家的双重身份设计汽车，因而他的作品既有强烈的动感、艳丽的色彩，同时又把在驾驶室的每一部件都设计得天衣无缝，让驾驶员操作起来得心应手。法拉利的赛车主要以红色为主，因而有人称它为红色的跃马或红魔法拉利。法拉利汽车公司能独立于菲亚特公司运营。

1. 法拉利汽车公司商标

法拉利汽车公司商标为一匹跃马（见图 3-133）。在第一次世界大战中，意大利有一位表现出色的飞行员，他的飞机上就有一匹会给他带来好运的跃马，他曾多次击落敌人的战机。在法拉利最初的比赛获胜后，飞行员的父母亲——一对伯爵夫妇建议：法拉利也应在车上印上这匹带来好运气的跃马。法拉利欣然同意，跃马成了法拉利赛车上的吉祥物。后来飞行员死了，马就变成了黑颜色。而标志底色为公司所在地摩德纳金丝雀的颜色。

图 3-133　法拉利车标

2. 法拉利汽车的主要车型

法拉利公司的经典车型有法拉利 F355 Spider、法拉利 F50 Ferrari、法拉利 F512 M、法拉利 458 Speciale（见图 3-134）、法拉利 LaFerrari（见图 3-135）等。

图 3-134　法拉利 458 Speciale

图 3-135　法拉利 LaFerrari

3.6.4 玛莎拉蒂汽车公司

1914 年，玛莎拉蒂（MASERATI）家族的四兄弟创建了玛莎拉蒂汽车公司（以下简称"玛莎拉蒂"），总部位于意大利的博洛尼亚。公司主要生产轿车和跑车，在欧洲具有很高的知名度。目前是菲亚特汽车公司的子公司。

意大利是跑车王国。亚平宁人特有的奔放性格，使得他们所钟爱的跑车同样激情四溢。大多数中国人对于意大利跑车的认识都是从法拉利开始的，而对玛莎拉蒂跑车却不甚了解。其实，玛莎拉蒂的历史比法拉利还要早，更是比法拉利在赛场上先行取得过辉煌。

1. 玛莎拉蒂汽车公司和汽车商标

玛莎拉蒂汽车的商标是在树叶形的底座上放置的一件三叉戟（见图 3-136），这是公司所在地意大利博洛尼亚市的市徽，相传为罗马神话中的海神纳普秋手中的武器（在希腊神话中则被称为波赛顿海神），显示出海神巨大无比的威力。该商标表示玛莎拉蒂汽车公司及汽车像浩瀚无垠的大海在咆哮，暗示了玛莎拉蒂汽车快速飞奔的潜力。

图 3-136　玛莎拉蒂车标

2. 玛莎拉蒂的主要车型

玛莎拉蒂的车型主要有玛莎拉蒂 GT（见图 3-137）、Ghibli、GranCabrio、levante、总裁（见图 3-138）等。

图 3-137　2015 款玛莎拉蒂 GT

图 3-138　玛莎拉蒂总裁

3.6.5　兰博基尼汽车公司

兰博基尼（LAMBORGHINI）汽车公司（以下简称"兰博基尼"）建于 1961 年，创始人是费鲁齐欧·兰博基尼（Ferruccio Lamborghini），总部设在意大利的圣亚加塔·波隆尼（Sant'Agata Bolognese），主要生产跑车和赛车。兰博基尼的骨子里有一种唯我独尊的霸气，这种霸气使其在汽车界树立了显赫的地位。

1998 年兰博基尼归入奥迪旗下，目前为大众集团（Volkswagen Group）旗下品牌之一。

兰博基尼 Huracan 于 2014 年在日内瓦汽车展首次亮相，在 2015 年推出 Huracan 敞篷版和后轮驱动版本，延续经典的 Gallardo 传奇。

1. 兰博基尼汽车公司商标

兰博基尼的商标是一头浑身充满了力气、蓄势待发的犟牛（见图 3-139）。寓意该公司生产的赛车功率大，速度快，战无不胜。据说兰博基尼本人就是这种不甘示弱的牛脾气。

2. 兰博基尼的首席执行官

Stefano Domenicali 先生（见图 3-140）于 1965 年 5 月 11 日生于 Imola，是兰博基尼汽车公司的主席兼首席执行官。他的职业生涯始于 1991 年的法拉利公司，直至 2008 年成为法拉利 F1 车队经理。他于 2014 年 11 月出任奥迪公司新业务筹划部门副总裁，之后便来到位于圣亚加塔·波隆尼的兰博基尼汽车公司担任职位。他是国际汽车联合会董事会成员，任单座赛车委员会主席。

图 3-139 兰博基尼车标

图 3-140 Stefano Domenicali 先生

3. 兰博基尼的主要车型

兰博基尼的车型主要有 AVENTADOR（见图 3-141）、蝙蝠、HURACAN、VENENO、REVENTON、GALLARDO（见图 3-142）等。

图 3-141 兰博基尼 AVENTADOR

图 3-142 GALLARDO

复习思考题

1. 意大利有哪些汽车公司？最大的是哪家汽车公司？
2. 介绍意大利汽车各大品牌车标的含义。
3. 列举意大利某个汽车品牌的车型。

3.7 英国汽车公司及其品牌

从汽车发明以来的 100 多年里，英国车一直被认为是代表着汽车工艺的极致。其品位、价值、豪华、典雅在汽车上得到完美的体现。拥有英国车，拥有的是艺术。

3.7.1 消失的汽车品牌

1. Austin（奥斯汀）（1905—2005 年）

品牌特点：专注于小型车的经典品牌。

消失的原因：在 BMC、利兰及罗孚旗下没有受到足够的重视。

1905 年，赫伯特·奥斯汀（Sir Herbert Austin，1866—1941 年）在英国长桥建立了奥斯汀汽车公司（见图 3-143），并且开始生产以自己姓氏命名的汽车。1905 年第一辆汽车诞生，它采用了 5 升 4 缸发动机，以链条传动。该车型在 5 年内生产了大约 200 辆汽车。

图 3-143 奥斯汀汽车标志

"一战"后,由于奥斯汀公司全力投入开发研究的 WW1 车系销售不佳,导致公司财务危机,奥斯汀在 1921 年宣布破产,随后进行财务重组后获得新生。直到 1922 年的奥斯汀 7 车系(见图 3-144)上市成功,才使得奥斯汀汽车转危为安。

英国最著名的微型车——奥斯汀 7 被称为"英国的 T 型车",从 1922 年它被推出的那天起,便迅速普及,在 1939 年,就销售了 29 万辆。这款车后来被宝马引进,并以 Dixi(迪昔)(见图 3-145)的名字生产,该车成为宝马的第一款汽车。

1952 年,奥斯汀与那菲尔德(Nuffield)集团合并,组成了英国汽车公司(BMC)。合并后,奥斯汀品牌专攻发动机技术研究,因此在之后的历史中,奥斯汀基本以发动机制造商的状态出现。不过,奥斯汀迎来了它生命中的第二次辉煌,那就是与希利 Healey 的联手在 BMC 旗下时,奥斯汀最值得一提的就是创立了奥斯汀·希利品牌,该品牌生产的赛车在当时的赛车场上整整辉煌了 20 年(见图 3-146)。

图 3-144 奥斯汀 7 系

图 3-145 BMW Dixi

图 3-146 奥斯汀·希利品牌

1952年，奥斯汀·希利品牌在BMC旗下诞生，这个品牌在当时主要制造跑车和赛车，但在1972年之后，所有奥斯汀·希利品牌车型都改挂了MG品牌，如奥斯汀·希利3000（见图3-147）。

图3-147　奥斯汀·希利3000

1986年，利兰汽车公司解体，原来利兰公司的子公司和子品牌纷纷被转卖，不过奥斯汀品牌没有被卖出去，留在利兰解体后新组建的罗孚集团下，从1987年起，奥斯汀品牌也就没有再被启用过。

在2005年罗孚集团转手给南汽之后，南汽还一度想复兴这个品牌，不过由于种种原因，并没有成功。

2. Triumph（凯旋）（1885—1984年）

品牌特点：经典的跑车品牌，曾经是MG、捷豹的直接对手。

消失的原因：受英国政府政策影响，罗孚集团的经营不善。

Triumph汽车公司的前身是S. Bettmann公司，成立于1885年，最初的时候从事自行车的生产和销售，1902年开始生产摩托车，1918年成为英国最大的摩托车制造公司，1921年首次生产汽车。凯旋汽车公司标志如图3-148所示，第一款Triumph如图3-149所示。

1945年，凯旋汽车公司被当时的Standard汽车公司收购，随后便生产出了著名的TR2跑车（见图3-150）。

1960年，由于当时英国国家政策的问题，凯旋汽车公司也被并入了利兰汽车公司，其标志见图3-151。

图3-148　凯旋汽车公司标志　　　　图3-149　Triumph

图 3-150　TR2　　　　　　　　　图 3-151　利兰汽车公司标志

1994 年，当罗孚集团被宝马收购的时候，Triumph 的所有权也归属于宝马集团，而当年宝马在归还罗孚给英国时，并没有出售 Triumph 的所有权。

3. Jensen（杰森）（1934—2001 年）

品牌特点：专注于大排量的高性能跑车。

消失的原因：受英国政府政策和石油危机的影响。

杰森品牌的创始人是 Richard 和 Alan Jensen，他们经营一家专门为 Morris、Singer、Standard 和 Wolseley 四家公司定制车身的车厂，图 3-152 为杰森汽车公司标志，在 1934 年，他们开始量产自己旗下第一款车型——杰森 S 型跑车（见图 3-153）。

图 3-152　杰森汽车公司标志　　　　　图 3-153　杰森 S 型跑车

该车厂到 2001 年也只完成了 20 台汽车的生产，而到了 2002 年，该品牌停产，虽然到了 2011 年还有专业跑车生产公司计划复兴杰森品牌，并计划在 2014 年向公众出售，但是目前也只是一个传闻而已。

4. Wolseley（沃尔斯利）（1901—1975 年）

品牌特点：早期英国最大的汽车厂，专注于中小型车的生产。

消失的原因：经过多次转手、合并，品牌本身的个性丧失。

1901 年，第一台沃尔斯利汽车诞生（见图 3-154），5 年内，该车型销售了 1 500 台。沃尔斯利汽车标志如图 3-155 所示。

图 3-154　第一台沃尔斯利汽车

图 3-155　沃尔斯利汽车标志

"一战"后,沃尔斯利继续生产,并且在 1918 年与日本 Ishikawajiama 造船厂合资生产,后来该公司发展成为现在的五十铃汽车。

在 1968 年,BMC 与利兰公司合并以后,由于利兰汽车旗下的品牌依然很多,随后便不再重视 Wolseley 品牌的发展,在 1972 年推出最后一款沃尔斯利 6(BMC ADO17 的贴牌车)之后,在 1975 年便停产了。

5. Standard(1903—1963 年)

品牌特点:主打中小型市场,曾经为皇室提供过车型。

消失的原因:利兰汽车对 Standard 的品牌重视度不够。

Standard 汽车公司创始人为 RW Maudslay,公司成立之初,只是一个由 7 个人组成的小型发动机厂,总部在英国的考文垂,该品牌的第一辆汽车也是在 1903 年诞生的。其标志和车型见图 3-156 和图 3-157。

图 3-156　Standard 汽车公司的标志

图 3-157　Standard Vanguard Six

英国汽车工业倒掉的原因主要有两个:

一是受到当时英国政府政策的影响,其中包括当时英国的关税保护、限制制造业的战略等。

二是英国汽车公司本身在公司管理上的缺失,当时的英国汽车业似乎都把更多的精力放在了技术和设计上,以至于在品牌运营和制造效率上一直不好。

3.7.2　易主的汽车品牌

1. 劳斯莱斯(1904 年至今)

品牌特点:曾经的皇室座驾、世界顶级的豪华车品牌。

如今东家:宝马汽车公司。

与宾利不同,劳斯莱斯品牌自诞生之初就是一个定位于打造世界顶级豪华车的品牌,并且 100 多年过去了，至今也没有被超越。

劳斯莱斯品牌是 1904 年由查利·劳斯（Rolls）与亨利·莱斯（Royce）（见图 3-158）共同创建的。

劳斯莱斯的标志采用两个"R"重叠在一起（见图 3-159），象征着你中有我、我中有你，体现了两人融洽及和谐的关系。

图 3-158　Rolls 和 Royce

图 3-159　劳斯莱斯的标志

1997 年，宝马汽车和大众汽车展开了对劳斯莱斯和宾利品牌的争夺战，最终在 2002 年，宝马汽车完全获得劳斯莱斯的经营权。劳斯莱斯经典车型有劳斯莱斯幻影（见图 3-160）、劳斯莱斯古斯特（见图 3-161）、魅影等。

图 3-160　幻影

图 3-161　古斯特

2. 捷豹（1922 年至今）

品牌特点：跑车、赛车、高级轿车全面发展的汽车品牌。

如今东家：印度塔塔汽车。

捷豹汽车在英国具有"英国骑士"之称，其标志是一只跳跃前扑的美洲豹（见图 3-162），象征矫健勇猛，形神兼备。捷豹公司主要以生产制造跑车、赛车和高级轿车而闻名于世。

图 3-162　捷豹车标

1935年，捷豹开始从事汽车生产，在当年首次推出了一款名为SS捷豹（SSJaguar）的2.5 L车型（见图3-163）。

在随后的50—60年代，捷豹汽车诞生了一系列经典的车型，包括捷豹C-Type、D-Type、E-Type、XJ13等，这些车型多次赢得勒芒大赛的冠军。

20世纪80年代，整个英国汽车工业开始走下坡路。在1990年，福特汽车以40.7亿美元的价格收购了捷豹。2008年全球金融危机爆发，福特集团陷入困境，于是将捷豹和路虎品牌卖给了印度塔塔集团。在塔塔集团，捷豹主要生产和销售XJ、XF（见图3-164）及XK三个系列的车型。

图3-163　SSJaguar

图3-164　捷豹XF

3. 路虎（1945年至今）

品牌特点：源于威利斯的高性能豪华SUV品牌。

如今东家：印度塔塔汽车。

作为目前市场上高性能豪华越野车的代表，路虎品牌一向以最强的通过性能和无与伦比的越野能力令人称道，其硬派的豪华形象深入人心，在市场上也取得了出色的业绩。但路虎品牌在60余年的发展中并非一帆风顺，几次易主，曾经让路虎颠沛流离。

路虎在成立初期并没有自己的标识，它与罗孚共用象征着大无畏精神的海盗船标识。"Land Rover"的意思便是可用于农耕的罗孚汽车。罗孚及路虎车标见图3-165。

1970年，第一代揽胜（见图3-166）搭载了3.5 L V8发动机，并且底盘采用了全新的螺旋弹簧，比之前的Land Rover更舒适。

2000年，由于罗孚汽车并没有得到良好的发展，所以宝马将旗下所有四轮驱动系列产品，包括Range Rover路虎揽胜、Discovery发现、神行者和Defender卫士卖给了福特汽车，而罗孚品牌也被宝马归还给了英国政府。

图3-165　罗孚及路虎车标

随后由于宝马的经营不善，在2000年，宝马把路虎卖给了福特，福特在2008年金融危机时又将路虎卖给了印度塔塔集团（见图3-167）。

图 3-166　第一代揽胜

图 3-167　印度塔塔集团标志

路虎车型主要分为两个系列,分别是路虎揽胜(见图 3-168)和路虎发现神行(见图 3-169)。

图 3-168　路虎揽胜

图 3-169　路虎发现神行

4. MG(Morris Garages)（名爵）汽车（1922 年至今）

品牌特点：从平民跑车到普通家用轿车。

如今东家：上海汽车。

MG 车标见图 3-170。1922 年,MG 打造了第一款 MG 车型,当时命名为 MG Chummy（见图 3-171）。

1968 年,MG 被当时的英国利兰集团并购,由于当时利兰集团旗下品牌众多,因此 MG 也不再被重视。

2005 年,英国政府宣布罗孚和 MG 汽车破产,南汽集团购买了 MG 的部分生产线,后来上汽又从南汽购买了 MG 品牌,之后推出 MG3、MG5、MG6 等车型。

图 3-170　MG 车标

图 3-171　MG Chummy

5. 宾利汽车（1888—1971 年）。

创始人：沃尔特·欧文·宾利

创立时间：1919 年。

公司总部：英国古德伍德。

如今东家：德国大众汽车。

宾利创办人早年以在第一次世界大战中制造供应皇家空军飞机引擎而闻名。那个展翅腾飞的 "B" 字是宾利最强劲、永不妥协的标志，它呈现给世人的永远是动力、尊贵、典雅、舒适与精工细做的最完美结合。宾利车标见图 3-172。

图 3-172　宾利车标

第一次世界大战期间，宾利公司以生产航空发动机而闻名，战后，开始设计制造汽车产品。

1931 年，宾利被劳斯莱斯收购，在 1998 年两者均被德国大众集团买下；同年 8 月，宝马以 6 800 万美元的价格购得劳斯莱斯的商标使用权，但宾利还是归属大众，宾利品牌不断给世人制造出尊贵、典雅与精工细做的高品质座驾。

宾利目前主要车型有慕尚 MULSANNE（见图 3-173）、飞驰 The Flying Spur、欧陆 Continental GT（见图 3-174）等。

图 3-173　慕尚 MULSANNE

图 3-174　欧陆 Continental GT

6. Lotus（路特斯）（1947 年至今）

品牌特点：最纯粹的跑车品牌。

如今东家：马来西亚宝腾汽车。

由路特斯推出的车型，永远没有豪华的配置，只有小排量的发动机及最极致的轻量化车身，并且在它的历史上，赛车才是它的灵魂。路特斯汽车与法拉利、保时捷一起并称为世界三大跑车制造商。

创始人：柯林·查普曼（见图 3-175）（1928—1982 年）。

图 3-175　柯林·查普曼

创立时间：1951 年。

公司总部：英国诺维奇。

路特斯汽车公司的标志除了公司名称的英文字样外，还有公司创始人查普曼 Colin Anthony Bruce Chapman 名字的缩写 CABC。NYO 的发音是"new"，是为中国市场特意升级的车标（见图 3-176），除此还有中国以外地区的车标（见图 3-177）。

图 3-176　路特斯特意为中国市场设计的车标

图 3-177　中国以外地区的路特斯车标

1957 年，路特斯诞生了其历史上的招牌产品 Lotus7 车型（见图 3-178）。这台车在车身轻量化上做到了极致。

图 3-178　Lotus7 车型

1996 年，路特斯被来自马来西亚的宝腾集团收购，并于 2003 年完成全部收购工作。路特斯在进入宝腾之后，首先推出的车型就是 Elise，它是路特斯史上销售最好的车型，随后还推出了 Exige 及 Evora 两款车型。其标和车型见图 3-179。

图 3-179　宝腾汽车车标和车型宝腾 Elise

7. MINI（迷你）（1959 年至今）

品牌特点：风靡全球，英国国宝级的经济型小车品牌。

如今东家：宝马汽车。

图 3-180　MINI 车标

MINI 汽车最早诞生于 1959 年，其车标见图 3-180。2000 年以后，宝马收购 MINI 后重新打造 MINI 汽车，2001 年新的 MINI 车系诞生，MINI 汽车的主要车型有 Coupe、Roadster、Paceman、Clubman、MINIONE（见图 3-181）、Cooper、Coopers、Countryman（见图 3-182）等，其中带有 COOPER 字样的是 MINI 汽车的高性能版本。

图 3-181　MINIONE

图 3-182　Countryman

3.7.3　仍属英国的品牌

1. 阿斯顿·马丁（Aston Martin）（1914 年诞生）

品牌亮点：外形完美的高性能跑车。

对于阿斯顿·马丁（见图 3-183），人们瞠目于它前卫时尚的外形设计、奢华高端的品位享受。但其品牌发展历史非常曲折，于 1987 年被美国福特公司收购，2007 年又重新被英国公司买回。

1913 年，莱昂内尔·马丁（lionel Martic）和罗伯特·班福（Robert Bamford）创建。Martin&Bamford 公司，1914 年，该公司的第一辆汽车（见图 3-184）正式诞生。

从 1922 年开始，Lionel Martin 生产了多款跑车并创造了多项速度、耐力纪录。有一次，Lionel Martin 驾驶自己制造的赛车在阿斯顿·克林顿山举行的山地汽车赛中获胜，为了纪念胜利，1923 年，他把公司改名为阿斯顿·马丁。"二战"后，大卫·布朗公司收购阿斯顿·马丁及当时的 Lagonda 汽车公司，随后便开始研发 DB 跑车系列。

图 3-183　阿斯顿·马丁车标

图 3-184　Martin&Bamford 公司的第一辆汽车

阿斯顿·马丁的最后一次易手是在 2007 年，由英国人 David Richards 领导的财团出资

9.59 亿美金从福特手中将它买下。不久之后便推出了 Vanquish 的继任者——全新 DBS，它搭载 6.0 L V12 发动机，最大功率 510 马力，最大扭矩 570 N·m，并采用六速手动变速器。

阿斯顿·马丁目前主要车型有 DB9（见图 3-185）、DB11、Rapide、V8 Vantage、V8 VR、Vanquish（见图 3-186）等。

图 3-185　2014 款阿斯顿·马丁 DB9　　　　图 3-186　2015 款阿斯顿·马丁 Vanquish

2. 迈凯轮（McLaren）（1963 年诞生）

品牌亮点：以 F1 为主、以公路跑车为辅的超级跑车品牌。

迈凯轮车队于 1963 年，由 Bruce Mclaren 创立。风驰电掣、赛场称雄，似乎只有这些才是形容迈凯轮的词汇。作为一支驰骋 F1 赛场 46 年、曾获得 8 次车队总冠军以及 11 次车手冠军、从未被出售的老牌强队，在当今民用跑车市场上，迈凯轮依然是英国本土品牌的佼佼者。

1992 年，迈凯伦 F1 诞生（见图 3-187），它曾经是世界上跑得最快的量产跑车。迈凯轮 F1 百公里加速 3.2 秒，极速突破 380 km/h。这个纪录从它 1994 年进入批量生产，一直保持到 2005 年停产。直到 2005 年，科尼赛克 CCR 终止了 Mclaren F1 全球最高速量产跑车的纪录。

迈凯轮的兴起与发展虽然只有短短 49 年，却让人们看到了年轻人身上特有的正能量，其创始人虽因车祸离世，但并没有摧毁这个品牌，反而使它在逆境中越发坚韧、顽强。

图 3-187　迈凯伦 F1

3. 摩根（Morgan）（诞生于 1910 年）

品牌亮点：一个具有老爷车造型的优良性能跑车品牌。

摩根是英国一家有着百年历史的汽车制造公司，且一直归属于英国。该公司在 1910 年由 Harry Frederick Stanley Morgan（H·F·S Morgan）创立。

摩根汽车公司坐落在英国小镇莫尔文，拥有 200 名左右的雇员，是个典型的家族企业，由于生产线以及员工人数的限制，摩根汽车年产量很小，2007 年仅生产 640 辆，如今产能也只有 1 200 台左右。但每辆车都是完全手工打造的精品，一台车从下订单到提车，往往需要 1～2 年的时间。

对速度与性能的追求一直是摩根家族的目标，尽管它没有时尚前卫的外观、没有复杂多变的科技配置，但在它的身上，你看不到任何退让与妥协，自 20 世纪 30 年代就几乎从未改变的外观足以让人看出这个汽车世家对文化、信念的坚定与传承。

4. 卡特汉姆（Caterham）（1957年诞生）

品牌亮点：从经销商做起，车型追求最直接的驾驶感受。

卡特汉姆是英国一家专门生产轻量化跑车的厂商，它最早以出售Lotus 7（路特斯 7）而闻名。创始人为Graham Nearn（见图3-188），公司从成立至今一直隶属于英国，从未被出售过。1987年以前卡特汉姆公司坐落在英国萨利的卡特汉姆镇，1987年后整个公司搬迁到了肯特州的达特福德。

图 3-188　Graham Nearn

如今卡特汉姆在售的车型只有三款，分别为Super 7（见图3-189）、R300以及R500，它们都是基于Lotus 7打造的。

图 3-189　卡特汉姆 Super 7

5. 贵核（Noble）（1999年诞生）

品牌亮点：年产仅50台的超级跑车品牌。

Noble诞生在英国西约克郡的利兹，专门生产高性能跑车以及后置、中置发动机。它的创始人Lee Noble就是这家公司的首席设计师。他于2006年8月将公司卖给了著名的汽车收藏家彼得·戴森，虽然是被卖掉，但Noble现在还属于英国。

图 3-190　M15

2006年，Noble推出了M15车型（见图3-190），与当今超级跑车市场上最为火爆的保时捷911 Tubro和法拉利F430一较高下。M15车型上出现了诸如牵引力控制系统、电动车窗、导航系统等许多Noble跑车从未出现过的配置，在动力方面，M15也搭载了3.0 L V6双涡轮增压发动机，最高功率可达 455 马力（339 千瓦），最高时速为 298 km/h，0～100 km/h 加速仅需 3.3 秒。

Noble 是一个英国低产量跑车公司，如今在售的也只有 Noble M600 车型，年产 50 台的产能也宣告了它只能是一个小众品牌。

现存未被出售的英国汽车品牌无一例外全部是高端跑车，属另类的极端厂商。在英国人眼里，坚持自己的理念和信仰才是他们造车的原则。

复习思考题

1. 英国曾经拥有哪些汽车公司？举例说出 5 家。
2. 介绍英国各大汽车品牌的发展历史。
3. 列举英国某个汽车品牌的车型。

3.8 中国汽车公司及其品牌

3.8.1 中国第一汽车集团公司

1. 一汽历史

中国第一汽车集团公司（原第一汽车制造厂）简称"中国一汽"或"一汽"，是国有特大型汽车生产企业，并由毛泽东主席题写厂名（见图 3-191）。一汽的建成，开创了中国汽车工业新的历史。经过 60 多年的发展，一汽已经成为国内最大的汽车企业集团之一。

1949 年 12 月，毛泽东主席访问苏联，中苏双方商定，由苏联全面援助中国建设第一个载重汽车厂。在党中央亲切关怀、苏联人民帮助和全国人民支援下，中国的建设者用三年时间建成一汽，结束了中国不能生产汽车的历史。1953 年 7 月 15 日，在第一汽车制造厂的厂址（见图 3-192）平地上举行了隆重的奠基典礼。

在第一个五年计划时期，第一汽车制造厂完成基本建设投资 6.2 亿元，基本建设竣工面积 75 万平方米，工业建筑 41.1 万平方米，宿舍 39.9 万平方米，安装了 2 万台机器设备，铺设了 30 多公里长的铁路和 8 万多米长的管道，制造了上万套工艺装备。1956 年 7 月 13 日，被毛泽东命名为"解放"牌的第一批国产汽车试制成功（见图 3-193）。

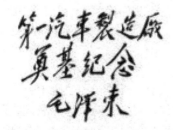

图 3-191 毛主席题词

图 3-192 一汽厂址

1958年5月第一辆自制轿车东风（见图3-194）问世，现仅存一辆，收藏在长春一汽样品库。

图3-193　解放牌CA10型载货汽车

图3-194　第一辆自制轿车东风

一汽集团即解放汽车工业联营公司，组建于1982年，是以第一汽车厂为主体，以解放牌汽车系列产品为龙头，由直属企业、合资企业和配套企业组成的多层次联合体。一汽集团是我国最早生产汽车的工厂，是我国汽车工业的摇篮。一汽集团于1986年完成换型改造工程，形成年产8万辆CA141系列货车的生产规模。一汽集团与德国大众汽车公司合资成立一汽大众汽车有限公司，生产奥迪牌高级轿车和高尔夫、捷达牌普及型轿车。一汽轿车股份有限公司成立于1997年6月10日，6月18日在深圳证券交易所上市，公司简称"一汽轿车"。这是中国轿车制造业第一个上市公司。

2. 一汽标志

一汽集团的标志（见图3-195）是"第1汽车"中"1汽"两字艺术化的组合，置于隐喻地球的椭圆内，整个标志镶嵌在汽车的进气隔栅上。

一汽早期生产的解放牌货车，其标志为"解放"两字，周围以冲压的五角星、祥云为衬托（见图3-196）。

在后期生产的红旗轿车上，又采用"红旗"和置于椭圆内的阿拉伯数字"1"的组合图案以及立体的红旗为标志（见图3-197）。

图3-195　一汽集团标志　　图3-196　一汽早期生产的　　图3-197　后期生产的
　　　　　　　　　　　　　　　　　解放牌货车标志　　　　　　　红旗轿车标志

3. 企业布局

中国第一汽车集团公司的生产企业和科研院、所（全资子公司和控股子公司）分布在全国14个省、市、自治区的19个城市。自东北腹地延伸，沿大连湾、渤海湾、胶东湾、长江三角洲、海南岛和广西、云南、四川，形成东北、华北及胶东、西南三大生产基地，生产中、重、轻、轿、客、微多品种多系列的整车、主机和零部件。中国第一汽车集团公司总部在地处中国东北腹地的吉林省长春市。一汽解放汽车有限公司、一汽轿车股份有限公司、一汽大众汽车有限公司、一汽客车有限公司、四川一汽丰田汽车有限公司、长春丰越公司等整车生产企业；一汽技术中心、机械工业第九设计研究院等产品开发和工厂设计科研单位；一汽四环汽车股份有限公司、一汽铸造有限公司、一汽丰田（长春）发动机有限公司、一汽模具制造有限公司、一汽工艺装备有限公司以及一汽进出口公司、一汽实业总公司等均设在长春。

2016 年，汽车在长春生产的整车产品有：解放品牌中、重、轻型卡车；红旗轿车和奔腾轿车；大众品牌 CC（见图 3-198）、迈腾（见图 3-199）、捷达、宝来轿车；奥迪 A4、A6 和 Q3（SUV）；马自达 CX-4、阿特兹轿车；丰田兰德酷路泽多功能运动车和普锐斯混合动力轿车等。

图 3-198　大众 CC

图 3-199　大众迈腾

（1）一汽轿车

一汽轿车股份有限公司是中国第一汽车集团的控股子公司，是一汽集团发展自主品牌乘用车的核心企业，是中国轿车制造业第一家股份制上市公司。公司的主营业务为开发、制造、销售乘用车及其配件。公司主导产品为红旗系列轿车，兼营轻型车配套的发动机、变速箱等总成及配件。一汽轿车的主要产品有红旗 HQ3、红旗 H7、奔腾（B90、B70、B50、B30、X80）、欧朗、Mazda CX-4、阿特兹、Mazda8 等轿车系列。

（2）一汽大众

一汽大众汽车有限公司（简称一汽大众）于 1991 年 2 月 6 日成立，是由中国第一汽车集团公司和德国大众汽车股份公司、奥迪汽车股份公司及大众汽车（中国）投资有限公司合资经营的大型乘用车生产企业，是我国第一个按经济规模起步建设的现代化乘用车工业基地。经过多年的不断发展，一汽大众在长春、成都和佛山三处共有三大生产基地，包括轿车一厂、轿车二厂、轿车三厂（成都分公司）和发动机传动器厂。

一般大众生产的车型包括全新捷达、全新宝来、高尔夫、全新速腾（见图 3-200）、全新迈腾、新 CC 系列和奥迪系列，其中奥迪系列有奥迪 A4 L、A6 L、Q3（见图 3-201）、Q5。

图 3-200　全新速腾

图 3-201　奥迪 Q3

（3）一汽夏利

20世纪80年代中期，中国大陆合资或合作生产汽车的只有两家——美国克莱斯勒和北京汽车合资公司北京吉普生产的切诺基，和上海大众生产的桑塔纳（轿车则只有后者），在微型轿车方面则是空白。而此时大多数国际知名的汽车厂商对中国市场还抱着观望态度。

在1984年，天津汽车工业公司和日本大发工业株式会社签订协议，引进微型面包车Hijet 850和微型两厢轿车Charade 1.0的全套制造技术。值得注意的是，与之前中国厂商的惯用方式不同，天津汽车选择了合作，而不是合资。之所以选择前者，是为了在之后的生产经营过程中让中方占据优势地位，同时还可以获得这两款车型的全部知识产权。所以后来生产的夏利轿车并没有像桑塔纳或捷达（VW Jetta）一样，使用英文原名作为产品的英文名，而是采用了"夏利"的汉语拼音"Xiali"。而"夏利"这个译名则是当时的天津市长李瑞环起的。他把Hijet取名为"华利"，把Charade取名为夏利，不仅取了谐音，合起来还有"华夏得利"的意思。

2002年6月14日，一汽集团与天汽集团签署重组协议，其标志见图3-202。一汽集团受让了原由天汽集团持有的公司50.98%的股份，对公司拥有控股权，企业正式融入一汽体系之中，天津一汽夏利汽车股份有限公司由此得名，夏利车标见图3-203。

图3-202　天津一汽标志

图3-203　夏利车标

3.8.2　东风汽车集团股份有限公司

1. 东风历史

东风汽车集团股份有限公司（以下简称东风汽车公司）与中国第一汽车集团公司和上海汽车工业（集团）总公司、中国长安汽车集团股份有限公司一起被视为中国综合实力最强的四大汽车企业集团之一。其前身是中国第二汽车制造厂。东风汽车公司是汽车行业重点骨干企业，是中国规模最大的载货车生产企业和国内最大的汽车零部件生产企业之一，也是国家重点支持的轿车定点生产企业之一。19世纪60年代，中苏关系继续恶化，为了战备考虑，决定在远离边境的内陆地区建立中国二汽。1969年9月28日，二汽在湖北十堰正式进入初创阶段（见图3-204）。

图3-204　中国第二汽车制造厂成立

1986年，二汽达到了年产10万辆汽车的生产能力，超过当时的一汽。二汽生产的东风牌汽车红遍大江南北，在国内基本上是无与匹敌的。在对越自卫反击战中，二汽生产的军车越野性能卓越，二汽更因此一夜成名。

1992年9月1日，"二汽"正式更名为东风汽车公司。1999年，"东风汽车"成功改制上市，从那时起，东风汽车先后通过与法国PSA集团，日本日产、本田，韩国起亚，我国台湾地区裕隆汽车，瑞典沃尔沃等公司合资，大规模生产、销售乘用车。经过30多年的建设，已陆续建成了十堰、襄樊、武汉、广州四大基地，形成了"立足湖北，辐射全国，面向世界"的布局。公司总部设在武汉，主营业务涵盖全系列商用车、乘用车、发动机及汽车零部件等。

2007年7月，东风汽车公司成立乘用车事业部（2008年8月改称东风乘用车公司），开始发展自主品牌乘用车。为了发展自主品牌，东风乘用车公司制定了"5510工程"发展战略，确立了三步走的发展目标：第一步，用五年的时间打造中国自主品牌中最好的品牌；第二步，再用五年的时间打造中国一流汽车品牌；第三步，再用十年时间打造国际主流品牌，致力于使"华系车"立于世界强势品牌之林。

2. 东风标志

2009年3月，东风乘用车公司正式发布自主乘用车品牌——东风风神，该品牌LOGO为椭圆双飞燕（见图3-205）。整个标志镶嵌在汽车的进气隔栅上（见图3-206）。东风汽车标志，以艺术变形手法，取燕子凌空飞翔时的剪形尾羽作为图案基础。主要含义是双燕舞东风。它格调新颖，寓意深远，使人自然联想到东风送暖，春光明媚，神州大地生机盎然，给人以启迪和力量。二汽的"二"字寓意于双燕之中。同时还象征着东风汽车车轮滚滚向前永不停息，冲出亚洲，走向世界。

图3-205 东风汽车公司的"双飞燕"标志

图3-206 镶嵌在汽车的进气格栅上的东风标志

3. 企业布局

东风汽车公司业务范围涵盖全系列商用车、乘用车、校车、汽车零部件和汽车装备，其产品包括"东风""雪铁龙""富康""悦达起亚"等品牌的商用车和乘用车。

按照"融入发展，合作竞争，做强做大，优先做强"的发展方略，借与跨国公司的战略合作推动企业发展之路，公司先后扩大和提升与法国PSA集团的合作；与日产进行全面合资重组；与本田拓展合作领域；与江苏悦达集团、韩国起亚整合重组东风悦达起亚；与重庆渝安创新科技（集团）公司合资成立东风渝安车辆有限公司，生产东风小康微车；与我国台湾地区裕隆集团合资成立东风裕隆汽车有限公司，生产纳智捷SUV、

MPV 等车型。全面合资重组后，东风的体制和机制发生深刻变革。按照现代企业制度和国际惯例，构建起较为规范的母子公司体制框架，东风汽车公司成为投资与经营管控型的国际化汽车集团。

东风汽车集团股份有限公司目前拥有 14 家附属公司、共同控制实体及其他拥有直接股本权益的公司，主要包括以下几个公司：

（1）神龙汽车有限公司

神龙汽车有限公司总部位于湖北武汉，最早于 1992 年 5 月由东风汽车公司与法国雪铁龙公司合资组建，合资双方各占 50%的股份，仅生产雪铁龙品牌轿车，2002 年 10 月，公司由东风汽车公司与法国雪铁龙公司的合资合作提升为与法国 PSA 集团（标致雪铁龙集团）的合资合作，双方追加资本 10 亿元，使神龙公司的注册资本达到 70 亿元人民币，公司导入标致品牌。

神龙公司遵循"一个公司、两个品牌"的经营模式，东风标致商务部总部设在北京，东风雪铁龙商务部总部设在上海。拥有东风雪铁龙、东风标致两大品牌的九大车型系列，包括东风雪铁龙凯旋、世嘉（三厢/两厢）、萨拉·毕加索、新爱丽舍（三厢/两厢）、C2、C5，东风标致的 307（两厢/三厢）、207（两厢/三厢）、308、408、508，产品线覆盖经济型、中高档、高档等各个细分市场。

（2）东风本田汽车有限公司

东风汽车公司是国内三大汽车支柱产业之一，而本田技研工业株式会社则是日本的三大汽车制造商之一。从 1994 年在广东惠州设立的东风本田汽车零部件有限公司，到 1998 年成立的东风本田发动机有限公司，再到如今成立的东风本田汽车有限公司，双方有着十余年的良好合作基础，其标如图 3-207 所示。

图 3-207　东风本田车标

东风本田汽车有限公司成立于 2003 年 7 月 16 日，由东风汽车工业投资有限公司出资 50%，本田技研工业株式会社出资 40%，本田技研工业（中国）投资有限公司出资 10%，通过改组改造原武汉万通汽车有限公司，成立东风本田汽车（武汉）有限公司（简称东风本田），注册资金 9 800 万美元。经营范围包括设计、研制、制造和销售乘用车（包括轿车）及其零部件，并提供相应的售后服务。已引入并生产的车型有东风本田 CR-V，XR-V，竞瑞（见图 3-208）、艾力绅（见图 3-209）、哥瑞、杰德、思域、思铂睿等。

图 3-208　2017 款东风本田竞瑞

图 3-209　2016 款本田艾力绅

（3）广汽本田汽车有限公司

广汽本田汽车有限公司由广州汽车集团公司和本田技研株式会社按 50:50 的股比合资建设和经营，于 1998 年 7 月 1 日正式挂牌成立。首期工程总投资 22.775 亿元人民币，注册资本 11.6 亿元人民币，合资年限 30 年。广汽本田现有员工 4 100 多人，占地面积 58 万平方米。拥有研究开发中心、排放试验室等强大的技术研发力量和冲压、焊接、注塑、涂装、总装、整车检测等先进的工艺生产车间，以及物流配送中心、综合培训中心等辅助设施。目前广汽本田车型有雅阁、冠道（见图 3-210）、缤智、飞度、凌派、奥德赛（见图 3-211）、锋范、歌诗图等。

图 3-210　2017 款本田冠道

图 3-211　2016 款本田奥德赛

（4）东风日产乘用车公司

东风日产乘用车公司（原为东风汽车有限公司乘用车公司）成立于 2003 年 6 月 16 日，位于广州花都。东风日产乘用车公司以广州风神汽车有限公司为基础，是东风汽车有限公司最具发展潜力的重要组成部分。广州风神汽车有限公司正式成立于 2000 年 3 月，是由东风汽车公司和台湾裕隆汽车制造股份有限公司合资建设的乘用车生产和经营的大型企业。广州风神汽车公司依托东风、日产、裕隆三大公司的优势资源，建立国际平台，利用品牌效益和社会存量资产，引进并消化吸收先进技术，对日产蓝鸟 U13 轿车进行部分改进，生产 2 升级风神系列轿车。

（5）东风乘用车公司

东风乘用车公司的全称为东风汽车集团股份有限公司乘用车公司，是东风汽车公司于 2006 年开始筹建、2007 年 7 月 25 日全资组建的集研发、生产制造、销售自主乘用车品牌——东风风神品牌乘用车于一体的新兴事业板块，成立之初，定名为东风汽车公司乘用车事业部，后更名为东风汽车公司乘用车公司，由东风汽车公司授权经营，属于事业部（分公司）性质，相对独立核算，并模拟子公司运行，承担事业发展与经营绩效责任。东风乘用车公司充分吸收东风各合资公司的技术基础，完全按照汽车产业一般的汽车研发路径，严格按照步骤进行产品造型设计、产品工程设计和生产制造。

东风乘用车公司首款产品定名为东风风神 S30（见图 3-212），是一款排量为 1.6 升、定位为中级车的三厢车，该车于 2009 年 4 月 20 日在上海国际车展上全球首发，6 月 30 日正式下线，7 月 22 日上市。东风包括东风风度、东风风光、东风风神、东风风行等系列。

图 3-212　东风乘用车公司首款车——东风风神 S30

3.8.3　上海汽车工业（集团）总公司

1. 上汽集团历史

上海汽车工业（集团）总公司简称"上汽集团"，其标志如图 3-213 所示，是中国四大汽车集团之一，主要从事乘用车、商用车和汽车零部件的生产、销售、开发、投资及相关的汽车服务贸易和金融业务。

图 3-213　上汽集团标志

上海汽车工业（集团）公司的核心企业是上海汽车工业总公司与德国大众汽车公司等合资建立的上海大众汽车有限公司，该公司成立于 1985 年，最初主要生产桑塔纳牌轿车。

原上海汽车厂后来并入该厂，过去长期生产的上海牌轿车停止了生产。该公司 1993 年年产轿车 10 万辆，其销售额和利税居全国汽车行业之首，国产化率达到 80.47%，已连续 6 年登上全国十佳生产型合资企业金榜。

上海汽车工业（集团）总公司是中国汽车工业具有代表性的特大型企业集团之一。2004 年 7 月 12 日，上汽集团以上一年度合并销售收入 117 亿美元的业绩，首次跻身《财富》杂志世界 500 强企业行列。

2004 年年底，为贯彻十六届三中全会关于"股份制成为公有制主要实现形式"的指示精神，上汽集团进行了重大的改制重组，发起成立了上海汽车集团股份有限公司（"上汽集团股份"）。改制后，上汽集团的发展定位在先进制造业和现代服务业的综合性投资公司，并以更加精简和高效的现代化运作管理，不断探索进取，从优秀迈向卓越。

截至 2013 年年底，上汽集团总股本已达到 110 亿股。2014 年，上汽集团整车销量达到 562 万辆，同比增长 10.6%，继续保持国内汽车市场领先优势，并以 2014 年度 1 022.48 亿美元的合并销售收入，第 12 次入选《财富》杂志世界 500 强，排名第 60 位，比 2013 年上升了 25 位。

2015 年 3 月 13 日，上海汽车集团股份有限公司与阿里巴巴集团合作，其首款互联网汽车将 Yun OS 系统集成，在 MG 品牌中属于中型甚至大型车。

2016 年 7 月 20 日，《财富》世界 500 强出炉，上汽集团成为《财富》世界 500 强之一。

2016年8月，上汽集团在2016中国企业500强中，排名第11。

2. 企业布局

上汽集团坚持自主开发与对外合作并举，一方面，通过加强与德国大众、美国通用等全球著名汽车公司的战略合作，不断推动上海通用、上海大众、上汽通用五菱、上汽依维柯、上海申沃等系列产品的后续发展，取得了卓越成效；另一方面，通过集成全球资源，加快技术创新，全力推进自主品牌轿车的研发、生产和销售。目前，上汽已实现荣威750、550及名爵MG 3-SW、MG 7、MG TF等多款产品的成功上市，树立起良好的品牌形象，由此，深入推进了合资品牌和自主品牌共同发展的格局。

上汽集团除在上海当地发展外，还在柳州、重庆、烟台、沈阳、青岛、仪征、南京、英国长桥等地建立了自己的生产基地；拥有韩国通用大宇10%的股份；在美国、欧洲、中国香港、日本和韩国设有海外公司。

3. 旗下品牌

（1）上汽大众

成立于1985年的上海大众汽车有限公司（简称上海大众）是一家中德合资企业，双方投资比例各为50%。公司总部位于上海安亭国际汽车城，占地面积333万平方米。新成立的上海大众南京分公司为第四个整车生产基地，位于南京市江宁经济技术开发区，占地面积63.5万平方米。

2015年12月11日，上海大众汽车有限公司官网发布公告称，该公司自2015年12月7日起，正式更名为上汽大众汽车有限公司（SAIC VOLKSWAGEN AUTOMOTIVE COMPANY LIMITED），简称上汽大众（SAIC VOLKSWAGEN）。

上汽大众是国内规模最大的现代化轿车生产基地之一。基于大众、斯柯达两大品牌，公司目前拥有桑塔纳（见图3-214）、帕萨特、Polo、途安、LAVIDA朗逸、TIGUAN途观、Octavia明锐、Fabia晶锐、Superb昊锐、朗境、朗行、凌渡、辉昂（见图3-215）等系列产品，覆盖A0级、A级、B级、SUV等不同细分市场。

图3-214　2016款桑塔纳—尚纳

图3-215　2016款辉昂

（2）上汽通用

上汽通用汽车"多品牌、全系列"市场战略在国内汽车行业首开先河，取得巨大成功。今天，上汽通用汽车旗下拥有别克、雪佛兰、凯迪拉克三大品牌，以鲜明的品牌个性、优势的产品、体贴细腻的服务，契合社会主流价值和时代发展的脚步，满足不同消费者多元化、个性化的需求。

1998年12月17日,上海通用汽车制造的第一辆别克(车标如图3-216所示)——新世纪轿车在浦东金桥基地下线,这个有着百年荣耀历史的国际汽车品牌在中国开始了它的另一段光辉之旅。从1999年4月第一批销售的别克汽车批量下线到如今,别克在国内的保有量已突破400万辆,今天的别克品牌已经形成了三条产品线,包括由君越、君威、英朗GT、GL8系列组成的高档舒适车型系列;以君威GS、英朗XT领衔的高档轿车跑车车型系列;以及由昂科雷、昂科拉组成的高档SUV系列。它们作为别克新一代产品的杰出代表,凭借领先市场的设计与BIP别克智能驾乘体系,打造了超越同侪的强势产品力,成为领衔各主流细分市场的高端畅销产品。

2005年1月18日,上海通用汽车发布雪佛兰品牌(见图3-217),正式开启"多品牌元年"。从2005年进入中国市场到今天,雪佛兰在中国的累积销量已经超过250万台,成为雪佛兰全球最重要的市场之一。通过对中国市场需求的不断了解和发展,雪佛兰在中国的产品阵营实现稳步扩张,并形成"全系列"产品布局,产品包括迈锐宝、科帕奇、景程、科鲁兹、爱唯欧、赛欧、科迈罗、VOLT沃蓝达等,产品矩阵覆盖高级车、中级车、紧凑型车、小车、SUV、豪华跑车及新能源车等多个细分市场。

2004年6月7日,上海通用汽车发布凯迪拉克品牌(见图3-218)。自进入中国以来,凯迪拉克在产品、服务、品牌营销等各个方面实现创新突破,逐步成为中国豪华车消费者所钟爱的品牌。至2004年,凯迪拉克已拥有6款产品23种车型,涵盖中级豪华轿车、高性能豪华运动轿车、中级豪华SUV、全尺寸豪华SUV等多个细分市场,授权经销商网点超过100家,覆盖全国80多个城市及地区。

图3-216 上汽通用别克

图3-217 上海通用雪佛兰

图3-218 上汽通用凯迪拉克

(3)上汽通用五菱

2002年11月18日正式挂牌成立的上汽通用五菱汽车股份有限公司,是由上海汽车集团股份有限公司、通用汽车(中国)公司、柳州五菱汽车有限责任公司三方共同组建的大型中外合资汽车公司,其前身可以追溯到1958年成立的柳州动力机械厂。上汽通用五菱拥有柳州与青岛两大生产制造基地,全面实施通用汽车公司的全球制造管理体系,形成了商用车和乘用车两大系列,以及微、小型车用发动机的生产格局。几十年来,公司的规模不断扩大,产量持续增长,逐渐发展成为一家国际化和现代化的大型本土合资企业。上汽通用五菱汽车目前在售车型主要包括微型商用车,如五菱荣光、五菱之光、五菱荣光小卡等,多功能商务车五菱宏光,微型轿车宝骏乐驰,中级轿车宝骏630等车型。

3.8.4　长安汽车集团股份有限公司

1. 长安历史

中国长安的核心企业是重庆长安汽车股份有限公司（简称长安汽车）。长安汽车的前身是1862年由清朝大臣李鸿章创办的上海洋炮局，距今已有140多年的历史，是中国近代史上第一家工业企业，也是中国最早的兵工厂，开创了中国近代工业的先河。作为洋务运动的主要发起人，李鸿章于1862年（清同治元年）12月授命英国人马格里和中国官员刘佐禹在上海松江城外一所庙宇中创办了上海洋炮局，是为今日长安的诞生。

随着世事的变迁，它先后经上海、苏州、南京再迁移至重庆。伴随中国改革开放的大潮，20世纪80年代初，长安正式进入汽车领域。1997年，长安汽车在深圳证券交易所上市。2005年12月，中国兵器装备集团公司为推进汽车产业结构优化升级，对旗下包括长安汽车在内的8家整车企业和20余家汽车零部件企业实施了专业化重组，并成立了中国南方工业汽车股份有限公司（简称中国南方汽车），公司总资产433.7亿元，总部设在北京市。

2006年1月14日，中国南方工业汽车股份有限公司隆重举行成立大会，南方汽车正式宣告成立。2009年7月1日，南方汽车更名为中国长安汽车集团股份有限公司（简称"长安"）。

2. 长安车标

长安集团的车标如图3-219所示。

图3-219　长安集团的车标

3. 企业布局

下属企业包括长安汽车、长安福特马自达、长安铃木、江铃控股、河北长安等企业，主要产品涵盖轿车、多功能车、微客等各类乘用车、商用客车、专用车，以及发动机、变速器等各类汽车零部件产品，已经具备年产100万辆整车的生产能力。"长安"曾荣获"中国驰名商标"称号，品牌价值突破人民币270.06亿元（2010年）；此外，公司还拥有金陵、东安汽发、建安车桥、江滨活塞、青山变速器、南方天合、东安动力、长风转向器、宁达等众多汽车零部件产品自主品牌。中国长安具有完善的产品谱系。经过多年的发展，中国长安已拥有覆盖微车、轿车、客车、校车、重卡、专用车等宽系列、多品种的产品谱系，拥有排量从0.8 L到2.5 L的发动机平台。其中，长安汽车、哈飞汽车、昌河汽车、江铃汽车、江滨活塞、建安车桥、山川减振、湖南天雁（江雁）均荣获"中国驰名商标"称号。

（1）长安汽车

重庆长安汽车股份有限公司，为中国长安汽车集团股份有限公司旗下的核心整车企业，乘用车车标如图3-220所示。多年来，长安汽车坚持以自强不息的精神，通过自我积累实现滚动发展，旗下现有重庆、河北、安徽、江苏、江西、北京6大国内产业基地，11个整车厂和2个发动机工厂；马来西亚、越南、美国、墨西哥、伊朗、埃及6大海外产业基地；福特、铃木、马自达等

图3-220　长安乘用车车标

多个国际战略合作伙伴；总资产 820 亿元，员工 6 万余人。

（2）长安福特马自达汽车有限公司

长安福特马自达汽车有限公司是一家中、美、日合资的大型现代化汽车企业。主要产品包括蒙迪欧、福克斯、S—MAX、蒙迪欧—致胜、马自达 2、马自达 3、Volvo S40 和 S80 L。2001 年 4 月 25 日，世界领先的汽车公司——福特汽车公司和中国汽车的百年企业——长安汽车集团共同投资并签约成立了位于重庆的长安福特汽车有限公司（简称长安福特），双方各拥有 50%的股份。从诞生的那天起，长安福特就致力于专业生产满足中国消费者需求的轿车。2006 年 3 月，马自达汽车公司参股长安福特，公司正式更名为"长安福特马自达汽车有限公司"（长安福特马自达汽车），三方持股比例为长安 50%、福特 35%、马自达 15%。成立 10 多年来，长安福特马自达汽车发展迅速，已经成长为一个具有跨地域和多品牌生产经营能力的大型现代化汽车企业。2012 年 8 月 27 日，长安福特马自达（见图 3-221）分立为长安福特和长安马自达（见图 3-222）两家公司。

图 3-221　长安福特马自达

图 3-222　长安马自达

（3）长安铃木

重庆长安铃木汽车有限公司（图 3-223）创建于 1993 年 6 月，由重庆长安汽车股份有限公司（占 51%）、日本铃木株式会社（占 25%）、日本双日株式会社（占 14%）、铃木（中国）投资有限公司（占 10%）四方持股，公司注册资本 19 000 万美元，投资总额 55 500 万美元。作为国内大型的综合性现代汽车制造企业，长安铃木公司占地面积约 42 万平方米，现有员工 3 000 余人，拥有天语、雨燕、羚羊和奥拓四个系列约 20 个车型，G、M 系列两个发动机机型，具备年产 20 万辆整车和 20 万台发动机的生产能力。

图 3-223　长安铃木

3.8.5　浙江吉利控股集团有限公司

1. 吉利历史

浙江吉利控股集团有限公司（简称吉利）是中国汽车行业十强企业之一。1986 年在台州成立，1997 年进入轿车领域以来，凭借灵活的经营机制和持续的自主创新，取得了快速的发展，2003 年集团管理总部迁入杭州。现资产总值超过 1 000 亿元（含沃尔沃），连续十年进入中国企业 500 强，连续八年进入中国汽车行业十强，是国家"创新型企业"和"国家汽车整车出口基地企业"。

欧盟委员会 2010 年 7 月 6 日批准了中国浙江吉利控股集团有限公司对瑞典沃尔沃轿车公司 100%股权的收购。这是迄今为止中国企业对外国汽车企业最大规模的收购项目，收购总资金约 18 亿美元。

2012年7月，吉利控股集团以总营业收入233.557亿美元（约1 500亿元人民币）的业绩进入世界500强，成为唯一入围的中国民营汽车企业。

截至2013年，吉利共有慈溪、临海、宁波、上海、湘潭、济南、成都等9个生产基地，合计具有60万辆的产能。2013年4月18日，吉利集团与宝鸡签署战略合作协议，在宝鸡新建基地，投资72亿元，年产整车20万辆。

2014年12月31日，吉利南充新能源商用车研发生产项目投资签约。投资70亿元，拥有年产10万台新能源商用车、5万台燃气发动机的生产基地和新能源商用车研究院。

2016年8月，浙江吉利控股集团有限公司在"2016中国企业500强"中排名第99位。

2. 吉利车标

吉利车标（见图3-224）的含义是："椭圆"：象征地球，表示面向世界、走向国际化；椭圆在动态中是最稳定的，喻示及祝愿吉利的事业稳如磐石，在风雨中屹立不倒；"6个6"：象征太阳的光芒，只有走进太阳，才能吸取无穷的热量，只有经过竞争的洗礼，才能百炼成钢；"6个6"，"66大顺"，祝愿如意、吉祥；"6个6"，吉利一步一个台阶，不断超越，发展无止境；6个6，中华优秀传统文化的底蕴才是吉利不断发展超越的精神源泉；"6个6"，发展民族工业，走向世界，是吉利不舍不弃的追求；"内圈蔚蓝"：象征广阔的天空，超越无止境，发展无止境；"外圈深蓝"：象征无垠的宇宙，超越无限，空间无限。其创始人如图3-225所示。

图3-224 吉利车标　　　　　图3-225 吉利控股集团董事长李书福

3. 企业布局

浙江吉利控股集团总部设在杭州，在浙江台州临海、宁波、台州路桥区、上海、兰州、湘潭、济南、成都和慈溪等地建有汽车整车和动力总成制造基地，在澳大利亚拥有DSI自动变速器研发中心和生产厂，现有帝豪、全球鹰、英伦三大品牌30多款整车产品，拥有1.0～2.4 L全系列发动机及相匹配的手动/自动变速器。

（1）全球鹰

全球鹰汽车是吉利控股集团旗下核心汽车品牌，2008年11月6日，吉利控股正式发布全新子品牌全球鹰——GLEAGLE。这是吉利控股战略转型之品牌战略转型的重要举措，在2008年的广州车展上，吉利熊猫作为全球鹰品牌下的首款车型正式上市。全球鹰象征"活力、突破、精彩"。

全球鹰汽车的品牌标识整体外廓为椭圆形（见图3-226），是图形中兼具动态和稳固特征的图形，并象征着全球化的背景，寓示吉利在全球市场平稳上升的发展前景。椭圆形状呈掎角之势，意喻吉利开拓、奋进、忠诚的使命感。标识中间部分为吉利首字母"G"的变体，同时又是阿拉伯数字"6"的形状，"6"在中国传统文化中含有"吉祥顺利"的寓意，全球鹰造型则昭示着在新的阶段，吉利控股正以全新的激情和姿态，蓄势待发，并在不断的自我雕琢中崭露头角。

全球鹰品牌旗下车型有全球鹰GX7、全球鹰GC7、全球鹰GX2、远景等。

（2）帝豪

吉利帝豪（简称帝豪）是吉利母品牌之下构建的一个子品牌。英文是Emgrand，传递"卓越、稳健、尊崇"的品牌内涵，帝豪品牌对吉利汽车有传承亦有突破，其标识设计高贵、透露着浓郁的国际化特质，在甩掉吉利原有历史印象包袱的同时，也有效地传承了优秀固有文化基因。稳重、高贵的标识内涵将卓有成效地为帝豪品牌开拓广阔而稳定的全新市场助力。标识整体外廓为盾形，彰显稳重、奋进气质，寓示帝豪品牌在高端汽车品牌市场平稳上升的发展前景。帝豪品牌选用盾形徽标，寓意对用户的安全保护与品质承诺（见图3-227），更彰显乘坐者的尊贵、沉稳、豪迈和荣耀。盾状轮廓呈"V"字绽放之势，"V"字造型昭示着帝豪品牌以豪华、稳健、力量的姿态入主高端汽车品牌领域。

图3-226 吉利全球鹰

图3-227 吉利帝豪

帝豪品牌旗下车型有帝豪EV、GL、GS、新帝豪RS等。

（3）英伦

英伦汽车车标见图3-228。英文是Englon Automobile，传递"底蕴、信赖、关爱"的品牌内涵，2009年4月，继全球鹰和帝豪品牌之后，吉利品牌转型战略中的最后一个也是最高端的品牌——"上海英伦"正式起动。上海英伦象征"经典、英伦、贵族"。

2006年，吉利集团与英国锰铜集团签署协议，合资在上海生产上海英伦TX4经典商务车（见图3-229）。TX4系列车型在英国拥有60多年的历史，是与劳斯莱斯、宾利齐名的著名英国品牌，是英国王室的指定用车、2002年英联邦运动会的礼宾车、2012年伦敦奥运会的指定用车。2008年北京奥运会、残奥会期间，在北京先期投入运营的上海英伦TX4车队为中外宾客提供了高品质、高规格的服务。

图3-228 吉利英伦

图3-229 TX4系列车型

3.8.6 比亚迪股份有限公司

1. 比亚迪历史

比亚迪股份有限公司（简称比亚迪）创立于 1995 年，创始人王传福（见图 3-230），是安徽省无为县人，1966 年 2 月 15 日出生，1987 年毕业于中南大学冶金物理化学专业，同年进入北京有色金属研究总院攻读硕士，1990 年毕业后留院工作，1995 年辞职，创办比亚迪公司，短短几年时间，发展成为中国第一、全球第二的充电电池制造商，2002 年 7 月 31 日在香港主板发行上市，是一家拥有 IT、汽车和新能源三大产业群的高新技术民营企业。2003 年，比亚迪收购西安秦川汽车有限责任公司（现"比亚迪汽车有限公司"），正式进入汽车制造与销售领域，开始民族自主品牌汽车的发展征程。

2008 年 9 月 27 日，美国著名投资者"股神"沃伦·巴菲特的投资旗舰伯克希尔·哈撒韦公司旗下附属公司中美能源控股公司宣布以每股 8 港元的价格认购比亚迪 2.25 亿股股份，约占比亚迪本次配售后 10%的股份，交易总金额约为 18 亿港元或相当于 2.3 亿美元。巴菲特的投资表示了对比亚迪发展前景和品牌价值的认可（见图 3-231）。

图 3-230　比亚迪创始人王传福

图 3-231　巴菲特与王传福

除了传统汽车外，业界期待已久、全球首款不依赖专业充电站的新能源汽车 F3 DM 双模电动车，于 2008 年 12 月 15 日正式上市。这款双模汽车整合汽车制造、电池技术、电机系统、车载电子技术等多项顶尖的高科技技术，是节能、环保、时尚和科技的典范。

2011 年 10 月 26 日，比亚迪 e6 先行者电动车正式上市。比亚迪 e6 先行者（见图 3-232）搭载了比亚迪自主研发的铁电池，该车的最大（额定）功率为 100 马力左右，峰值扭矩为 450 N·m，最高车速可达到 140 km/h 以上。在不开空调的情况下，该车综合工况续驶里程最长达 300 km，百公里能耗为 20 度电左右。

2015 款比亚迪速锐（见图 3-233）于北京时间 2015 年 3 月 18 日正式上市，新车外观和配置都得到了升级。

2015 年度，公司实现营业总收入 800.14 亿元，同比增长 37.49%；实现归属于上市公司股东的净利润 28.29 亿元，同比增长 552.63%。

2016 年 4 月，比亚迪汕尾公司获得全球单笔最大纯电动客车订单（44.66 亿元）。8 月，比亚迪股份有限公司在"2016 中国企业 500 强"中排名第 175 位。

图 3-232　比亚迪 e6

图 3-233　2015 款全新速锐

图 3-234　比亚迪车标

2. 比亚迪车标

比亚迪 LOGO 在 2007 年已由蓝天白云的老标换成了只用三个字母和一个椭圆组成的标志（见图 3-234），BYD 的意思是 building your dream，即成就梦想，也是比亚迪的汉语拼音"Bi Ya Di"的首字母组合。

3. 比亚迪品牌车型

比亚迪陆续推出新产品，受到市场热烈欢迎。比亚迪的新能源汽车，虽然市场推广有限，但比亚迪在新能源汽车领域的名声还是很好的，因为它的产品率先应用于公交车和出租车，不仅在中国境内推广，还在国外获得发展。主要车型包括 E6、S6、S7（见图 3-235）、G6、速锐、F0、F3、F6、G6、M6、秦、宋（见图 3-236）、唐、元等。

图 3-235　2016 款 S7

图 3-236　2016 款比亚迪宋

4. 企业布局

发展至今，比亚迪已建成西安、北京、深圳、上海、长沙五大汽车产业基地，已形成了集研发设计、模具制造、整车生产、销售服务于一体的完整产业链组合。比亚迪汽车在车型研发、模具开发、整车制造等方面都达到了国际领先水平，产业格局日渐完善。比亚迪汽车坚持自主品牌、自主研发、自主发展的发展模式，以"打造民族的世界级汽车品牌"为产业目标，立志振兴民族汽车产业。

3.8.7 奇瑞汽车股份有限公司

1. 奇瑞历史

奇瑞汽车股份有限公司（简称奇瑞）于 1997 年 1 月 8 日注册成立，1997 年 3 月，奇瑞公司在安徽成立，成为我国自主汽车品牌的新生力量。

公司于 1997 年 3 月 18 日动工建设，1999 年 12 月 18 日，第一辆奇瑞轿车下线。

2001 年，奇瑞自主研发的第一款车"风云"正式上市，较高的性价比受到广大民众的欢迎。同年，奇瑞便以单一品牌完成了 2.8 万辆的销售。

2002 年，奇瑞轿车产销量突破 5 万辆，成功跻身国内轿车行业"八强"之列。

2003 年 4 月，奇瑞推出"奇瑞 QQ"系列和"奇瑞·东方之子"系列轿车。奇瑞 QQ 以成熟的市场营销策略和独特的外观设计对市场造成巨大的冲击。随后，中国第一个汽车发动机自主品牌 ACTECO 在奇瑞诞生了。

2005 年，奇瑞销售 18.9 万辆汽车，比上年增长 11.8%，在轿车行业排名第七。

2006 年，奇瑞销售 30.52 万辆汽车，比上年增长 62%，位居全国乘用车行业第四名。

2008 年 4 月 21 日，奇瑞汽车公司与马来西亚 Alado Bumi 公司在马来西亚签订了合资组装汽车协议，根据协议，奇瑞公司在马来西亚组装生产其两个旗舰号车款"B14"多用途休旅车和"Tiggo"运动型车。

2009 年 2 月，奇瑞首款电动汽车 S18 正式下线，这预示着奇瑞电动车量产化序幕拉开。

以 2010 年 3 月 26 日第 200 万辆汽车下线为标志，奇瑞进入打造国际名牌的新时期。

2013 年，奇瑞累计销量突破 400 万辆，出口已超过 80 万辆。

2014 年 5 月，奇瑞新品发布会拉开帷幕，让大家对新品艾瑞泽 7 有了深入的了解。

2. 奇瑞车标

奇瑞标志的整体是英文字母 CAC 的一种艺术化变形（见图 3-237）；CAC 即英文 CHERY AUTOMOBILE CORPORATION LIMITED 的缩写，中文意思是奇瑞汽车有限公司；标志中间 A 为一变体的"人"字，预示着公司以人为本的经营理念；徽标两边的 C 字向上环绕，如同人的两个臂膀，象征着团结和力量，环绕成地球型的椭圆状；中间的 A 在椭圆上方的断开处向上延伸，寓意奇瑞公司发展无穷，潜力无限，追求无限；整个标志又是 W 和 H 两个字母的交叉变形设计，分别为"芜湖"一词的汉语拼音的声母，表示公司的生产制造地在安徽省芜湖市。芜湖地方政府想开展汽车项目由来已久。在 1992—1993 年经济过热时期，芜湖一家村办工厂一年敲打几百台车，就是一个多亿的产值。这个现象引起苦于经济落后的地方政府领导人的注意，他们由此产生了开展汽车项目的念头。回顾历史，芜湖汽车项目演变成为自主开发企业的最大动力来自无知（把干汽车的困难想简单了），但无知者无畏。今天的奇瑞领导人早已不是无知者，而无畏的精神却已深入这个企业的组织基因，并且在继续发扬光大。

图 3-237　奇瑞车标

3. 企业布局

奇瑞公司旗下现有奇瑞、瑞麒、威麟和开瑞四个子品牌，产品覆盖乘用车、商用车、微型车领域。奇瑞已有16个系列数十款车型投放市场，另有数十款储备车型将相继上市。奇瑞以"安全、节能、环保"为产品诉求，先后通过ISO9001、德国莱茵公司ISO/TS16949等国际质量体系认证。多年来，以"零缺陷"为目标的奇瑞产品受到消费者青睐，2009年实现整车销售达50万辆，同比增长40%，连续九年蝉联中国自主品牌销量冠军，连续七年成为中国最大的乘用车出口企业。

（1）瑞麒

2009年3月19日，中国奇瑞汽车股份有限公司于安徽芜湖正式发布中高端乘用车品牌RIICH瑞麒。瑞麒是奇瑞12年来在研发、技术、生产、管理等各方面积累的结果，肩负着奇瑞向中高端市场进军、与各大著名全球品牌和合资品牌竞争的重任。

其标志传达出蜕变、超越的积极理念（见图3-238）。瑞麒的标志由一双展开的飞翼和字母"R"组成，彰显了其奋进、大气、颇具领导力的风格，也凸显了这一品牌的核心价值：自由、驾驭、先锋感。中间的"R"字不仅醒目地展示了瑞麒的品牌标识，也呈现出聚焦稳重的视觉美感。

瑞麒代表车型G5（见图3-239），长、宽、高分别达到4 714 mm、1 794 mm、1 473 mm，轴距达到了2 700 mm，比上（中高级）不足，比下（中级）有余。瑞麒G5价格在13万～18万元，其主要竞争对手是自主品牌奔腾B70以及合资品牌景程、卡罗拉、速腾等A+级车型。与面向中高级商务车市场的瑞麒G6不同，瑞麒G5的目标消费群体锁定"70后"的新一代商务人士。

图3-238　瑞麒车标

图3-239　瑞麒G5

（2）威麟

2009年3月19日，奇瑞在发布RIICH瑞麒品牌的同时，还发布了全能商务车品牌Rely威麟。威麟品牌是奇瑞旗下的中高端全能商务车品牌，它以"先见、进取、掌控"为核心，以"Engines & Drivers"的品牌理念为依托，通过生产实用可靠的、经济环保的优质产品，满足消费者多种多样的商务用车需求。

威麟LOGO以字母"R"和一个圆构成（见图3-240），就像麒麟的脚印。麒麟在中国传统文化中具有古典、活力和智慧的象征意义，被中国人广泛认知和喜爱。使用麒麟作为威麟品牌的象征，与威麟高端商用车品牌的定位是十分吻合的。一方面，威麟借麒麟这样一个美丽的形象为未来的消费者送去平安、吉祥的祝愿。另一方面，威麟品牌的目标消费者是那些具有领导风范的企业所有者，他们更希望以自己的座驾体现出自身良好的文化素养和高端品位。而麒麟除寓意吉祥之外，更富有贵族化的色彩，这一点对于塑造威麟目标用户的高端形象是契合的。其经典车型为威麟X5（见图3-241）。

图3-240　威麟车标

图3-241　威麟X5

（3）开瑞

开瑞品牌为奇瑞公司于2009年1月12日推出的全新高性能微型车品牌。开瑞的英文名称是Karry，与英语中"搬运、运送"的单词"Carry"同音，形象地突出了开瑞空间和承载的功能特征。开瑞的多功能，不仅表现在开瑞能够满足一般的承载需求，还能满足消费者的特殊需求，比如旅游、休闲及商业营运等。开瑞很好地融合了轻型客货混载的车型和商用MPV两者的功能于一身，解决了传统客货多功能车对舒适和承载不能兼顾的问题，恰到好处地切入了多功能车市场的需求和空白。

此标志由椭圆形蓝底银环背景及品牌英文名"Karry"构成（见图3-242），立体银环给人以浓厚的现代感，蓝色的背景映衬着银色的罗马体"Karry"，显得沉稳大气又不乏灵动。整体构图均匀和谐，蓝银主色调经典优雅，配以刚劲有力的罗马字体，既符合微车行业的传统属性，又放眼未来，寄寓未来。开瑞是奇瑞汽车股份有限公司旗下重要的车型，其旗下拥有优优系列、优雅系列、优胜系列、优劲系列等车型（见图3-243）。

图3-242　开瑞车标

3.8.8　长城汽车股份有限公司

1. 长城历史

长城汽车是长城汽车股份有限公司的简称，也简称长城，长城汽车的前身是长城工业公司，是一家集体所有制企业，成立于1984年，公司总部位于保定市，主要从事改装汽车业务。1991年，魏建军开始担任长城工业公司的董事长兼党委书记。当时的长城汽车工业公司效益不佳，企业略微亏损。魏建军坚持正确的领导方向，带领长城人以"每天进步一点点"的精神，艰苦奋斗，公司开始以生产轻型货车为主，企业扭亏为盈、迅猛发展。

(a) 优优

(b) 优雅

(c) 优胜

(d) 优劲

图 3-243　开瑞

自 1998 年以来，长城皮卡已连续 10 年在全国保持了市场占有率、销量第一；并且在国际市场上也体现了独特的竞争力，致使国外皮卡至今不能进入中国。长城汽车是中国首家在香港 H 股上市的民营整车汽车企业、国内规模最大的皮卡 SUV 专业厂和跨国公司。

2012 年 1 月 2 日，中国长城汽车股份有限公司在保加利亚的合作伙伴 Motors 汽车公司表示，长城汽车与其在当地合建的工厂于 2 月 2 日正式投产。这也是中国车企在欧洲合资设立的首家车厂。根据规划，该厂正式投产后第一年销量 8 000 辆，全速生产时可达 50 000 辆轿车/年，最多将雇用 2 000 名员工。主要市场集中在罗马尼亚和土耳其，之后从东欧逐渐向北欧拓展，2015 年前后进入瑞典和挪威，接下来进入英国市场。

2. 长城车标

长城车标（见图 3-244）为椭圆外形，象征着立足中国、走向世界；烽火台象征着中国传统文化；剑锋箭头象征着充满活力、蒸蒸日上、敢于亮剑、无坚不摧；立体"1"象征着快速反应、永争第一。

3. 企业布局

截至 2012 年 12 月 31 日，长城汽车总资产达到 425.69 亿元，旗下拥有哈弗、长城两个产品品牌，产品涵盖 SUV、轿车、皮卡三大品类，拥有四个整车生产基地、80 万辆产能，具备发动机、变速器等核心零部件的自主配套能力，下属控股子公司 30 余家，员工 56 000 余人。

长城的产品理念是"定位于全球市场，融汇最新技术，打造高质价比创新技术的精美产品"。继续发挥在皮卡和 SUV 领域的优势，开发更适合国内、国外两个市场的轿车、家用车品种。目前已成功研发出 6 个品种:"长城精灵"、长城"炫丽"、长城"酷熊"、"长城迷你"SUV、哈弗、MPV "嘉誉",在业界引起振动。款款新品实现了高科技、前卫性、安全性和舒适性的完美统一。

哈弗是长城汽车定位为 CUV 的车型(City Ultility Vehicle),其中文意思是城市多功能车,2005 年哈弗英文名为"HOVER",代表"自由翱翔"。由于 2006 年开始批量出口欧盟,哈弗在国际市场有了一定影响,原来的英文名字已被很多国家注册,只好重新寻找了一个在英文里没有实际意义、全球发音更一致的单词:"HAVAL"(见图 3-245)并被赋予了 have all(无所不能)的含义,这就是其车标"HAVAL"的起源。

图 3-244　长城车标

图 3-245　哈弗车标

哈弗(HAVAL)是长城汽车举足轻重的 SUV 系列,长年保持国产 SUV 市场销量冠军的好成绩,深受广大平民越野爱好者的青睐。哈弗系列的车型主要有 IF、M1、M2(见图 3-246)、M4、H3、H5、H6(见图 3-247)、H7、H8、纯电动 SUV 哈弗 E 以及多款实用型皮卡,在国内外都有着不错的销售业绩。

图 3-246　长城哈弗 M2

图 3-247　长城哈弗 H6

2013 年 3 月 29 日,在北京举办的长城汽车股份有限公司年会上,公司正式对外宣布:作为长城 SUV 的标志性品牌,哈弗即日起与长城实行品牌分网,形成独立品牌,独立设计研发,实现经销服务体系独立化。

2015 年 8 月,长城汽车荣登《中国制造企业协会》主办的"2015 年中国制造企业 500 强"榜单,排名第 33 位。

2016 年 8 月,长城汽车在"2016 中国企业 500 强"中排名第 183 位。

3.8.9　北京汽车集团有限公司

1. 北汽历史

"北汽集团"是原北京汽车工业集团总公司的简称,又简称北汽,成立于 1958 年,是中国汽车行业重点骨干企业集团之一，总部位于北京市，经过50多年的不断成长，目前已发展成为以整车制造为核心，融合汽车研发、零部件制造、汽车服务贸易、教育、金融和通用航空多业务发展的综合性、现代化、国际化的大型汽车企业集团。

2000年9月改为现在的北京汽车工业控股有限责任公司，2010年11月更名为北京汽车集团有限公司。北京汽车股份有限公司（简称北汽股份公司）成立于2010年9月28日，由北京汽车集团有限公司、北京首钢股份有限公司、北京市国有资产经营有限责任公司、现代创新控股有限公司、北京国有资产经营管理中心和北京能源投资（集团）有限公司共同发起组成。

自1958年北京汽车制造厂生产出北京市第一辆汽车——"井冈山"轿车以来，北汽集团先后自主研制生产了中国第一代轻型越野车BJ212和第一代轻型载货车BJ130，建立了中国汽车工业第一家整车制造合资企业——北京吉普汽车有限公司和中国加入WTO以后第一家整车制造合资企业——北京现代汽车有限公司，收购了瑞典萨博汽车相关知识产权等，创造了中国汽车工业的多个第一。

经过50多年的发展，北汽集团已拥有"北京""绅宝""昌河""福田"等自主品牌，先后引进"现代""梅赛德斯—奔驰""铃木"等国际品牌，汽车整车产品覆盖轿车、越野车、商用车和新能源汽车各个门类。

2. 企业布局

北汽集团拥有包括乘用车、越野车、商用车、新能源汽车和动力总成技术的专业研发机构，建立了涵盖汽车零部件、汽车服务贸易、进出口和汽车金融的完整产业链，实现了产业向通用航空等领域的战略延伸。北汽集团以北京为中心，建立了分布全国十余省市的8大乘用车、9大商用车生产基地，并在全球20多个国家建立了整车工厂。

北汽集团连续三年名列美国《财富》杂志全球企业500强，2015年位列第207位；连续四年荣获"中国年度最佳雇主"，并在2014年最新评选中位列前十强，排名第7位。

3. 北汽旗下品牌

其旗下品牌主要有北京吉普、北汽幻速（见图3-248）、北汽绅宝、北汽威旺、北汽新能源（见图3-249）、北京现代、北汽福田等。

图3-248　2016款北汽幻速S6

图3-249　2015款北汽新能源ES210

3.8.10　广州汽车集团股份有限公司

1. 广汽历史

广州汽车集团股份有限公司（简称广汽集团或水广汽）创立于2005年6月28日，由广州汽车集团有限公司整体变更成立，是由广州汽车工业集团有限公司、万向集团公司、中国机械工业集团公司、广州钢铁企业集团有限公司、广州市长隆酒店有限公司作为共同发起人，以发起方式设立的大型国有控股股份制企业集团。

2010年，广汽集团将香港上市公司骏威汽车私有化，并于5月30日把广汽H股上市。

2012年3月29日通过换股吸收合并广汽长丰。

2015年8月，广汽集团荣登《中国制造企业协会》主办的"2015年中国制造企业500强"榜单，排名第81位。

2. 旗下车系

广汽集团旗下拥有广汽乘用车广汽传祺（见图3-250）、广汽本田、广汽丰田、广汽三菱、广汽吉奥（见图3-251）、本田（中国）、广汽客车、广汽日野、广汽部件、广汽丰田发动机、广汽商贸、广爱公司、同方环球、中隆投资、广汽汽研院等数十家知名企业。

图3-250　2017款广汽传祺GS8

图3-251　2012款广汽吉奥

3.8.11　安徽江淮汽车股份有限公司

1. 江淮历史

安徽江淮汽车股份有限公司（简称江淮）于1999年9月30日成立，前身为合肥江淮汽车制造厂，公司占地面积460多万平方米，总资产53亿元，员工总数17 000余人。公司于2001年在上海证券交易所上市，股票名称为"江淮汽车"，股票代码600418，2004年又成功发行了可转债，2005年成功实施了股权分置改革。2011年，公司销售各类汽车超过46万辆，实现了连续21年以平均增长速度达40%的超快发展。

2010年9月16日，江淮汽车牵手美国纳威司达、卡特彼勒两大世界500强企业合作生产发动机和中重卡。

巴西时间2011年11月16日，江淮汽车在巴西巴伊亚州萨尔瓦多市，与其巴西合作伙伴

SHC 公司旗下全资子公司 SNS 公司正式签署建厂协议。

2. 江淮车标

江淮车标如图 3-252 所示。

3. 江淮旗下车型

江淮旗下车型主要有 IEV、瑞风系列（见图 3-253）、和悦系列（见图 3-254）、瑞铃、星锐、悦悦等。

图 3-252　江淮车标

图 3-253　2015 款江淮瑞风 S5

图 3-254　2013 款江淮和悦 A30

复习思考题

1. 中国有哪些汽车集团及民族自主汽车品牌？
2. 描述各汽车公司的发展史。
3. 列举各品牌车标的含义及车型。

第 4 章

新能源汽车及智能汽车

汽车的发展主要以地球上有限的石油资源为基本前提。不难想象，随着地球上人口的增长，资源消费也在不断地增加，石油资源总有一天会枯竭，而且燃油发动机汽车本身也存在很多弊病，特别是排放废气污染环境，影响人类健康。尽管在这方面，内燃机汽车进行了很大的改进，并取得了突出的成就，但它依然满足不了人们的要求。

20 世纪 90 年代以来，世界各国对改善环境的呼声日益高涨，各国都投入大量资金研发环保汽车，利用一些新能源来代替燃油。如今各种各样的新能源汽车纷纷出台，主要有电动汽车、燃气汽车、太阳能汽车、醇燃料汽车等。

4.1 新能源汽车

4.1.1 电动汽车

电动汽车（Electric Vehicle，EV）利用蓄电池存储的能量使电动机转动，并将转动力传递给车轮，驱动车辆行驶。电动汽车和内燃机汽车一样历史悠久，它诞生于 19 世纪 70 年代。1873 年，英国人罗伯特·戴维森研制成功第一辆具有实用价值的用蓄电池驱动的电动车，但此电动车没有能够得到发展，无法与汽油车竞争，是因为当时的蓄电池能量密度低、使用寿命短、充电时间长，每一次充电后行驶路程太短，而汽油车轻便、快捷、舒适，一次加油能连续行驶 400～500 km，所以人们越来越喜欢汽油汽车。尽管如此，电动车的生命力并未就此结束，人们对它的研究从没有停止过。事实上，电动车在很多领域已得到广泛应用，如电动叉车、机场、码头、车站、仓库用的电动车，拖车，残疾人用车，观光车等。

近年来人们所关注的电动汽车和早期的电动车有所不同，它是指从车载电源获取电力，以电动机驱动行驶，同时满足道路交通安全法规等各项要求的电动汽车。现代电动汽车与普通电动车是有区别的，它能在道路上快速而机动地行驶。

现代电动汽车是全部或部分由电能驱动电动机作为动力系统的汽车，它包括纯电动汽车、混合动力汽车和燃料电池汽车 3 种类型。

1. 纯电动汽车

（1）电动汽车的组成

电动汽车由电力驱动及控制系统、驱动力传动系统等组成。电力驱动及控制系统是汽车的核心，也是区别于内燃机汽车最大的不同点。电力驱动及控制系统由电源、驱动电动机和电动机的调速控制装置等组成。电动汽车的其他装置基本与内燃机汽车相同。

1) 电源

电源是为电动汽车的驱动电动机提供电能的装置。目前，电动汽车上应用最广泛的电源是铅酸蓄电池，但随着电动汽车技术的发展，铅酸蓄电池由于能量较低、充电速度较慢、寿命较短，逐渐被其他蓄电池所取代。正在发展的电源主要有钠硫电池、镍铬电池、锂电池、燃料电池、飞轮电池等，这些新型电源的应用，为电动汽车的发展开辟了广阔的前景。

2) 驱动电动机

驱动电动机的作用是将电源的电能转化为机械能，车手转动力矩，通过传动装置驱动汽车车轮。目前电动汽车广泛采用直流串激电动机，这种电动机具有"软"的机械特性，与汽车的行驶特性非常相符。但直流电动机存在换向火花、比功率较小、功率较低、维护工作量大等缺点，随着电动机技术和电动机控制的发展，势必将逐渐被直流无刷电动机（BCDM）、开关磁阻电动机（SRM）和交流异步电动机所取代。

3) 电动机调速控制装置

电动机调速控制装置的作用是控制电动机的电压或电流，以控制电动机转矩大小和旋转方向，是为电动汽车的变速和方向变换设置的装置。

4) 传动装置

电动汽车传动装置的作用是将电动机的驱动转矩传给汽车的驱动轴，当采用电动机驱动时，传动装置的多数部件常常可以忽略，如离合器、变速器、差速器等。因为电动机可以带负载起动，所以无须在变速器中倒挡。当采用电动机无级调速控制时，电动汽车可以忽略传统汽车的变速器。

5) 行驶装置

行驶装置与一般汽车的构成相同，由车轮、轮胎和悬架等组成。行驶装置的作用是将电动机的驱动力矩通过车轮变成地面的作用力，驱动车轮行走。

6) 转向装置

电动汽车转向装置的作用和结构与普通汽车相同，有机械转向、液压转向和液压助力转向等类型，目前还出现了电子控制的液压助力转向。

7) 制动装置

制动装置的作用是使汽车迅速减速或停车，通常由制动器及其操纵装置组成。与普通汽车不同的是，在电动汽车上，一般还有电磁制动装置，它是一个利用汽车行驶的动能发电的发电机，使减速制动时的能量转换成对蓄电池充电的电流，从而得到再生利用。

（2）电动汽车的特点

1) 无污染，噪声低

电动汽车无内燃机，汽车工作时不产生废气，不产生排放污染，对环境保护和空气的洁净是十分有益的，有"零污染"的美称。电动汽车无内燃机产生的噪声，电动机的噪声也较内燃机小。

但是，使用电动汽车并非绝对无污染，例如，使用铅酸蓄电池做动力源，制造、使用中要接触到铅，充电时产生酸气，会造成一定的污染。蓄电池充电所用的电力，在用煤炭作为燃料时会产生 CO、SO_2、粉尘等，但它的污染较内燃机的废气要轻得多。

2) 能源效率高，多样化

① 电动汽车的研究表明，其能源效率已超过汽油机汽车，特别是在城市运行，汽车走走停停，行驶速度不高，电动汽车更加适宜。电动汽车停止时不消耗电量，在制动过程中，电动机可自动转化为发电机，实现制动减速时能量的再利用。

② 电动汽车的应用可有效地减少对石油资源的依赖，可将有限的石油用于更重要的方面。向蓄电池充电的电力可以由煤炭、天然气、水力、核能、太阳能、风力、潮汐等能源转化。除此之外，如果夜间向蓄电池充电，还可以避开用电高峰，有利于电网均衡负荷，减少费用。

3) 结构简单，使用维护方便

电动汽车较内燃机汽车结构简单，运转、传动部件少，维修维护工作量小，当采用交流感应电动机时，电动机无须维护，更重要的是电动汽车易操作。

4) 动力电源使用成本高，续驶里程短

2. 混合动力汽车

混合动力汽车（Hybrid-Electric Vehicle，HEV）弥补了纯电动汽车的不足，它共用电池和汽油内燃机，既克服了电动汽车行驶里程短的缺点，又减少了污染排放。

（1）混合动力汽车的组成

混合动力汽车由小排量燃油发动机、发电机、电池组、驱动电动机、控制器和电器设备等组成。如图 4-1 所示为混合动力汽车的基本组成。

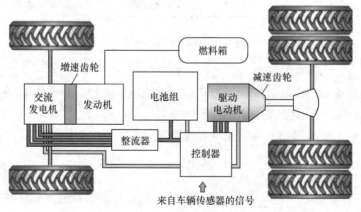

图 4-1　混合动力汽车的基本组成

（2）混合动力汽车的工作特点

在日常行驶过程中，电脑根据实际情况选择最佳油—电工作模式工作。在市区慢速行驶时，靠电动机提供动力，停车等待时，甚至连电动机也停止工作，不消耗动力，而电动机起动快、扭矩大的优点正适合城市走走停停的使用。只有在蓄电池快耗尽时发电机才会工作，但此时发动机只为蓄电池充电，燃油消耗特别少。在高速公路巡航行驶时，系统会关闭电动机,只选择发动机工作。此时发动机处于连续工作状态,燃油经济性最佳,加上混合动力选用的发动机是小排量,所以比一般汽油更省油。加速时电动机与发动机联合工作,加速性能相当出色。当踩下制动踏板进行减速时,系统会把多余的动能转化为电能储存到蓄电池中。

(3) 混合动力汽车的优点

发动机持续工作时间长,动力性好,而电动机无污染、低噪声,二者可取长补短,汽车的热效率可提高 10% 以上,废气排放可改善 30% 以上。

(4) 混合动力汽车的类型

混合动力汽车按照能量合成的形式主要分为串联式、并联式和混联式 3 种。

1) 串联式混合动力汽车

串联式混合动力汽车主要由发动机、发电机、驱动电动机和蓄电池组等部件组成,如图 4-2 所示。发动机仅仅用于发电,发电机所发出的电能供给电动机,电动机驱动汽车行驶。发电机发出的部分电能向电池充电,来延长混合动力电动汽车的行驶里程。另外,电池还可以单独向电动机提供电能来驱动汽车,使混合动力汽车在零污染状态下行驶。

负荷小时,由电池驱动电动机带动车轮转动;负荷大时,则由发动机带动发电机发电驱动电动机。

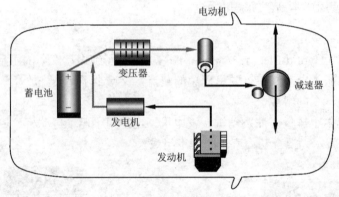

图 4-2 串联式驱动系统

当串联式混合动力汽车处于起动、加速、爬坡的工况时,发动机—发电机组和电池组共同向电动机提供电能;当串联式混合动力汽车处于低速、滑行、怠速的工况时,则由电池组驱动电动机,发动机—发电机组向电池组充电。这种串联式混合动力汽车不管在什么工况下,最终都要由电动机来驱动车轮。电池充电和放电电流的大小由控制器根据电动机驱动功率的变化情况进行控制。

串联式混合动力汽车具有如下特点。

① 发动机工作状态不受汽车行驶工况的影响,始终在其最佳的工作区域内稳定运行,因此,发动机具有良好的经济性和较低的排放指标。

② 由于有电池进行驱动功率"调峰",发动机的功率只需满足汽车在某一速度下稳定运行工况所需的功率,因此可选择功率较小的发动机。

③ 发动机与驱动桥之间无机械连接,因此,对发动机的转速无任何要求,发动机的选择范围较大。

④ 发动机与电动机之间无机械连接,整车的结构布置自由度较大。

⑤ 发动机的输出需全部转化为电能，再变成驱动汽车的机械能，需要功率足够大的发电机和电动机。

⑥ 既要起到良好的发电机输出功率平衡作用，又要避免电池出现过充电或过放电，就需要较大的电池容量。

⑦ 发电机将机械能量转变为电能、电动机将电能转化为机械能、电池的充电和放电都有能量损失，因此发动机输出的能量利用率比较低。

串联式混合动力汽车发动机能保持在最佳工作区域内稳定运行，这一特点的优越性主要表现在低速、加速等运行工况，而在汽车中、高速行驶时，由于其电传动效率低，抵消了发动机耗油低的优点，因此串联式混合动力汽车更适用于在市内低速运行的工况。在繁华的市区，汽车在起步和低速时还可以关闭发动机，只利用电池进行功率输出，使汽车达到零排放的要求。

2）并联式混合动力汽车

并联式混合动力汽车的组成和串联式基本相同，但它没有单独的发电机，电动机既可以作为电动机又可以作为发动机使用，又称为电动机—发电机组。它是发动机和电动机以机械能叠加的方式驱动汽车，发动机与电动机分属两套系统，可以分别独立地向汽车传动系统提供扭矩，在不同的路面上，既可以共同驱动，又可以单独驱动，如图4-3所示。

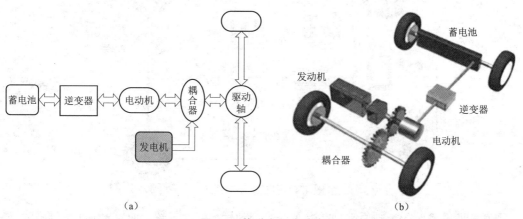

图4-3 并联式驱动系统

由于没有单独的发动机，发动机可以直接通过传动机构驱动车轮，因此该装置更接近传统的汽车驱动系统，得到比较广泛的应用。

并联式混合动力汽车具有如下性能特点。

① 并联式混合动力汽车的燃油经济性比串联式的要好。发动机通过机械传动机构直接驱动汽车，无机电能量转换损失，因此发动机输出能量的利用率相对较高，当汽车的行驶工况使电动机在其最佳的工作范围内运行时，并联式的燃油经济性比串联式的要好。

② 有电动机进行"调峰"作用，发动机的功率也可适当减小。

③ 当电动机只是作为辅助驱动系统时，功率可以比较小。

④ 比较小的电池容量即可满足使用要求，因为有发电机补充能量。

⑤ 发动机的排污能力比串联式的高。因为并联式驱动系统的发动机运行工况要受汽车行驶工况的影响，因此在汽车行驶工况变化较多、较大时，发动机就会比较多地在其不良

工况下运行。

⑥ 并联式驱动系统的传动结构较为复杂。由于发动机与驱动桥之间直接机械连接，需要通过变速装置来适应汽车行驶工况的变化，此外，发动机与电动机并联驱动，还需要动力复合装置，因此并联式驱动系统的传动机构较为复杂。

并联式驱动系统最适合于汽车在中、高速稳定行驶的工况。而在其他的行驶工况，由于发动机不在其最佳的工作区域内运行，发动机的油耗和排污指标不如串联式。并联式混合动力汽车也可实现零排放控制，在繁华的市区低速行驶时，可通过关闭发动机和使离合器分离，使汽车以纯电动方式运行，但这样就需要功率足够大的电动机，所需的电池容量也相应要大。

3）混联式混合动力汽车

混联式混合动力汽车驱动系统由发动机、发电机、电动机、电池组、控制器等组成，是串联式与并联式的综合，如图4-4所示。

发动机发出的功率一部分通过机械传动输送给驱动桥，另一部分则驱动发电机发电。发电机发出的电能由控制器控制，输送给电动机或蓄电池，电动机产生的驱动力矩通过动力复合装置传送给驱动桥。

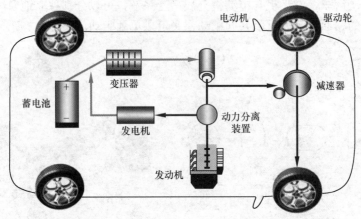

图4-4 混联式驱动系统

混联式驱动系统的控制原则是在汽车低速行驶时，驱动系统主要以串联方式工作；当汽车高速稳定行驶时，则以并联工作方式工作为主。

混联式驱动系统的结构形式和控制方式充分发挥了串联式和并联式的优点，能够使发动机、发电机、电动机等部件进行更多的优化匹配，从而在结构上保证了在更复杂的工况下使系统工作处于最优状态，因此更容易实现排放和油耗的控制目标。

与并联式相比，混联式的动力复合形式更复杂，因此对动力复合装置的要求更高。目前的混联式结构一般以行星齿轮作为动力复合系统的基本架构。

如图4-5所示为丰田公司Prius混合动力轿车驱动系统的结构示意图，它的驱动系统被公认为是目前最成功的系统。它首先将发动机输出的动力，通过动力分配机构分解为发电机的驱动力和车轮的驱动力，发电机产生的电力一边供给车轮驱动用的电动机，一边通过控制器把交流电变成直流电给电池充电。电池又通过控制器把直流电变成交流电给驱动电动机供电，以驱动车轮，此部分为串联。其次，尽管车轮是通过变速箱来驱动的，但在此驱动轴上还有发动机，可通过电动机来增加驱动力，此部分为并联。如图4-6所示为丰田Prius

混合动力轿车。

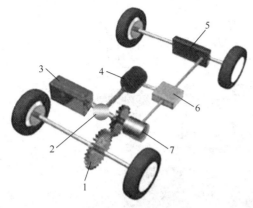 

图 4-5　丰田 Prius 混合动力轿车驱动系统　　　　图 4-6　丰田 Prius 混合动力轿车

1—减速齿轮；2—动力分配装置；3—汽油机；4—发电机；
5—电池；6—动力控制单元（逆变器，升压转换器）；7—电动机

混合动力汽车在发达国家已经日益成熟，有些已经进入实用阶段。我国自主开发的混合动力汽车节油率可达 30% 以上，已投入试验示范运营。

对于 3 种不同形式的混合动力汽车，可根据不同的用途择优使用。如用于城市公交或出租汽车，可开发串联式混合动力汽车；若用于长途客货运输的汽车，则开发并联式的混合动力汽车较为合适；家庭用车或用途比较复杂的其他车辆，则用混联式混合动力汽车。

由于混合动力汽车仍然需要消耗燃油，且结构复杂，成本较高，混合动力型汽车只是一种过渡产品，一旦高能电池及快速充电问题得到解决，混合动力汽车最终将被纯电动汽车所取代。

3. 燃料电池汽车

（1）燃料电池汽车的发展

采用燃料电池作为电源的汽车称为燃料电池汽车（Fuel Cell Vehicle，FCV）。燃料电池的发明始于 1893 年，由英国人戈尔夫（W.R.Grove）发明，由于当时无法做到提高单位体积或单位质量的发电量（比容量）而没能得到实际应用。现在的燃料电池是 100 多年后由英国人布朗士·贝肯（Francis Bacon）总结和整理后发明的，并于 1952 年取得专利权。所以燃料电池又称贝肯电池。

燃料电池是一种将储存在燃料和氧化剂中的化学能通过电极反应直接转化为电能的高效率发电装置。燃料可以是氢气、甲醇、石油气、甲烷及其他能分解出氢的烃类化合物。目前大多数燃料电池汽车使用压缩氢气或液化氢气作为燃料。

如图 4-7 所示为本田汽车公司开发的燃料电池汽车 FCX 的工作原理。如图 4-8 所示为本田 FCX CLARITY 燃料电池电动车。

燃料电池的原理：氢通过氢极（负极）接触电解液，从而分解为氢离子和电子。电子向氧极（正极）方向流动，产生出一个单独的电流。氢离子通过电解液、氧极而与氧和电子结合生成水。此流程不断持续，同时产生电、水和热量。

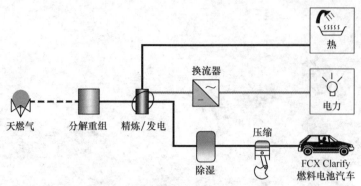

图 4-7 本田燃料电池汽车 FCX 的工作原理

图 4-8 本田 FCX CLARITY 燃料电池电动车

燃料电池最初在宇宙飞船上使用。1965 年，美国通用电气公司开发了 1 kW 的固体燃料电池并搭载在 Gemini（双子座）号宇宙飞船上，次年美国科技公司（UTC）开发的碱性燃料电池搭载在阿波罗号上。燃料电池用于宇宙飞船的好处在于发电的同时可以获得水，而水对于宇宙飞船是非常珍贵的。

汽车用燃料电池的开发虽然在 1960 年前后就有，但真正大规模开发是在 1991 年，当时的美国总统布什提出国家能源战略，并根据这一战略，制定了有关法律，推荐使用零排放、高效率的甲醇燃料电池，并督促政府能源机构促进开发与研究。通用公司成为客车燃料电池开发计划的主体，于 1997 年完成了实际车辆的试验。与此同时，其他国家各大公司也不甘落后，纷纷推出燃料电池汽车，如通用、福特、马自达、现代、日产、雷诺和大众等。

（2）燃料电池汽车的组成

燃料电池汽车系统由燃料箱、燃料电池、电池组、控制系统、驱动系统组成，如图 4-9 所示。

燃料电池工作的过程不像内燃机那样涉及剧烈的燃烧，它不经历过程，不受热力循环限制，故能量转换效率高，燃料电池的化学能转换效率在理论上可达 100%，实际效率已达 60%～80%，是普通内燃机热效率的 2～3 倍。它结构简单、运转平稳，大大优于传统的内燃机。现在应用于电动汽车中的燃料电池是质子交换膜燃料电池（PEMFC）。质子交换膜燃料电池具有比能量高、转换效率高、工作温度低等良好性能。燃料电池不同于传统电池，它更像一台发电机，只要不停地输给它氢气，它就会在电和热的形式中产生能量，不停地工作。

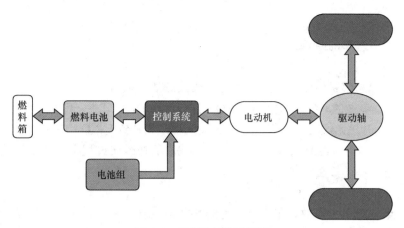

图 4-9 燃料电池汽车系统

燃料电池组可以独立地作为能源，也可以与其他的蓄电池组或储能器共同组成"双电源"的燃料电池汽车，还可以与不同类型的发动机共同组成混合动力燃料电池汽车（FCHEV）。

（3）燃料电池汽车的优点

1）热效率高

用碳氢化合物燃料经过改质器改质，并经过燃料电池将化学能转变为电能，然后再通过电动机和驱动系统驱动的车轮，其综合效率可达到34%。而内燃机的综合效率约为11%，仅为燃料电池的1/3。热效率高是燃料电池突出的优点，热效率高意味着燃料电池汽车比内燃机汽车更加节能。

2）零污染或超低污染

采用以氢气为燃料的燃料电池，燃料经过化学反应后所产出的废物只有水，其排放废气属于"零污染"。采用以甲醇或汽油为燃料经过改质后产生氢气，也只有极少数的CO、CH、NO_x等有害气体排放，属于"超低污染"，完全可以达到最严格的排放标准要求。燃料电池本身没有运动件和运动副的摩擦损耗，在化学反应中没有噪声。

3）在宽广的范围内保持效率高、过载能力强

燃料电池组在额定功率下运行时，效率可达到60%左右，在部分功率下运行时，效率可达到70%左右，而在过载功率下运行时，效率可达到50%~55%。功率范围宽广，效率受输出功率变化影响小，短时间的过载能量可达到200%，适用于各种类型的燃料电池汽车动力性能和加速性能的要求。

4）配置灵活、机动性大

不同种类的燃料电池的单体电池所能产生的电压略有不同，单体电池所能产生的电压约为1V。通常将多个单体电池按使用电压和电流的要求组合成为燃料电池组，有利于组合成不同功率的系列燃料电池组。其辅助设备可以在不同类型燃料电池汽车上灵活的配置，能够充分地利用车辆上的有效空间。

5）充分利用现有服务设施

燃料电池与其他电池所不同的地方是燃料电池汽车的续驶里程可以与内燃机汽车一样，只取决于燃料电池汽车燃料箱所装载的燃料（氢气或甲醇、汽油等）的多少。特别是以甲醇或汽油作为燃料时，燃料的装载方法与内燃机汽车也相似，在几分钟内即可加满所需的燃料，

可以充分利用现有内燃机汽车加油站的现成设备和服务体系。

（4）燃料电池汽车的缺点

1）辅助设备复杂

以甲醇或汽油为燃料的燃料电池汽车，甲醇或汽油等燃料通过改质器进行改质后，除产生氢气外，还产生少量的CO、CO_2、CH、NO_x等气体混杂在氢气中，其中CO会使催化剂"中毒"而失效，在H_2进入燃料电池组之前，必须采用净化装置对CO、CO_2和NO_x进行分离处理，因而增加了结构和工艺的复杂性。由于甲醇或汽油在改质过程中会产生热量，因此还需要对改质系统进行热的控制和管理。

2）辅助设备重、占用体积大

目前燃料电池汽车大多数采用氢气作为燃料，但氢气的制取、储存、运输和灌装还没有实现规模化，安全保护要求高，采用氢气作为燃料，需要特种储存罐（高压、低温和防护），罐体体积大，占用空间大。目前使用成本也很高，给燃料电池汽车的使用带来不便。

在采用甲醇、汽油等燃料的燃料电池系统中，需要通过改质器对甲醇、汽油等燃料进行改质后才能制取氢气。目前带改质器、净化器和辅助装置的燃料电池汽车，在质量和体积上都较大，还必须进一步解决甲醇燃料电池的改质器、净化器和辅助装置的小型化和轻量化的问题。

3）起动时间长，系统耐振动能力需进一步提高

采用甲醇或汽油等作为燃料时，需要通过改质器进行改质，一般需要10分钟以上才能产生足够的氢气，比内燃机起动的时间长得多，影响车辆的机动性。燃料电池发动机系统包括燃料电池本身和各种辅助设备，在车辆上受到振动或冲击时，各种管道的连接和密封的可靠性需要进一步提高，以防止发生氢气泄漏，降低了氢的利用率并影响燃料电池的效率，严重时还会引起氢气燃烧事故。由于要求严格的密封，燃料电池的制造工艺复杂，并给使用和维护带来困难。

燃料电池系统在公共交通领域使用比较可行，因为全球许多国家均支持燃料大客车项目。除城镇地区便于建设集中燃料供应基础设施外，大客车中有较多的空间，利于安装燃料电池，同时其质量限制要求较低，也是有利因素。

随着燃料电池制造成本的下降、加氢站建设步伐的加快、制氢和储氢技术的不断进步，氢能的广泛利用和燃料电池车的商业化必将很快来到。

4.1.2　太阳能汽车

太阳能汽车由于其零污染、能源用之不竭，因此被人们称为"未来汽车"。

人类最早直接利用太阳能是在距今两千多年前的周代，利用凸面镜聚集太阳光取火。随着现代生物学的发展，人们利用太阳能烧水、煮饭、采暖、制冷、发电等。世界上第一个阳光电池是1954年制造的。阳光电池有硅电池、硫化镉电池等，其中硅电池较为常用。硅电池有圆形、半圆形和长方形的，关键部分是一个小小的硅片，如纸一样薄。它一面均匀地掺进一些硼；另一方面均匀地掺进一些磷。然后在薄片两面装上电极，这就是硅太阳能电池。

只装太阳能电池板的汽车，当太阳射到车身上的太阳能电池板时，光电转换，立即产生直流电，供给直流电动机运转，驱动汽车行驶。由于没有蓄电池，这种汽车在无光照射时，就不能行驶。如果要使汽车在阴天或夜间也能行驶，还必须将太阳能电池板和蓄电池配合使

用。在阳光照射时，太阳能电池板产生的电能，一部分提供给电动机，使汽车行驶；另一部分给蓄电池充电。这样，当没有阳光时，蓄电池就放电供给电动机，使汽车行驶。

和传统的汽车不同，太阳能汽车已经没有发动机、底盘、驱动、变速箱等构件，而是由电池板、储电池和电动机组成，车的行驶只要控制流入电动机的电流就可以解决，全车主要有 3 个技术环节：一是将太阳光转化为电能；二是将电能储存起来；三是将电能最大限度地发挥到动力上。

有人说太阳能汽车形似"UFO"，这是由于太阳能汽车首先要解决的是把太阳光转为电能，这就需要电池板和太阳光有一个大的接触面，而且太阳光越是直射，其转化率越高，所以，一般太阳能汽车都呈扁平状（见图 4-10）。有的将太阳能电池板做成活动式的，可以变换倾斜角度，跟踪太阳，以便采集更多的阳光；有的将车身做成流线型，电池板固定在车身上，使空气阻力减到最小，或者采集阳光的面积最大。它们各有所长，都是为了使太阳能汽车开得更快，行驶里程更长。一个原因是现有的技术有限，车体要减轻质量，这样太阳能汽车才能跑得更好。还有一个原因是世界各地每年都要举行规模很大的太阳能汽车赛，而每一项赛事对车都有不同的要求，包括它的长度、宽度，每个参赛人都要按照有关标准进行车身设计。所以多数太阳能汽车力图做得车体轻、风阻小而又有个性，这就形成了各种古怪的样子。

按用途分，太阳能汽车可分为赛车和实用车两类。但由于蓄电池的能量有限，在无太阳的情况下，连续行驶里程有一定的限制，且太阳能电池成本目前还太高，造价昂贵、承载能力差，所以太阳能汽车在现阶段还无法普及。

如图 4-11 所示为菲亚特 2008 年发布的一款小车 Fiat Phylla，它的 4 个车轮内都有电动机，由可充电锂电池供电，而车顶、车窗和车门上都有太阳能电池板，时刻为电池充电。

Fiat Phylla 车长 2 995 mm，车身大量使用铝质材料，车身质量为 750 kg 左右，蓄电池能够提供长达 220 公里的最大行程。最高车速能够达到 130 km/h，但它的加速性能稍差。

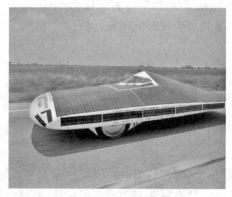

图 4-10　太阳能汽车

图 4-11　菲亚特 Fiat Phylla

太阳能汽车还专门设置了比赛，即澳大利亚太阳能汽车挑战赛，它是目前世界上规模最大、距离最长的太阳能汽车大赛。大赛的目的是向世界发出强烈的环保信号，推动绿色科技发展，尤其是宣传将太阳能作为替代能源。赛车从澳大利亚最北部的达尔文市出发，沿斯图尔特高速公路行驶 3 000 多公里，抵达目的地——南部的阿德莱德市。

该项挑战赛自 1987 年开始举办，倡导者是丹麦人汉斯·索斯特洛普，他在 1982 年设计并建造了世界上第一台太阳能汽车，并将之命名为"安静的到达者"号。首届赛事共有 23

支队伍参加，获胜者是由通用汽车公司赞助的一台太阳能汽车，它的平均时速达到了 67 km/h。

索斯特洛普在 1996 年将这一赛事的主办权出售给了南澳大利亚政府，南澳大利亚政府在 1999 年将这项三年一度的赛事改成了两年一度。2005 年，参赛的太阳能汽车平均时速已达 103 km/h，冠军赛车的最高时速达到 147 km/h；同时大赛也扩充为两个不同级别的赛车：一是"挑战历险级"，为专门的太阳能汽车设计；二是"绿舰技术级"，为其他类型的新能源低耗赛车设计。途中，赛车要途经地球上最壮观也最荒凉的地带——澳洲大陆内部，气温可高达 50℃。

五彩缤纷的创意让太阳能汽车看上去不像汽车了——大多数参赛汽车都携有巨大的太阳能电池板，使它们看起来更像是车轮上的巨型硅片。

举办者在 2007 年第 10 届大赛上重新调整赛事难度，让赛程变得更具挑战性：允许不同级别的汽车参赛，缩小太阳能电板的规模；驾驶者必须只坐在正常的驾驶位置上，进出车时必须独立完成，不得借助他人之力。这些规定就是让参赛者们思考怎样能进一步改进技术，使其更具有实用性。

图 4-12　2015 年太阳能汽车比赛现场

2015 年度"普利司通世界太阳能车挑战赛"在澳大利亚北部城市达尔文举行，来自世界各地的 19 支队伍参加了比赛，最终两支荷兰队伍囊括了冠亚军，日本东海大学队获得第三名。荷兰"Nuon"太阳能车队在赢得比赛后庆祝胜利。"Nuon"太阳能车队的成员来自荷兰代尔夫特大学，它们设计的太阳能车在 4 天内完成了 3 000 公里的全程，进而获得冠军。2015 年太阳能汽车比赛现场如图 4-12 所示。

正常情况下，一台石油发动机的能源利用率约为 25%，利用率最高的也只有 50%~60%，而太阳能汽车的能源利用率却能达到 95%。

4.1.3　醇类燃料汽车

醇类燃料汽车是指以甲醇或者乙醇作为燃料的汽车。醇类燃料汽车发展较早，到目前为止，在技术方面和成本方面已达到实用阶段。

醇类燃料目前主要有甲醇和乙醇。醇类燃料在汽车上的应用主要有 3 种类型：掺烧、纯烧和改质。

掺烧是指将醇类以不同的比例掺入汽油中，作为发动机的燃料燃烧，研究结果表明，如果掺烧的醇类比例少于 20%，则发动机不必进行改造，只要进行适当调整，即可达到汽车性能与燃烧汽油时相当；掺烧比例加大，则要通过适当增加压缩比和发动机预热装置，保证汽车的使用性能，同时在混合燃料中添加助溶剂，防止醇燃料与汽油分层。

纯烧是指单纯燃烧醇类燃料，这种方法的优点是发动机可以根据燃料的特点进行改造，如按照醇类燃料的理论空燃比设计和调整供油系统，加装发动机预热装置，加大油泵的供油量，改善零部件的抗腐蚀性等。改造后的发动机，其车辆的动力性和经济性会比烧汽油时有较大的提高。

改质是指利用发动机的余热将甲醇改质成为氢气和一氧化碳，然后输送到发动机内燃烧，采用甲醇改质,需要对发动机进行较大的改造,最好是重新设计发动机。

车辆使用甲醇燃料,其尾气中污染物 CO、CH、NO_x 的排放量都比汽油低,对于改善环境很有利。但是,使用乙醇燃料,由于提高了压缩比,氮氧化合物的排放量将增加。

1. 甲醇燃料汽车

在新能源汽车多元化的发展战略框架下,煤制甲醇成为最可行、最优先的发展方向,而且由于我国较早涉足此领域,目前的生产以及研发状况都处于世界先进行列。

我国甲醇燃料汽车的研发取得了可喜的成绩,一汽、奇瑞、华普、吉利等汽车生产企业在甲醇代用燃料发动机及整车开发方面各有建树,产品已经发展到了成熟的阶段。

山西省在甲醇燃料和甲醇汽车研发、推广方面始终处于国内领先地位,是全国最先开发使用甲醇汽车的省份。

奇瑞从 2005 年着手开发甲醇灵活燃料发动机及轿车。几年来,它对发动机用 9 种不同压缩比进行试验,对甲醇进行标定,对整车匹配和发动机进行强化试验;对整车燃油系统、耐腐蚀材料、冷起动系统、专用润滑油、功率、燃料消耗进行了系统开发和测定。2007 年 4 月,第一批 10 辆灵活燃料轿车被送到太原,进行了两个月的 M100 甲醇燃料试运行。第二批 12 辆灵活燃料车于 2007 年 10 月被送往太原,并在第一批车的基础上进行优化,在高速行驶时的平稳性、噪声和排放等方面都有明显提高,目前已具备批量生产条件。

旗云甲醇燃料汽车是由奇瑞公司潜心研发成功的一种新型甲醇燃料汽车,可使用甲醇和汽油双燃料,该车型兼具经济、环保、可靠、安全四大优势(见图 4-13)。由于采用甲醇作为主要燃料,该车型在出租车运营时,实现了更低的运营成本和更优的排放指标,据计算,与同排量汽车车型相比,甲醇汽车燃料费用按照目前的价格,比汽油机可节省三分之一左右的费用。

图 4-13 旗云甲醇燃料汽车

上海华普在上海内燃机研究所等单位配合下,与上海焦化厂合作,经过数年研发,目前,M100 甲醇燃料轿车已开发成功。华普遇到的一些技术难点与奇瑞基本相同,也都一一有了技术改进措施。他们开发的车型不仅进行了常规试验,还将试验轿车开到黑龙江漠河进行冬季寒带试验,到新疆吐鲁番地区进行高温试验,到青海进行高原试验,甲醇燃料轿车的表现都很优秀。

一汽解放发动机分公司在 2004 年与山西省长治市第一汽车运输有限公司合作,将研制的 CA6 GH-M 甲醇发动机匹配在公交车上,进行运行试验。2008 年,在原"拉煤王"中型柴油自卸车的底盘上匹配 CA6 SH-ME3 型甲醇机,开发、试制了解放牌 CA3160 ME 型长头自卸车。该车用 120 kW(163 马力)的 CA6 SH-ME3 型甲醇机,取代原来的 125 kW(170 马力)的增压柴油机,由于发动机扭矩为 420 N·m(柴油机为 560 N·m),通过匹配带有副箱的六挡变速器,因此提高了传动比,改善了汽车在低速大负荷下的性能要求。两辆样车经过 3 个多月、行程 1 万多公里的试验后,得到的结论是,该车主要适用在煤矿区进行短途运输,道路条件非常恶劣,路面坑洼不平,路窄、颇大、弯多且急,对车辆的可靠性要求很高,且经过改善传动系统,该车在超载、爬大坡时与柴油机的动力性相当。

图 4-14　吉利帝豪甲醇汽车

吉利自 2005 年开始研发生产甲醇汽车,是国内首家获得国家甲醇车生产资质的企业。到目前为止,吉利已研发出 1.5 L 和 1.8 L 两种排量四款发动机,搭载开发了多款车型。目前,吉利海景 SC7 甲醇轿车已在山西、陕西、上海和贵阳进行试点推广和示范运营。2015 年 11 月,在北京新能源汽车展上,吉利还展出了一台吉利帝豪甲醇汽车(见图 4-14),这是当时唯一一台甲醇汽车。

甲醇作为汽车能源,具有腐蚀性、溶胀性、冷起动困难等问题,经过奇瑞、华普、一汽、吉利等企业的研究、开发、试验,都已有了可靠的解决措施。发展电动汽车需要充电桩,甲醇汽车也需要甲醇加注站。2015 年 10 月,工信部发布了《车用甲醇燃料加注站建设规范》和《车用甲醇燃料作业安全规范》,得到,甲醇汽车试点的重要瓶颈得到突破。

为了避免加醇难,甲醇汽车在设计上也采用了双燃料箱的设计,避免了类似纯电动车遇到的"里程焦虑"问题。以试点运行的吉利甲醇出租车为例,实际上它采用的是双燃料箱设计,在甲醇用完后一时找不到加注站的情况下,系统会切换到装有汽油的燃料箱,解决了目前因甲醇燃料加注站太少而带来的尴尬。

2. 乙醇燃料汽车

世界上已经有超过 500 万辆汽车使用乙醇作为燃料,这些乙醇燃料汽车不仅比使用汽油作为燃料的汽车更经济,而且几乎不会排放有害的温室气体。经济学家预测,未来只有乙醇才会真正替代汽油成为人类赖以生存的绿色燃料。

燃料乙醇的出现不仅减少了对石油资源的依赖,还可以最大限度地改善汽车尾气污染和提升发动机燃烧效率。由于乙醇是燃油氧化处理的增氧剂,可以使汽油增加内氧,燃烧充分,达到节能和环保的目的。与用石油生产的汽油相比,生物乙醇在燃烧时释放到大气中的二氧化碳要少得多,最高可使二氧化碳的排放量比汽油减少 90%。另外,乙醇具有极好的抗爆性能,辛烷值一般都在 120 左右,它可有效提高汽油的抗爆性(辛烷值)。

通过纤维素生产的乙醇使用秸秆、草皮和树皮,这些纤维素不能食用,不会威胁人类的食物供应。通过使用特定的酶将纤维素进行分解,获得简单的糖类物质,再把这些糖类物质转化成能量使用。纤维素在自然界中大量存在,通过纤维素所获得的乙醇是非常洁净的,可以和汽油一样有效驱动汽车行驶。更重要的一个原因是,不需要重新改装汽车,不会造成巨大的浪费。随着世界新兴市场的崛起,能源危机将会越来越严重,乙醇燃料正在表现出替代石油制品的独特魅力。

在 2008 年北美车展上,通用推出了多款 E85 乙醇燃料车。所谓 E85,就是由 85% 的乙醇和 15% 的汽油混合而成的乙醇燃料。在世界能源需求持续快速增长的背景下,乙醇成为不可再生的矿物燃料的可行替代品。通用预测,从 2007 年至 2020 年,运输行业使用 E85 所减少的二氧化碳总排放量将超过 10 亿吨,从 2020 年起每年将减少 2 亿吨。

制造乙醇的原料主要是玉米、小麦等粮食作物,此外,传统的乙醇制造过程需要消耗大量能源,因此从全程来看,乙醇燃料并不环保;而且,美国有研究机构还指出,使用乙醇燃料也并不省钱,该机构指出,如果完全使用乙醇燃料,一辆车整个生命周期内会增加大约 1 600 美元的使用成本,而使用柴油则会减少 2 300 美元(均相对汽油而言)的使用成本。

但美国 Coskata 能源公司称,可以将木材、草,甚至城市和工业垃圾(如塑料和废轮胎)等作为原料生产乙醇;此外,与传统乙醇生产工艺相比,其独特生产工艺成本低、能耗小,生产 1 加仑乙醇的成本不到 1 美元,仅相当于美国汽油生产成本的一半;而生产过程中每消耗 1 kW 的能量、就可以生产出 7.7 kW 的乙醇。

不过在现有汽油发动机上,使用燃料乙醇也会在燃烧值、动力性和耐腐蚀性上产生一定的性能下降,并不能很好地体现燃料乙醇的优势。因此燃料乙醇专用发动机便应运而生。使用 E100 纯生物燃料乙醇的萨博 BioPower100 概念车(见图 4-15)向世人证明了燃料乙醇的真正实力。

萨博通过这台 BioPower100 概念车展示了生物燃料乙醇的真正实力:它采用 2.0 L 直列四缸排列,配合涡轮增压技术,并且这台特殊的纯燃料乙醇(E100)发动机已达到了量产水准。

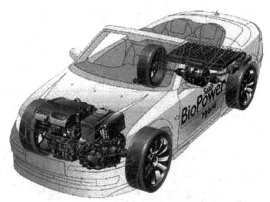

图 4-15　BioPower100 概念车

其最大功率高达 220 kW,最大扭矩可达 400 N·m。萨博 BioPower100 概念车从静止加速到 100 km/h,仅需 6.6 s。高达 110 kW 的功率充分证明了生物燃料技术的潜力。体积小巧、动力强劲的发动机同样可以使用再生能源,并且实现清洁排放,这足以让人们对燃料乙醇动力性弱、实用性低的传统认识发生改观。

中国已有 10 多个省市地区使用乙醇汽车,如东北三省、河南、安徽、河北、湖北部分城市、江苏北部、山东西南部等。目前世界上已有 40 多个国家不同程度地应用乙醇汽车,有的已达到较大规模的推广,乙醇汽车的地位日益提升。

4.1.4　燃气汽车

天然气是一种无色、无味的气体,主要成分是甲烷,另外还含有少量的其他烃类,如丁烷、乙烷和丙烷。天然气主要产于地下,是有机物发酵的产品,通常与其他石油产品一同而生。天然气也可以是有机物质腐烂产生的副产品,可以在垃圾站和沼泽等地方生成。天然气中加入了加臭剂,这使得商业天然气有一种独特的气味。作为汽车燃料,天然气与汽油、柴油相比具有很多优点:天然气资源丰富,价格便宜,产生的一氧化碳、臭氧和能生成烟雾的可反应烃等有害物质少,所以天然气比汽油更安全,而且天然气是无毒、无致癌性、无腐蚀性的气体。

然而,燃气汽车的排放优势仅相对于化油器式发动机汽车而言,要使燃气汽车达到欧Ⅲ、欧Ⅳ等更严格的排放标准,还必须大规模应用电控、缸内直喷、多点喷射、稀薄燃烧、增压、催化转化等技术。因此,让燃气汽车成为真正的清洁汽车,还有许多技术问题需要解决。

1. 燃气汽车的类型

按照使用天然气燃料状态的不同,天然气汽车可以分为液化石油气汽车、压缩天然气汽车和液化天然气汽车。

液化石油气汽车以液化石油气为燃料。压缩天然气汽车以压缩天然气为燃料,将天然气压缩到20.7～24.8 MPa,储存在车载高压气瓶中。液化天然气是指在常压下,将温度为-162 ℃的液体天然气储存于车载绝热气瓶中。目前世界上较常见的是压缩天然气汽车。

按照燃料使用状况的不同,天然气汽车可分为专用燃料天然气汽车(发动机只使用天然气作为燃料)、两用燃料天然气汽车(既可以使用天然气,也可以使用汽油作为燃料)和双燃料天然气汽车(可以同时使用液体燃料和天然气作为燃料)。

2. 燃气汽车的结构

燃气汽车的一氧化碳排放量比汽油车少90%以上,碳氢化合物排放少70%以上,氮氧化合物排放少35%以上,是目前较为实用的低排放汽车。压缩天然气(CNG)汽车燃料系统通常包括天然气气瓶、减压调压器、各类阀门和管件、混合器(或者天然气喷射装置)、各类电控装置等。

燃气汽车与燃油汽车的差异主要在于燃气系统的专用元件安装位置上。一般燃气供给系元件(减压调节器、混合器等)都安装在发动机舱内。不同车型的总体布置方案主要差异在于储气瓶数量和安装位置的不同,或加气口、主控阀、手动截止阀等元件安装位置有所不同。

中国自1999年4月正式起动清洁汽车行动,由政府主导开始推动燃气汽车的发展,到2009年5月,历经10年,"发展天然气汽车"作为我国交通领域节能减排的一项重要措施得到了各级政府的高度重视,目前已有30个省、自治区、直辖市推广使用天然气汽车近40万辆,取得的经济效益和节能减排效果十分显著。尤为重要的是,中国已初步建立起天然气汽车产品管理、技术开发、生产和推广应用体系,出台了一批政策法规和标准,基本能够适应当前天然气汽车产业发展的需要,为今后天然气汽车进一步发展奠定了坚实的基础。尽管天然气是一种化石燃料,但它也可从垃圾中获得,或者通过化学合成获得。

图 4-16　奇瑞 A5

国产燃气汽车的一个成功案例是奇瑞A5(见图4-16)。奇瑞A5(CNG)技术先进,整车配备意大利进口燃气供给系统,采用多点顺序电控喷射技术,使整车燃油经济性提高40%以上。它可以实现乙醇与汽油在任意比例掺混下的燃料供给方式,也可以燃用CNG气体燃料,并能够进行不同比例乙醇汽油燃料的识别,以及乙醇、汽油及天然气各种燃料之间的任意切换。

奇瑞A5 CNG 1.6 L城市油耗8.5 L/100 km,气耗8 m³/100 km。以郑州为例,当93#汽油油价为6.2元/L时,气价为3.32元/m³,双燃料百公里节省费用26.14元,按每天行驶300公里来算,一年就可节省费用28 623.3元,两年就节省57 246.6元,相当于目前A5的最低售价。

3. 燃气汽车的主要技术

燃料的随车携贮容器(铝基复合材料、碳素纤维玻璃钢材料,重量为钢瓶的30%～50%)、储运、加气站的设备与技术,供给系统与混合燃烧技术,燃气喷射系统及闭环控制技术,内燃机上广泛采用的电控喷射技术、增压中冷技术、四气门技术、稀薄燃烧技术等,较汽油机带来的功率损失不大于10%。

4. 燃气汽车的基础设备

（1）CNG 汽车加气设备

CNG 加气的主要设备包括：气体预处理系统（进战计量装置、过滤器、干燥器等）、压缩机组、储气装置、充气优先级控制盘、售气机。

（2）CNG 汽车改装设备

CNG 汽车改装检测设备包括气密性试验装置、气瓶支架强度检测、氮气置换装置、气体泄漏检测仪、手动试压泵、真空泵等。

4.2 智能汽车

1. 智能汽车的定义

智能汽车是一个集环境感知、规划决策、多级辅助驾驶等功能于一体的综合系统，它集中运用了计算机、现代传感、信息融合、通信、人工智能及自动控制等技术，是典型的高新技术综合体。目前对智能车辆的研究主要致力于提高汽车的安全性、舒适性，以及提供优良的人车交互界面。近年来，智能车辆已经成为世界车辆工程领域研究的热点和汽车工业增长的新动力，很多发达国家都将其纳入各自重点发展的智能交通系统当中。

智能汽车与一般所说的自动驾驶有所不同，它指的是利用多种传感器和智能公路技术实现的汽车自动驾驶。智能汽车首先有一套导航信息资料库，存有全国高速公路、普通公路、城市道路以及各种服务设施（餐饮、旅馆、加油站、景点、停车场）的信息资料。

其次包含以下几个系统：① GPS 定位系统，利用这个系统精确定位车辆所在的位置，与道路资料库中的数据相比较，确定以后的行驶方向。

② 道路状况信息系统，由交通管理中心提供实时的前方道路状况信息，如堵车、事故等，必要时及时改变行驶路线。

③ 车辆防碰系统，包括探测雷达、信息处理系统、驾驶控制系统，控制与其他车辆的距离，在探测到障碍物时及时减速或刹车，并把信息传给指挥中心和其他车辆。

④ 紧急报警系统，如果出了事故，自动报告指挥中心进行救援；

⑤ 无线通信系统，用于汽车与指挥中心的联系；

⑥ 自动驾驶系统，用于控制汽车的点火、改变速度和转向等。

2. 智能汽车的特点

（1）高科技

智能汽车是一种正在研制的新型高科技汽车，这种汽车不需要人去驾驶，人只舒服地坐在车上享受这高科技的成果就行了。因为这种汽车上装有相当于汽车的"眼睛""大脑"和"脚"的电视摄像机、电子计算机和自动操纵系统之类的装置，这些装置都装有非常复杂的电脑程序，所以这种汽车能和人一样"思考""判断""行走"，可以自动启动、加速、刹车，可以自动绕过地面障碍物。在复杂多变的情况下，它的"大脑"能随机应变，自动选择最佳方案，指挥汽车正常、顺利地行驶。

（2）重要标志

无人驾驶的智能汽车将是新世纪汽车技术飞跃发展的重要标志。可喜的是，智能汽车已从设想走向实践。随着科技的飞速发展，相信不久的将来，我们都可以领略到智能汽车的风采。

3. 智能汽车的发展现状

（1）IT巨头与汽车企业采用完全不同的技术路线

2012年8月，谷歌宣布其研发的无人驾驶汽车已经在电脑的控制下安全行驶了30万英里。谷歌无人驾驶汽车依靠激光测距仪、视频摄像头、车载雷达、传感器等获得环境感知和识别能力，确保行驶路径遵循谷歌街景地图预先设定的路线。其装置价格昂贵，大约需30万美元，难以大规模推广应用，其本质符合军用智能车的技术特点。

（2）世界汽车巨头正致力于"高度自动驾驶技术"的研发和产业化

世界汽车巨头们正致力于第三个层次"高度自动驾驶技术"的实用化研发和产业化，即将实现量产上市。沃尔沃将率先量产全球第一个自动驾驶技术——堵车辅助系统。该系统是自适应巡航控制和车道保持辅助系统的集成与延伸，它可以使汽车在车流行驶速度低于50 km/h的情况下，自动跟随前方车辆行进。此外，奥迪、凯迪拉克、日产、丰田等都计划推出诸如自动转向、加减速、车道引导、自动停车、自适应巡航控制等技术的汽车，它们大多属于第三层次的智能驾驶技术。

复习思考题

1. 简述新能源汽车的种类及特点。
2. 电动汽车有哪几种？
3. 简述智能汽车的发展前景。

第 5 章

汽车运动

 5.1　汽车运动的起源

汽车运动是指汽车在封闭场地内、道路上或野外比赛速度、驾驶技术和性能的一种运动项目。19 世纪 80 年代，在欧洲大陆出现了汽车的雏形。汽车运动随着汽车工业的发展而兴起。初期汽车比赛的目的是检验汽车的性能，宣传使用汽车的安全性和可靠性。"赛车"一词来自法文 Grand Prix，意思是大奖赛。1894 年，在法国举办了第一次汽车比赛，路线是巴黎至鲁昂，距离为 129 km。1895 年 6 月 11 日，法国汽车俱乐部和《鲁·普奇·杰鲁纳尔》报联合举办了世界上最早的长距离汽车公路赛，线路由巴黎到波尔多往返，全程 1 178 km。埃为尔·鲁瓦索尔获得第一名，用时 48 小时 45 分钟，平均车速 22.55 km/h。但是由于比赛规则规定只允许乘坐一人，而他的车上有两人而被取消冠军头衔。此次比赛共有 23 辆车参赛，跑完全程的只有 8 辆汽油车和蒸汽车。

早期的赛事采取城镇到城镇（town-to-town）的比赛形式，和现在的拉力赛一样，赛车依次等时间距发车，根据总用时排出成绩，分出胜负。1896 年，法国汽车俱乐部 ACF（Automobile Club de France）组织了一次从巴黎到马赛返回的比赛。在 1897 年的赛事上，赛车有别于家用车的特征开始出现，赛车去掉了不必要的挡泥板，车座不再采用舒适的软结构，赛车制造商开发出大功率的发动机。

赛车运动开展的初期出现过两次危机：一次是 1901 年的巴黎—柏林公路赛，一名男孩跨入赛道去看一辆开过去的车，被后来的一辆车撞死。法国政府随后禁止了比赛，但最终在汽车业的强大压力下，恢复了比赛；另一次是 1903 年的法国汽车俱乐部举办的巴黎—波尔多—马德里的比赛中，有近 300 万观众在赛道两旁观看比赛。赛车在丛林行驶中，扬起的尘土阻挡了车手的视线，赛车撞向观众，很多人被撞。比赛随后被法国、西班牙政府终止。后来，法国政府再一次妥协，恢复了比赛。在以后的比赛中，为避免汽车在野外比赛时扬起的灰尘影响后面车手的视线，也为防止观众进入赛道观看而发生伤亡事故，车赛逐渐改为在封闭的场所和跑道上进行。这就是汽车场地赛的雏形。1905 年，在法国的勒芒举行了第一次真正意义上的场地汽车大奖赛。从此，汽车大奖赛成为世界体育舞台上的一项非常重要的赛事。

1904 年 6 月 20 日，法国、英国、德国、比利时等欧洲国家发起并在巴黎成立了国际汽车联合会（FIA）（以下简称国际汽联），由它来负责管理全世界汽车俱乐部和各种汽车协会的活动。1922年国际汽车运动联合会成立，作为FIA的下属机构，它主要负责制定有关参赛车辆、车手、路线和比赛方法等相应规则，并在各地举行汽车赛时做必要的调整和协调。中国汽车运动联合会（简称中汽联）于1975年在北京成立，于1983年加入国际汽车联合会。

5.2 汽车运动的种类

现在汽车赛事更是多元化，有汽车拉力赛、一级方程式赛、汽车足球赛、汽车泥潭赛、太阳能汽车赛、交通较量及每年一度的伦敦老爷汽车赛等，汽车赛事已经处在高潮阶段。赛车运动按照有无场地的比赛，分为场地赛车和非场地赛车。

场地赛车指赛车在规定的封闭场地中进行比赛。它又可分为方程式赛、漂移赛、轿车赛、运动汽车赛、GT耐力赛、短道拉力赛、场地越野赛、直线竞速赛等。

非场地赛车的比赛场地基本上不是封闭的，主要分拉力赛、越野赛及登山赛、沙滩赛、泥地赛，等等。

5.2.1 方程式汽车赛

这是汽车场地比赛的一种。赛车必须依照国际汽车联合会制定颁发的车辆技术规则规定的程式制造，包括车体结构、长度和宽度、最低重量、发动机工作容积、汽缸数量、油箱容量、电子设备、轮胎的距离和大小等。方程式赛中又包含了一级方程式、三级方程式、GP2、F3000、印地赛车、美国冠军方程式、福特方程式、康巴斯方程式及卡丁车等。

1. 世界一级方程式赛车

F1，中文称为"一级方程式锦标赛"（Formula Grand Prix），该比赛的正式全名为"FIA Formula One World Championship"（一级方程式赛车世界锦标赛），是由国际汽车运动联合会举办的最高等级的年度系列场地赛车比赛，是当今世界最高水平的赛车比赛，与奥运会、世界杯足球赛并称为"世界三大体育盛事"。F1赛车及比赛场景如图5-1和图5-2所示。

F1是世界上最昂贵、速度最快、科技含量最高的运动，是商业价值最高、魅力最大、最吸引人观看的体育赛事。它包含了空气动力学、无线电通信、电气工程等世界上最先进的技术。很多新的技术都是在F1上得到最初实践的。"F"是Formula的缩写，即方程式；"1"的解释有很多，可以理解为顶尖车手、顶级赛事、奖金等。

图5-1　F1赛车

图5-2　F1比赛场景

（1）F1赛车

所谓方程式赛车，是按照国际汽车运动联合会规定标准制造的赛车。这些标准对方程式赛车的车长、车宽、车重、发动机的功率、排量、是否用增压器以及轮胎的尺寸等技术参数都作了严格的规定。F1大赛的统筹工作均由FIA安排。他们负责制定车赛的规则，拟定比赛时间表和选择赛车的场地等。F1赛车采用排量为3 L、12缸以下、不加增压器的自然吸气式发动机。F1赛车的底盘采用碳化纤维制造，重量很轻，很坚固。赛车的底盘很低，最小离地间隙仅有50~70毫米。与普通的汽车相比，F1赛车有许多独特的地方，它的车身细而长，车身高度很低，宽大的车轮极为显眼，而且是完全暴露的，即所谓"开式车轮"（Open Wheel）。

2011年，F1赛车共12支车队的24名选手参赛，引擎供应商为考斯沃斯、法拉利、奔驰、雷诺，轮胎供应商为Pirelli，2011年赛季冠军为来自红牛车队的德国车手塞巴斯蒂安·维泰尔。2013年共11支车队，22位车手参赛。

一辆赛车从概念设计到制作完成需要25万小时的工作。顶级F1车队在制造赛车的过程中，需要生产数目惊人的零件。例如，宝马一威廉姆斯车队在12个月中生产了大约20万个零件；F1赛车可以在2.5 s内从0加速到100 km/h，在5 s内加速到200 km/h；可以在7 s内从0加速到200 km/h后减速到0。F1赛车有很强的制动特性，可以在1.9 s内从200 km/h减速到0。制动距离为55 m；使一辆赛车从315 km/h减速到185 km/h所需要的能量，相当于让一头大象往上跳10 m的能量。F1赛车车手在比赛期间大约要换挡2 600次，宝马车队曾经统计过，在大奖赛期间，一台发动机大约要打火800万次；比赛中，F1排气管处的温度可以达到800 ℃；每次比赛结束后，F1赛车底盘需要拆开，并进行200多项检查。一套3 L10缸的发动机，重量低于100 kg。

（2）F1赛程安排

F1的赛程分为3天，星期五只举行练习赛，分别在11:00—12:00和14:00—15:00进行两次自由练习赛。练习赛期间，除了上赛季前4名的车队外，其他车队还可以派自己的备用车上道实验，而驾驶备用车的车手在前两年参加一级方程式分站赛的数目不能超过6站。

星期六上午有两段为时45 min的练习赛。排位赛在周六下午举行，分两个阶段进行，共耗时大约90 min。第一阶段排位赛的发车顺序由上站比赛的成绩决定，第一名首先发车，后面的依此类推。第二阶段的发车顺序是按照第一阶段的成绩出发，单圈记时。第一阶段排位赛成绩最差的首先出发，未完成第一阶段的赛车，不得参加第二阶段的排位赛，只能在正式比赛中最后一位出发。单圈成绩最快的车手在星期日的决赛中排头位,成为PP(Pole Position)，又称为"竿位"。

星期日上午9:30—10:00进行热身赛（Warm Up）；星期日下午2:00开始决赛（The Grang Prix）。在一些路面较狭窄、超车困难的跑道，排位顺序对于比赛的结果有直接的影响。如果车手在测试时的单圈最快成绩，比起同场最快车手所跑出单圈成绩的107%还慢，将无法参加决赛，以免速度过慢，影响了其他车手的安全。决赛前有一圈热身，然后在起跑前有30 s的倒计时，由5个一组的红灯控制，5个红灯同时熄灭时，比赛就开始。

（3）F1旗语介绍

由于F1赛车车速快，为使参赛车手及时了解和掌握赛道信息和比赛指令，通常用旗语来向车手传达信息。

1）黄旗

黄旗代表前方车道有障碍物，如一辆撞坏的或者出现故障的赛车。提醒车手要小心驾驶。如果障碍赛车停在赛道一侧，或者障碍物不在赛道上，那么黄旗会静止不动。如果障碍物在

赛道上，那么黄旗会来回摇动，以提醒车手做好准备，改变方向。如果赛道被彻底堵塞，那么会摇动两面黄旗。出现黄旗的时候不允许超车。如果一名车手没有认真读取黄旗信息，而仍旧以比赛的速度来到赛道的事故发生地段，那么这名车手将会受到严厉的处罚，甚至会被取消比赛资格。

2）红黄竖条纹旗

红黄竖条纹旗代表赛道前方路面有油，或者路面较滑，车手应该小心驾驶，直到信号收回为止。如果比赛官挥动旗帜，代表前方不远处有所谓的的湿滑地带。

3）白旗

当出现白旗时候，代表前方有慢速行驶的车辆。这可能是一辆救护车、一辆拖车，或者是赛会安全车辆。当看到白旗的时候，车手应该小心驾驶，甚至应该适当减速。

4）红旗

红旗代表比赛或者试车因某种原因提前结束或暂停。红旗会在整个赛道各个位置同时出现，这个时候车手应该回到维修站，并在那原地待命，以得知是否恢复比赛，何时恢复比赛。正式比赛赛程超过75%后出示红旗，则比赛结束，比赛最终成绩以挥动红旗前两圈的成绩为准。

5）蓝旗

蓝旗表示后方准备套圈的车辆正在接近，并且准备超车，被出示蓝旗的车手应该减速让行，必要时让出赛车线。如果一名车手被出示挥动蓝旗3个弯内还没能够及时为快车让出线路，这名车手可能受到处罚。

6）绿旗

绿旗表示比赛。排位赛开始或者赛道存在的障碍已经得到清除，让比赛恢复正常。

7）黑旗

如果车手的号码显示在出发线，同时旁边有黑旗出现，这表示车手在跑完这一圈之后需要向维修站汇报。当一名车手因为比赛行为不当而需要对其进行调查，或者车手在比赛中犯规的时候，会向车手出示黑旗。出现该旗帜时，车手被取消比赛资格。

8）黑底红圈旗帜

如果车手的号码显示在出发线，同时旁边有黑底红圈旗出现，这表示车手需要立即与检查站取得联系。当比赛官员怀疑车手的赛车存在机械问题而需要检修的时候，会出示黑底红圈旗帜。

9）黑白方格旗

当出现黑白方格旗的时候，表示比赛或者练习结束了。这个时候所有车手都要返回检修车道或者集中到出发区。在这里车手们需要将他们的赛车开到赛前检录处，赛车在这里需要被检测，以确保符合比赛的各项规章制度。对于每次比赛的冠军，将会为他挥舞黑白方格旗；对于冠军之后的车手，黑白方格旗将会禁止出示。

（4）F1超级驾驶执照

就像一般的道路驾驶一样，F1也需要驾照。那是一张由FIA（国际汽车联合会）发给的超级驾照——FIA Super License，这张车手执照只发给在F3000、F3或CART系列赛事表现杰出的车手。通常一位车手要花8年的时间从小型卡丁车（Karting）逐步晋级到F1，但事实上仅有极少数人能够有此能力与机会登上赛车金字塔的顶端。

超级驾照当然不可以当作普通驾照来使用，超级驾照只是体育比赛中的一种凭证，而现实生活不是比赛,而且,中国汽车运动联合会就有规定:本赛车执照仅限于各种场地、非场地、越野等赛事使用。

2012年赛道上频出碰撞事故,FIA推出一套新的车手处罚系统来约束车手的行为。根据新的处罚规则,以违规的轻重不同处以扣除F1车手超级驾照的分数,累计达到12分,将会被禁赛一场甚至被吊销驾照。

(5) F1总冠军

F1的年度总冠军分为两种:车手总冠军及车队总冠军。在很多F1专家的眼中,车队总冠军的价值大于车手总冠军。计分方式采用积分制,车手与车队的积分都是积累的。车队积分则以两位车手积分累加。假如比赛在未达全部赛程75%时被迫终止,则积分必须乘以1/2,提高各赛站积累计分,方可决出本年度车手及车队的世界冠军。若最终积分相同,则比较分站冠军数、亚军数、季军数……直到一方比另一方多为止。如果依然相同,还要比较比赛最快圈数的多少、竿位的多少。

2013年12月,国际汽联(FIA)批准世界一级方程式锦标赛(F1)新规则:2014年起收官站将给予双倍积分,F1车手将分配固定车号,增加比赛中进站罚停5秒处罚,2015年启动车队预算帽。从2014年开始,F1对全年排位最好的车手颁发竿位奖。

(6) F1参赛车队

1) 法拉利车队(Scuderia Marlboro Ferrari)

自1929年建队以来,这支车队参加一级方程式赛事的同时,也参加一些其他赛车比赛,包括运动车比赛。法拉利车队无疑是最负盛名且最具传奇色彩的车队。自从F1世界车手锦标赛于1950年创办以来,法拉利是唯一一家参加了该项赛事全部比赛的公司,被认为是"F1车坛的活化石"。同时在许多年中,法拉利车队也是唯一一支为自己的赛车制造全部部件的车队,包括底盘、发动机、变速箱和悬挂。

截至2013年年底,法拉利车队总共获得了15次车手总冠军和16次车队总冠军。它还保持着最多的获胜次数纪录(221次)、竿位次数纪录(207次)和最快圈速次数纪录(229次)。恩佐·法拉利亲手创办的这支车队,在最初的日子里,虽然充满活力,却不幸地与方吉奥和他的阿尔法·罗密欧车队成为对手。直到1961年,法拉利车队才终于拿到了他们的第一个年度总冠军。随着1996年迈克尔·舒马赫加盟,经过3个赛季的磨合,1999—2004年,连续6年,法拉利车队垄断了F1车坛中几乎所有荣誉。如图5-3所示为法拉利车队的赛车。车队2015赛季的两位车手是基米·莱库宁(Kimi Raikkonen)和塞巴斯蒂安·维特尔(Sebastian Vettel)。

F1法拉利车队在季前试车的前一天发布了2015款新车SF15-T,也成为跃马参加F1大奖赛以来的第61款赛车,也是继2014赛季F1规则改变之后的第二款赛车,因此相比以往,新款的赛车比以前有很大的进步。底盘和其前任相比,SF15-T赛车最显著的可视差异是赛车前端降低,以符合2015年的规则变化。在数个赛季难言美观的规则后,2015赛季的规则允许SF15-T拥有一个更美观的鼻锥形状的同时,也带来良好的空气动力学表现。而除了鼻锥部分之外,2015年规则大部分维持不变。这也使得车队得以仰仗更稳定的基础,打造一款比2014年更强大的底盘。2014年是被称为线控制动(BBW)的第一年,这一被规则允许的系统,制动时允许最大电流获得的同时,保持最佳制动平衡。实际运行中的第一版系统,相较制动平衡,能量回收更为容易。这一线控制动系统在2014赛季中已被大幅改进,而SF15-T更是进一步优化以产生更好的制动反应，允许车手在极限制动时采用更敏感的操控方式。2015 赛季整体稳定的规则使得车队得以对传动系统做更细致的改进，2014 赛季所获得的经验和教训，确保 SF15-T 赛车有着全方位的改进。一旦第一场比赛确定使用八个前进挡位，这一选择就会沿用整个赛季，2014 年的经验允许车队严谨地选择这一比率，以期在整个赛季中都能最佳应用。作为法拉利车队的一贯优势所在，他们对离合器做了进一步改进，一系列细节改变能确保 SF15-T 赛车继续享有发车时的强大表现。2015 年的轮胎相比 2014 年的稍作了修改。所有车队都在 2014 年年底测试了新的后胎，新款能够产生更好的后部抓地力，尤其是在结合过弯和牵引力输出方面。新赛季的轮胎配方和每条赛道的配方选择都和 2014 年非常相似。当然，SF15-T 赛车的性能水平要远好于 F14 T，这应该会帮助人们能够进一步挖掘轮胎性能表现的全部潜力。

2）宝马索伯车队（BMW Sauber）

宝马索伯车队是 2006 年进入 F1 的新车队。2005 年年末，原先只是作为威廉姆斯车队提供者的德国宝马公司收购了瑞士人皮特·索伯旗下的索伯车队，成立了自己公司的官方车队。同时为了纪念皮特·索伯对 F1 运动作出的贡献，宝马公司将新成立的车队命名为宝马索伯车队。2006 年，车队第一次以宝马索伯车队的名义参加了一级方程式的赛事，赛车使用宝马发动机、米其林轮胎。车队旗下的车手是海德菲尔德和维伦纽夫。

车队老板皮特·索伯以前担任过奔驰赛车部门的总监，奔驰车厂也曾经与他们合作过。成立于 1993 年的索伯车队也是一支年轻的队伍，所以没有非常出色的成绩与历史，1997 年年初，索伯车队开始使用法拉利车队的引擎与技术支持。1997 年，迈克尔·舒马赫曾经试驾过该队的赛车，据他私下与友人说"索伯车队的赛车比法拉利的还好开"，所以，这支瑞士车队的工程水平应该不容怀疑。宝马索伯车队的赛车见图 5-4。

图 5-3　法拉利车队的赛车

图 5-4　宝马索伯车队的赛车

3）雷诺车队（ING Renault F1）

雷诺车队的前身是意大利的贝纳通车队，而更早以前，这支车队由特德·托尔曼创建。1985 年年底，因为财政困难，托尔曼将车队转让给主赞助商——意大利服装制造商贝纳通，车队名称也随之变更为贝纳通。此后，他们迅速成为 5 支顶尖车队之一，并在 1986 年获得了车队历史上的首个分站赛冠军。

法国汽车制造商雷诺于 1977 年进入 F1，在经历 9 年的辗转后，于 1986 年撤出。1989 年，这家法国公司又以发动机供应商的身份重返赛场，最初始于与威廉姆斯车队的合作，后来转移到贝纳通。与首次进入 F1 不同，雷诺这次取得了巨大的成功。使用雷诺发动机的威廉姆斯和贝纳通赛车，包揽了 1992—1997 年的所有制造商冠军。

此后，雷诺在短暂地告别 F1 后，买下贝纳通，正式入主 F1。2001—2004 年，是雷诺 F1

车队发展壮大的时期。在经历 5 年的磨砺后，西班牙车手费尔南多·阿隆索帮助雷诺在 2005 年和 2006 年连续两年获得双料冠军。

雷诺车队在法国巴黎技术中心发布了 2016 款 F1 新车 RS16，他们也成为当年首支发布新车的 F1 车队。雷诺汽车 CEO 卡洛斯·戈恩（Carlos Ghosn）表示，雷诺以车队身份回归 F1 后的目标是三年内登上领奖台，并逐步朝总冠军迈进，但他坦言："要实现目标，尚需时日，我们知道会很困难，与我们竞争的是最顶尖的车队。要稳固地站在领奖台上，需要花费两到三年的时间。我们正努力着手引擎研发，并了解在我们面前的困难。"雷诺车队的赛车如图 5-5 所示。

4）威廉姆斯车队（AT&Twilliams）

威廉姆斯车队由弗兰克·威廉姆斯于 1977 年成立，进入比赛初期，只有 17 个工作人员与车手。第一辆赛车 FW06 如图 5-6 所示，但后来，威廉姆斯成了 F1 历史上的一支劲旅。20 世纪 80 年代，威廉姆斯车队共计赢得 1980 年、1981 年、1986 年、1987 年 4 次车队冠军。

威廉姆斯车队在 20 世纪 70 年代才进入 F1 赛场，晚于法拉利车队和迈凯轮车队。其起家时的预算少得可怜。但人却能够战胜种种磨难，弗兰克·威廉姆斯就是一个活生生的例子。当他发觉作为车手的他天分并不出众时，凭借与皮尔斯·库雷格的深厚友谊，两人在 1969 年年末携手组建了一支车队。在随之而来的 1970 赛季中皮尔斯作为车手参赛，但成绩令人失望，赛车无法与他在 1969 年驾驶的布拉汉姆的赛车相提并论。悲剧随后发生，皮尔斯在赛季末的荷兰大奖赛一场惨烈的事故中丧生，弗兰克受到了巨大打击。他在经济上陷入困境，选择了聘用无望选手的下策。1976 年，他与瓦尔特·沃尔夫搭档，但糟糕的结果促使他做出了另外的决定——和帕特里克·翰德搭档创立了威廉姆斯车队。弗兰克花费大量时间争取沙特人的支持。1978 年，凭借帕特里克设计的 FW06，阿兰·琼斯在多次比赛中有上佳表现。1979 年，威廉姆斯车队迎来了大奖赛的首场胜利，克莱·雷格佐尼驾驶 FW07 在银石问鼎。阿兰·琼斯随后以多场伟大的演出结束了这个赛季。

图 5-5　雷诺车队的赛车　　　　　　图 5-6　威廉姆斯车队赛车

5）红牛车队（Red Bull Racing）

红牛车队是奥地利 Red Bull 公司旗下的一级方程式车队之一。首次参赛是在 2005 年 3 月 6 日。2004 年 9 月，福特公司为自己的 F1 时代画上了句号，他们宣布将停止所有有关 F1 赛事的活动。奥地利能量饮料制造商红牛公司购买了美洲虎车队及车队设在 Milton Keynes 的工厂。很快红牛对车队管理层进行了大换血，克里斯蒂安·霍纳接任了赛事总监，前美洲虎车队的雇员冈瑟·斯特纳重新负责设计方面的工作。

为了在赛场上争取出色成绩，红牛车队力邀老牌车手大卫·库尔特哈德加盟，同时车队也与克里斯蒂安•克里恩和维托尼奥•鲁伊兹签下了车手合约。车队使用的新型赛车 RB1 实际上是美洲虎车队专门为 2005 年设计的，另外，马克•史密斯加入了技术团队，红牛车队（Red Bull Racing）成为赛季中的亮点。

红牛车队并不只是换了一个名称的美洲虎车队，不论是比赛车手、人事计划，还是比赛用引擎（换用法拉利的），都有一番新气象。红牛车队历史首站比赛就取得胜利。当时，国际汽联对双层扩散器开了绿灯，而在法拉利车队、雷诺车队都哀叹巴顿的势头无可阻挡时，红牛车队却以堪称完美的表现打破了布朗车队和扩散器无敌的神话，红牛车队赛车如图 5-7 所示。

6）红牛二队（米纳尔迪车队）（Minardi）

红牛二队的前身就是 F1 的米纳尔迪车队，红牛集团老板马特西茨于 2005 年年底将其收归旗下。该队于 2006 年的 F1 赛季首度出赛，使用受限的 V10 发动机参赛，意大利车速王里尤兹帮助车队在美国站拿到了第一个积分。

2013 年，作为红牛车手储备营的二队虽然始终在中下游徘徊，但车队的表现仍然得到许多关注。尤其是在韦伯宣布即将离开红牛车队之后，更多人开始回顾对比小红牛车队两位车手的表现。从红牛车队整体而言，红牛二队本赛季并没有明显的提升。里卡多的总体成绩无论是排位赛还是正式比赛，都优于维尔格尼，这也许是红牛车队选择澳大利亚人先一步升级进入红牛车队的原因。毕竟除了统计数据之外，两位小红牛车手都没有太多出众的可圈可点之处。在引擎供应商方面，红牛二队与雷诺车队签下了长期合约，这也确保了与红牛车队的一致性，在车手过渡上将更顺畅地衔接，如图 5-8 所示。

图 5-7　红牛车队赛车

图 5-8　红牛二队赛车

7）丰田车队（Panasonic Toyota Racing）

丰田车队是一级方程式使用日产车制造商丰田的车队，车队总部位于德国科隆。丰田于 1999 年 1 月宣布进军 F1，经过长达 3 年的准备，丰田 F1 车队终于在 2002 年澳大利亚大奖赛上亮相。丰田为这支 F1 车队投入了巨大的资源，2001 年 3 月，第一辆完全自主设计开发的赛车面世后，丰田车队的足迹已遍及世界各地的 11 个 F1 赛道。2001 年 12 月，车队推出了新赛季的赛车 TF102。他们仿效法拉利车队，完全自主开发赛车和发动机，他们是 F1 车坛的一支强悍力量。2009 年 11 月 3 日丰田在没得过任何一次 F1 分站冠军之下宣布退出。丰田的退出是继宝马索伯车队之后，第二支退出的厂商车队，丰田车队赛车见图 5-9。

8）布朗 GP 车队（BrownGP）

布朗 GP 车队的前身是本田车队。由于受到金融风暴的影响，2008 年 12 月 15 日，本田公司 CEO 福井威

图 5-9　丰田车队赛车

夫对外宣布，不再向本田车队注资。本田车队退出 F1。2009 年 3 月 5 日，新赛季即将开展，车队经理罗斯·布朗挺身而出，以 8 000 万欧元成功接盘车队，组建了布朗 GP 车队。布朗 100%持有车队所有权，因此以自己姓氏为名命名了车队。由此，F1 新赛季继续保持着有 10 支车队参赛的规模。布朗 GP 车队的赛车如图 5-10 所示。

罗斯·布朗出生于英格兰 Lancashire 州的曼彻斯特。他的父亲在火石轮胎和橡胶公司工作，主管位于 Langley 的赛车部门。罗斯还是小孩子的时候就对赛车产生了浓厚的兴趣。他经常和父亲还有兄弟罗杰一起去看赛车比赛。"我对工程技术一直很感兴趣，我自己一直玩卡丁车，但是很快，我发现作为车手我不够优秀。所以我决定在工程技术方面努力。"在决定了自己努力的方向后，罗斯开始作为培训生在英国原子能科学研究院求学。在位于牛津郡的学校读书的时候，他学会了使用各类机械工具，之后作为机床加工人员加入了位于 Bicester 的 March 工程学院，同时还加入 F3 的 March 车队，担任机械师。从此，布朗开始了和赛车运动紧密的联系。

9）印度力量车队（Force India）

2008 赛季是印度力量车队首次征战 F1 赛季，他们的前身车队是世爵车队，2007 年赛季被印度富商收购，车队留用了前世爵车手苏蒂尔，在另外一个车手席位上，车队采取了"海选"的形式，先后有小舒马赫、费斯切拉、克莱恩、里尤兹等 F1 车手前来试车，最后费斯切拉获得正式车手席位，里尤兹担任了车队的试车手。印度力量车队的赛车如图 5-11 所示。

图 5-10　布朗 GP 车队的赛车

图 5-11　印度力量车队的赛车

10）迈凯轮车队（Vodafone McLaren Mercedes）

迈凯轮 F1 车队历史悠久，是一级方程式赛车中最为成功的车队之一，1963 年，迈凯轮车队由新西兰人布鲁斯·迈凯轮（Bruce McLaren）创建。此公司曾称作迈凯轮试车有限公司（Bruce McLaren Racing Limited），初期以制造 F1 赛车为业务，3 年后，车队在 1966 年的摩洛哥 GP 大赛上首次亮相。

布鲁斯·迈凯轮于 1937 年 8 月 30 日出生在新西兰的奥克兰。作为豪门车队迈凯轮的创始人，他对 F1 世界的巨大影响远远超过了他作为车手取得的所有成就。1966 年年初，布鲁斯·迈凯轮开始全身心投入自己的车队中，迈凯轮也慢慢成为赛场上一支不可忽视的力量。尽管几年后迈凯轮在一次试车中遭遇事故去世，但他的精神却永远留在了这家英国跑车公司。自 1966 年摩纳哥大奖赛开始，迈凯轮车队已经累计获得近 200 个 F1 分站赛冠军，1967—1972 年，迈凯轮车队共赢下 43 场北美 CanAm 大奖赛，1972—1976 年三次夺得印地 500 赛事桂冠……数不清的冠军早已让迈凯轮车队与詹姆斯·亨特、尼基·劳达、埃尔顿·塞纳以及阿兰·普罗斯特等人一起成为世界赛车史上永恒闪耀的璀璨明珠。如今车队已经取得 11 个世界车手锦标赛冠军的纪录，迈凯轮车队的赛车见图 5-12。

（7）著名 F1 赛道

F1 车赛对公用赛场的长度、宽度和路面环境等均有极为严格的要求。一般来说，公用赛场为环形，每圈长 3～7km，赛道总长度不能太长，一般为 305～320km。为安全起见，赛道两

图 5-12 迈凯轮车队的赛车

旁铺设开阔的草地或沙地，以便将观众与赛道隔离。现在，在正式比赛的诸多赛场中，摩纳哥赛场的赛道最短（3.328km），比利时斯帕赛场的赛道最长（6.94km）。FIA 规定赛场不应有过多过长的直道，目的在于限制高速，以免发生危险。

F1 赛场大多位于欧洲，在 1950—1995 年，F1 大赛共举办了 580 场比赛，其中在五大洲举行的次数分别为：欧洲 407 次（占 70%）、美洲 125 次（占 22%）、非洲 24 次（占 4%）、亚洲 13 次（占 2%）、大洋州 11 次（占 2%）。在欧洲，举行 F1 大赛较多的赛场是：意大利的蒙扎 45 次，摩纳哥 42 次，荷兰的赞德沃特 30 次，比利时的斯帕 30 次，英国的银石 29 次。

1）摩纳哥蒙特卡洛赛道

蒙特卡洛赛道（见图 5-13）是一条具有悠久历史的赛道，赛道全长 3.340 km，是 F1 赛道中最短的一条，位于蒙特卡洛城中，以街道为赛道，并拥有 F1 赛道中最慢的弯角和唯一的隧道。同时因为在街道比赛，车队的加油站也很小、很窄。但是由于赛道的技巧性强，悬架和轮胎都很重要，这站比赛的冠军也是许多车手梦寐以求的。

根据数据统计，摩纳哥蒙特卡洛赛道最快时速能达到 270 km/h，而有时却只能跑出 40 km/h。该赛道两侧没有任何的缓冲区，想要在这里超车，基本上是不可能的。车手们在这里要十分小心，精神集中和精确的赛车控制是获得好成绩的法宝。赛车的车轮会十分接近防撞栏，一场赛事中平均需要换挡 3 000 次。

另外，由于蒙特卡洛宜人的风景，这里也是车手们最喜欢的一站比赛。迈克尔·舒马赫曾经在这里 5 次获得冠军，不过成绩最好的还是塞纳。1984 年进入 F1 车坛的塞纳在 1987 年首次赢得了摩纳哥大奖赛冠军。此后塞纳在摩纳哥 8 次登上领奖台，其余 6 次是分站冠军。

2）德国霍根海姆赛道

霍根海姆赛道（见图 5-14）是一个特别为德国著名汽车公司梅赛德斯—奔驰而建造的赛车场，这里可以说是迈凯轮车队的主场，从 1986 年开始主办德国 F1 大奖赛。霍根海姆赛道

图 5-13 摩纳哥蒙特卡洛赛道

图 5-14 德国霍根海姆赛道

以快速著称，全长 4.574 km，有 4 条直道从森林中穿过，因此地面温度会忽冷忽热，这对轮胎是个考验，因此发动机与驾驶技术都很重要。

前巴西著名车手塞纳曾经在霍根海姆赛道 3 次称霸，迈克尔·舒马赫排在第二位。德国人有两次获胜经历。霍根海姆赛道成了威廉姆斯车队和法拉利车队的福地，两支车队轮流夺冠。

3）意大利蒙扎赛道

意大利蒙扎赛道（见图 5-15）是意大利大奖赛的举办地，蒙扎距离米兰大约 20 km。蒙扎赛道于 1922 年建成，而从一级方程式问世以来，蒙扎都是意大利 F1 比赛的主办地。其平均时速超过 240 km/h，可以带给观众无可取代的感官刺激。在几十年的历程中，蒙扎赛道也曾创造过历史。1965 年，意大利大奖赛共有 41 部赛车参赛，是 F1 大奖赛历史上参赛车辆最多的一次，这次比赛也创造了 242.615 km/h 的平均最快时速。

5）英国银石赛道

位于英国中央地带的银石赛道（见图 5-16），是全世界汽车赛事最频繁的赛道之一，银石更是英国赛车工业的发源地。赛道单圈长度为 5.141 km，比赛总里程为 308.355 km。银石赛道的前身是"二战"时的一个军用机场，1948 年起开始举办英国大奖赛，并在 1950 年成为第一场 F1 世界锦标赛的赛场。自 1987 年开始，银石赛道成为英国大奖赛的代名词。

1973 年，Jody Scheckte 驾驶的赛车在银石赛道的 Woodcote 弯道处打滑，结果造成 8 辆赛车撞在一起的连环事故。因此，赛道方在 Woodcote 弯道加了一个减速弯道，接着在以后的 1991 年、1994 年、1996 年、1997 年又陆续对 Woodcote 弯道做进一步修改。

银石赛道拥有很长的直线道与高速的弯道，这不仅能测试赛车的性能，更能考验车手的驾驶技术和胆识。1999 年，迈克尔·舒马赫在这里撞断了腿。

图 5-15 意大利蒙扎赛道

图 5-16 英国银石赛道

6）上海国际赛车场

上海国际赛车场（见图 5-17）是上海国际汽车城营造汽车文化的重要组成部分。它位于嘉定区安亭镇东北，距安亭镇中心约 7 km。东至漳浦河，西至松鹤路、东环路，南至宝安公路，北至规划中的郊区环线高速公路，总面积约 5.3 km^2。

赛车场的赛道总长度 7 km 左右，由一级方程式赛道和其他类型的赛道组成。一级方程式赛道长度约 5.3 km，宽度 12～18 m。赛道整体造型犹如一个翩翩起舞的"上"字。它既有利于大功率发动机发挥，又具有挑战性，可充分体现车手的技术。除了部分赛事与 F1 赛事共有外，还可以举办各类不同的赛事。赛车场的看台可容纳约 20 万人，其中带顶篷的固定看台有 5 万个座位，其余为坡型露天看台。

其他有特色的赛道设计为螺丝型收缩的弯道（弯道 T1–T3），其半径从 93.90 m 变为 31.8 m；螺线型展宽的弯道（弯道 T11–T13），其半径从 8.80 m 增加到 120.55 m；还有两处急转弯道，曲线半径分别为 18.70 m（T6）和 10.07 m（T14）。

赛道轴最低点的绝对标高为+4.50 m，最高点位于弯道 T2 上，绝对标高为+11.24 m。最大上坡坡度为 3%，最大下坡坡度是 8%。整个赛道是由弯道、直道和一些上下坡道组成的，其在最长直道上（T13 和 T14 之间）的最高允许速度为 327 km/h，并且在窄弯道处要求制动到 87 km/h 的时速，给观众带来赛车运动所特有的激烈、紧张和刺激的感觉。

7) 比利时斯帕赛道（SPA）

比利时斯帕赛道（见图 5-18）位于比利时中心，拥有近百年历史，四周群山环绕，被誉为世界上"最美丽的赛道"。比利时斯帕赛道自 1985 年开始就举行比赛，它只是一个半永久性的赛车场，占用了部分公路。这是一个既漫长又艰难的赛车场，尤其是下山路段，往往会令人心跳不止。

它是大部分车手最喜欢的赛道，因为它极具挑战性。SPA 赛道是很多车手的成名地，显著的地形海拔变化给比赛增加了难度，需要赛车和赛手在各个方面都发挥到极限水平。迈克尔—舒马赫在比利时获得了职业生涯首个分站赛冠军，曾经六次在斯帕赛道获得过冠军。此外冰人莱科宁和已故著名车手塞纳在斯帕四次夺冠，前世界冠军达蒙—希尔三次获得比利时大奖赛冠军。

图 5-17　上海国际赛车场

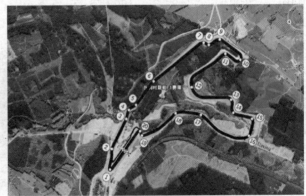

图 5-18　比利时斯帕赛道

（8）世界著名 F1 赛车手

在 F1 赛事走过的半个世纪中，涌现出了众多出色的车手，德国的迈克尔·舒马赫和巴西的艾尔顿·塞纳就是其中的杰出代表。

1) 迈克尔·舒马赫（见图 5-19）

他出生于 1969 年 1 月 3 日，德国人。迈克尔·舒马赫被公认为是他们那一代车手中最具天赋的，被称为当时的 F1 车神。从 1991 年他代表乔丹车队首次参加 F1 大奖赛至今，已获得 8 次年度总冠军，并保持了多项赛车纪录。

2) 艾尔顿·塞纳（见图 5-20）

他于 1960 年出生于巴西的圣保罗市。当他年满 13 岁时就开始参加在其家乡举行的小型赛车比赛，初战告捷，从此节节胜利，17 岁就夺得南美冠军。20 世纪 80 年代，塞纳几乎成了 F1 的代名词，这是他赛车生涯的辉煌时期。1994 年 5 月 1 日，对于 F1 赛车运动及广大车迷来说是个黑色的日子。在意大利伊莫拉赛道上，塞纳第一个冲出跑线，当赛车行至第 7 圈时悲剧发生了，在坦布雷罗弯道上，塞纳的赛车以约 300 km/h 的速度撞上了水泥防护墙，他数小时后死亡。塞纳之死震惊了全世界，许多国家的新闻媒体都进行了报道。塞纳遗体运回巴西后，当时的巴西政府为此举行了国葬。

图 5-19　迈克尔·舒马赫

图 5-20　艾尔顿·塞纳

2. F3000 赛车

F3000 赛车（Formula 3000）是国际汽车联盟（FIA）于 1985 年制定的一套四轮赛车比赛规格，用以取代二级方程式，其难度比一级方程式稍低，但比三级方程式高，因此，F3000 是给有志参加 F1 的车手的一个晋级阶梯，好多知名 F1 车手都是由 F3000 比赛晋升而来的（见图 5-21）。其名称"F3000"的得来是因为初期使用的科斯沃斯 DFV 赛车引擎，其容积为三升（3000 cc）。首届 F3000 于 1985 年举办，至 2005 年起停办，改由 GP2 系列赛取代。

图 5-21　F3000 比赛

3. 卡丁车

卡丁车是英文 KARTING 的译音，意为微型运动汽车，卡丁车运动于 1940 年在东欧开始出现，到了 20 世纪 50 年代末，才在欧美普及并迅速发展起来。它的结构极其简单，一个车架、一台两冲程发动机、四个独立车轮便构成了卡丁车的全部。因其具有易于驾驶、安全而又刺激的特点，所以迅速风靡世界，1962 年由国际汽车联合会巴莱斯特主席创议成立了国际汽车联合会卡丁车委员会，后更名为世界卡丁车联合会。

卡丁车起源于 20 世纪 50 年代末的美国。卡丁车分普及型和竞赛型两种，普及型又称"休闲型"，这种车的速度并不很快，最高速度为 80km/h，不需要有驾驶执照。而竞赛型卡丁车的速度可达 130km/h，由于其底盘极低（离地仅 4 厘米），所以车手感觉到的相对速度会比实际速度高 2～3 倍，也就是说，感觉速度为 300km/h，特别是在弯道上会产生 3～4 倍于重力的横向加速度，令车手体验到一般赛车达不到的乐趣。

卡丁车结构十分简单，由钢管式车架、转向系统脚蹬、油箱、传动链护罩、车手座位和防撞保险杠等组成。卡丁车操作简便，车手戴上防护头盔和手套，只需记住左脚刹车，右脚

图 5-22　卡丁车比赛

加油门，转向比是 3:1～5:1，即可驰骋赛场（见图 5-22）。卡丁车底盘很低，离地仅 4 厘米，跑道光滑平整，加上咆哮的轰鸣，使车手感到风驰电掣，体会到平时所体会不到的乐趣。一旦滑出跑道，卡丁车会自动熄火，停止前进，不会翻车，保障了车手的安全。正是卡丁车具有结构简单，安全性高而又极具竞速特性，因此在欧洲及日本等国家极为普及和流行。

5.2.2　非方程式汽车场地赛

1. 世界汽车耐力锦标赛

世界汽车耐力锦标赛包括了勒芒大赛、摩纳哥大奖赛、美国印地大奖赛等久负盛名的汽车大赛。勒芒大赛是其中最具代表性的。

勒芒（Le Mans）位于法国巴黎西南约 200 km 处，是一个人口约 20 万的商业城市。这个小城市能够闻名于世界，主要是因为自 1923 年开始（1936 年、1940—1948 年除外），每年 6 月举行的被称为最辛苦、最乏味的单项赛事——勒芒 24 小时耐力赛。该赛事的赛道（见图 5-23）是将当地的高速公路和街区公路封闭成一个环形线路线。单圈长 13.5 km，沥青和水泥路面，比赛一般从第一天的下午 4 点开始，一直持续到次日的下午 4 点，历时 24 小时。

图 5-23　勒芒 24 小时耐力赛赛道

参加世界汽车耐力锦标赛（World Endurance Championship）的车型主要是 C 组运动原型（Sport Prototype）车。此种车可乘 2 人，轮流驾驶。

勒芒大赛在世界上是最负盛名的汽车大赛，因为一般耐力赛只有 500～1 000 km 长，而勒芒约 5 000 km 长。不管勒芒的赛道多么艰险，也不管历史上发生过多少悲剧，每届勒芒大赛都在 6 月份如期举行。一些汽车厂家不惜耗巨资（数百万美元）想在大赛中取胜，谁也不肯轻易放过利用这项大赛提高公司声誉的机会。

勒芒大赛对车手是个极大的考验，赛制规定每辆赛车只准 3 名车手轮番驾驶，每人连续驾驶时间不超过 4 小时，主车手总驾驶时间不超过 14 小时。很多著名的赛车手对勒芒大赛刮目相看。4 次获得勒芒大赛冠军的法国车手波斯卡科洛说："如果不打算参加勒芒大赛，就不能算是一个真正的赛车手。"波斯卡科洛的搭档——老牌赛车手沃森与他的观点并不完全一样。他说："我觉得参加勒芒大赛是与你理智的判断相违背的。"印第车赛的老手科根说："一般来说，赛车手们并不过于害怕这项运动的危险，即使担心，也不是在他们坐在车内进行比赛的时候，勒芒确实有点不寻常，并不是因为车速太快，而是高速行驶持续的时间太长，好像是没完没了似的，这就使你有时间去想那些本不该想的事情。到了夜里又完全相反，我的脑子完全发木了，因为我已经被吓得灵魂出窍了。"德国著名车手路德温格不加掩饰地说："尽管我已经 3 次取得过勒芒的冠军，但我仍然痛恨这个地方！这纯粹是个赌盘。"勒芒大赛既像磁石一样吸引着赛车手，又像恶魔一样令人望而生畏。

在勒芒大赛的环形跑道中，其中绝大部分是封闭式的公用高速公路，赛车在其 2/3 的路段上速度达 370 km/h 左右，C 组车一般只用 3 min 左右的时间就能跑完一圈的路程。在跑道上有一段约 6 km 的直路，赛车在这段路上飞速驶过，速度达到 390 km/h。车手们在 24 小时的比赛中，在这段路上行驶要用 6 h，紧张得令人感到窒息，稍有疏忽，后果不堪设想，当然这段路对车辆也同样是最严酷的考验。

尽管勒芒汽车大赛危险重重，但由于它是世界上最重要的比赛之一，同时由于这项比赛给车手们的分数相当于其他世界竞标赛的 3 倍，因此不断地吸引着越来越多的赛车手来参加。

由于勒芒耐力赛是全球各种耐力赛时间最长的比赛，而且选手驾车在同一环行赛道上要不停地转上 350 多圈，比赛显得单调、乏味。不论是车手、维修人员还是观众，在下半夜的时候都会变得疲惫不堪，因此这场比赛被称为最辛苦、最乏味的比赛。大多数观众是带着宿营车或帐篷前来观战的，赛场周围还有设施齐备的餐饮、娱乐和休闲场所，以及销售仿制的各大车队服装、帽子的铺位。观众可以在餐厅里一边吃着可口的食物，一边观看窗外速度达到 300 km/h 的赛车飞驰而过。

2015 年国际汽联世界耐力锦标赛是由国际汽车联合会和西方赛车俱乐部（ACO）联合举办的国际汽联世界耐力锦标赛的第四个赛季。赛季由 8 场耐力赛事组成，于 2015 年 4 月份在英国银石赛道揭幕，11 月在巴林国际赛道收官，并包含第 83 届勒芒 24 小时耐力赛。比赛共分 4 个组别，设有 11 项锦标，参赛的赛车包括勒芒原型车和基于量产跑车改装的 GT 耐力赛车。

2. DTM 房车赛

DTM 房车赛是当今世界最著名的房车赛之一，在房车比赛类型中属于最高级别，曾被誉为"装上房车外壳的 F1"。

DTM 房车赛是举世公认的"最高级别房车大赛"，于 1984 年起源于德国，但同时也是面向全球的赛事。来自 9 个不同国家的 21 名车手角逐了 2004 年 DTM 大赛。每年 DTM 房车赛设有 10 个分站比赛，其中 6 站在德国境内举行，另设有 4 个海外分站。获得最高分数的车手，便成为全年总冠军。

DTM 房车赛（Deutsche Tourenwagen Masters），原名为 DPM（German Production Championship）。首届 DPM 赛事于 1984 年 3 月 11 日在比利时的 Zolder 赛车场举行，至今已有 20 年的历史。从 DPM 一问世，就一直是全世界最成功、最受欢迎的房车赛事。

根据 DTM 赛例，所有赛车限制使用 4 L 排量以下的 V8 发动机，最大功率为 470 马力左右。虽然动力小于 FIA 国际汽联的 GT1 赛车（GT1 组别主要是兰博基尼 Murcielago、福特 GT、阿斯顿·马丁 DB9、日产 GTR 等大马力赛车），但在许多赛道 DTM 赛车的圈速还要比 GT1 组别更快。

5.2.3 汽车拉力赛

世界拉力锦标赛（World Rally Championship，WRC）始于 1973 年，是 FIA 国际汽车联合会四大赛事之一，与 F1 齐名，但是与 F1 不同的是，所有参赛车辆必须以量产车研发制造而成，并在世界各地的雨林、泥泞、雪地、沙漠及蜿蜒山路等不同的路况进行比赛，是最严酷的赛事之一，但也是最有魅力的比赛之一，每年全球有近 10 亿人通过各种方式观看 WRC（见图 5-24）。

拉力赛一词取名自 "Rally（集结）"，表示参赛车辆必须严格按照比赛规定的行驶路线，在规定的时间内，到达分站点目标，并在规定的时间内完成车辆的维修检测。

图 5-24　WRC 比赛情况

拉力赛的赛段为各种临时封闭后的普通道路，包括山区和丘陵的盘山公路、沙石路、泥泞路、冰雪路等，也有无法封闭的沙漠、戈壁、草原等地段。复杂的地形和漫长的赛程不仅考验车手的车技和经验，还要考验领航员的配合、车辆的性能以及维修的力量。

WRC 的比赛规则十分详细，如参赛车辆必须为各大汽车厂家年产量超过 2 500 辆的原型轿车，同时对于赛车改装后的尺度、重量以及排量、功率等都有严格的限制。

WRC 的每辆赛车必须同时搭乘一名车手和一名领航员。车手只管开车，充分发挥自己高超的驾车水平，而领航员既要在比赛期间安排好一些生活琐事，而且要在比赛时为车手指明每一天比赛的正确方位和路线，并在赛段里及时提供前方路况。

1. 比赛组别

WRC 比赛依参赛车辆规格的不同，分为原厂组 N 组及改装组 A 组两大组别。而 A 组与 N 组依据排气量的不同又每组分为 4 个小组。

（1）N 组

N4：2 000 C.C 以上原厂组；

N3：1 601～2 000 C.C.原厂组；

N2：1 401～1 600 C.C.原厂组；

N1：1 400 C.C 以下原厂组。

（2）A 组

A8：2 000C.C.以上改装组；

A7：1 601～2 000C.C.改装组；

A6：1 401～1 600C.C.改装组；

A5：1 400C.C 以下改装组。

每一站的比赛中，每一组至少要有 5 部车参赛，否则必须强迫晋级。

2. WRC 比赛方式

每一站拉力赛包含了 2 天的实地勘察、1 天的机件检查以及 3 天的比赛。每一站赛事被分成 3 段（Leg），通常每一站有 15～25 个特别赛段（Special Stage，SS）。SS 就是在封闭管制的路段上进行竞速，1 个 Leg 通常规划 5～10 个 SS，长度通常在 10～50 km，SS 的规划总长度以 400 km 为限。WRC 就是以每一位车手完成所有 SS 路段时间的总和来分胜负，计时的单位是 0.1 s，以规划的平均速度 110 km 为限，最高不可超过 132 km。

不同的 SS 间则以 RS（Road Section）相连接，通常 RS 就是一般的道路，而 RS 的计时单位是 1 min，若车手未能在指定时间到达，每迟到 1 min，总成绩将加罚 10 s。

WRC 的积分制度与 F1 相同，每一站的前 8 名分别可获得 10、8、6、5、4、3、2、1 的积分，车手所得积分可成为车手本身及车队年度积分，全年积分最高的车手与车队将获得世界冠军的最高荣耀。

World Rally Car（WRCar）包含在 A8 组中，只有汽车制造厂身份的厂队才具有参赛资格，2004 年共有 5 个车厂参与角逐。

目前 FIA 规定每支厂队只能派出两部车参赛，而参赛厂队也必须全年参赛才能角逐年度车队积分。综合这两项规定，车队积分是取具有车队积分车手中成绩最佳的前 8 位。

参加 WRCar 组比赛的都是精英车手，比赛起跑的出发顺序依照他们的排名，积分领先者首先出发。通常参加比赛的车辆数约 90 部，除了参加 WRCar 比赛车辆之外，其余部分也会穿插引擎动力较低、专为年轻车手所设的 JWRC（Junior World Championship）或 PWRC（Production World Championship）比赛。

3. WRC 比赛路面

（1）一般赛段（Road Stage，RS）

简称 RS，是一般的道路，它连接着两个特殊赛段。因为是一般的道路，因此速限必须遵守比赛当地的交通法规，也就是和一般道路用车一样不能超速违规。因此，为了让车手有足够的时间到达下一个 RS 起点，特别提供一段时间，给车手以当地法定速限完成 RS，并配合警力或军队以维持交通顺畅。

（2）特殊赛段（Special Stage，SS）

其比赛路面分为柏油路面及非柏油路面（碎石路面）两大类，法国站是最著名的柏油路面赛事。此外，西班牙站与意大利站也是 WRC 中知名的柏油路面赛事。但若加上天气的因素，则会有雪地的路面，如每年的蒙地卡罗站与瑞典站中，参赛车都是在冰天雪地的恶劣环境中竞赛，在雪地竞赛中使用的是胎宽狭窄的钉胎，来增加轮胎表面压力，以得到较好的抓地力。全年比赛中属碎石路面赛站最为常见，碎石路面依其特性不同，可分为粗糙的碎石路面以及平滑松软的碎石路面，前者如希腊、土耳其等赛站，后者如芬兰、新西兰等赛站。在粗糙的碎石路面上比赛，车辆将遭遇路面大小碎石的撞击，悬架、车轮等容易损坏；在平滑的碎石路面上如芬兰的赛站等地比赛时，速度飞快；而在松软的路面如英国的赛站等地，如果遇到下雨，则路面将会变得泥泞不堪，非常容易打滑，对于车辆与车手都是一大考验。

（3）超级特殊赛段（Super Special Stage，SSS）

超级特殊赛段是为了观众及方便电视转播而设的，WRC 史上的 Super Special Stage 起源于澳洲站 Langlry Park SSS，SSS 的长度通常只有 2 km，是整个比赛中最短的特殊赛段，但对观众的吸引力确实是最高的，因为观众可轻松地在观众席上欣赏传统比赛中看不到的两车同场竞技的画面，而且不必受风沙之苦。

4. WRC 经典赛车

（1）标致 206 WRC（2002 年）（见图 5-25）

标致 206 WRC 属于天生强大的拉力赛车，短轴距非常适合拉力比赛中高速转向，出色的调校悬架和涡轮增压，使得整部 206 WRC 战车在不同的路况有着强大的战斗力，更可贵的是，在砂石路面上表现优异，在柏油路面上也很不错，也就难怪 206 WRC 让标致继 205 T16 后再次在 WRC 赛场上称霸 3 年之久。

（2）三菱 Lancer Evolution V（1998 年）（见图 5-26）

在 Evolution V 诞生之前，三菱就一直大刀阔斧地改进赛车，终于在 1996 年夺冠，也因此坚定了 Evolution V 的改进方向。整台发动机强化扭矩，进排气管重新调节，包括外抛的翼子版在内的气流运动学部件，显著提升了赛车的稳定性和速度。车手只要掌握好赛车的速度临界点，就能跑得很快。

图 5-25　标致 206 WRC

图 5-26　三菱 Lancer Evolution V

（3）雪铁龙 Xsara WRC（见图 5-27）

与标致同属 PSA 集团的雪铁龙在生产 Xsara WRC 时，标致给予了技术支持。但整部 Xsara WRC 的设计有浓重的偏向性，在干燥、高速的柏油路上，赛车的转向反应灵敏，在出弯时候的指向性相当高，有效帮助车手在不长的特殊赛段中抢占时间。

（4）富士 Impreza WRC（1997 年）（见图 5-28）

这辆倾富士"厂力"发展的 WRC 赛车，使传统的四驱系统和独特的水平对置发动机完全得到"赛车化"升级，配合扰流效果很好的空气动力学部件，Impreza WRC 在复合性的路面有很强势的表现，尤其是在赛车前后的重量分布上很出色，重心较低的发动机提高了稳定性。

图 5-27　雪铁龙 Xsara WRC

图 5-28　富士 Impreza WRC

（5）奥迪 Quattro（1982 年）（见图 5-29）

作为历史上最为著名的拉力赛车，奥迪 Quattro 适应性很高的四驱动系统让很多人对驱动技术有了重新认识，只是整套四驱系统对于当时来说过于复杂和过重，才导致后来发展止步，但一点也无碍它成为经典。

（5）福特 RS200（1985 年）（见图 5-30）

福特一直热衷于 WRC 赛事，RS200 和 Escort 都是经典的赛车。RS200 为 B 组规格，中置发动机四轮驱动，最大功率达到 367.5 kW。而其民用版本限量生产，有 147 kW、220 kW 和 367.5 kW 3 种功率输出供选择，由于数量很少，因此成为收藏家们追求的车型。RS200 造型独特却不夸张，当年其综合实力相当强悍，备受称赞。

图 5-29　奥迪 Quattro

图 5-30　福特 RS200

汽车运动的魅力

1. 有助于改善汽车的性能；
2. 强化的道路试验；
3. 动态车展；
4. 最佳的广告；
5. 促进汽车大众化；
6. 是集人与车为一体的综合较量。

复习思考题

1. 什么是 F1 大赛？F1 大赛具体有哪些特点？
2. 简单介绍 F1 赛车的主要性能特点。
3. 什么是 WRC 大赛？WRC 大赛具有哪些特点？
4. 勒芒 24 小时耐力赛有什么特点？

第 6 章

汽车传媒与汽车时尚

汽车的诞生和普及，衍生出丰富多彩的汽车文化，这些都与各种媒体紧密相连。汽车广告、广播、电视、电影、报刊等传播媒介对汽车文化和汽车时尚都有一定的宣传和影响力。

6.1 汽车传媒

6.1.1 汽车与广告

1. 早期的汽车广告

1900 年，美国奥兹莫比尔汽车厂建成，奥兹父子在工厂门口竖起了一块醒目的标志牌，上面写着"世界最大的汽车工厂"，吸引着来往行人的注意力。这是历史上最早的汽车广告。

1914 年，德国的奔驰和戴姆勒等汽车公司，先后在报刊或街头标志牌等媒体上推出宣传各自品牌的汽车广告，从此汽车广告席卷全球。

1925 年 7 月，巴黎埃菲尔铁塔上展出雪铁龙汽车公司广告（见图 6-1）。它由 6 种颜色、25 万个灯泡组成了"CITROEN"字样，耀眼的光芒在巴黎的夜空显得格外明亮，夜间在 30 km 外都可看到。这项电灯式汽车广告展出时间长达 10 年，被列入《吉尼斯世界纪录大全》。

2. 现代的汽车广告

如今的广告是为了某种特定的需要，通过一定形式的媒体，公开而广泛地向公众传递信息的宣传手段。通过报刊、广播、电视、电影、路牌、橱窗、印刷品、霓虹灯等媒介或者形式设置、张贴广告。

汽车广告的立足点是企业。做广告是企业向广大消费者宣传其产品用途、产品质量，展示企业形象的商业手段。在这种商业手段的运营中，企业和消费者都将受益。企业靠广告推销产品，消费者靠广告指导自己的购买行为。不论是传

图 6-1 1925 年雪铁龙汽车公司广告

统媒介,还是网络传播,带给人们的广告信息为人们提供了非常方便的购物指南。

(1)汽车广告媒体的选择

广告策划要根据媒体不同,安排不同的诉求内容和创意手段。广告牌可以突出整车独有的非凡气势;电视可以表现其与众不同的性能;报纸、期刊能够详细介绍车辆的配置、性能。

汽车是一个适应性比较全面的大众商品,它能给予企业的广告策划者发挥巨大的想象力空间。汽车企业在做广告策划的同时,也是研究消费者购买心理和购买行为的过程。汽车广告策划的原则是让消费者"喜闻乐见,明白可亲或悬念难忘"。消费者认可了产品,汽车企业才会有广阔的发展前景。

(2)创意的汽车广告

从目前国内已发布的汽车广告来看,创意性质的广告较多,策划式的广告相对贫乏。有的平面广告像摆地摊,把发动机、ABS、安全气囊当作小商品依次摆齐,缺乏大气;有的电视广告只见一辆汽车飞奔,其广告语却不知所云,不仅没有回味,还让人一时听不明白。产品广告要在独出心裁的策划基础上,加上精美绝伦的艺术创意,才能使企业在消费者心目中留下一个先入为主的好印象,比如奔驰的汽车广告(见图6-2)。

新款 207 价格亲民,主打时尚运动风格,以年轻人为目标群体,与《功夫熊猫2》的目标受众趋向一致。广告片在《功夫熊猫2》电影开场前放映,在广告片中,电影剧情和 207 轮流亮相。广告词"不是所有的熊猫眼都有如此的回头率""不是所有的推背都叫推背感""不是所有的真相都敢倒着来",分别表现出新款 207 时尚炫酷的外型、良好的驾驶体验和倒车雷达的性能,207 的熏黑大灯和熊猫阿宝,视觉上确有一种可爱幽默的联系,足够让观众留下深刻的印象。(见图6-3)

图 6-2 奔驰广告设计

图 6-3 标致 207 广告设计

(3)经典的汽车广告词

不同的汽车品牌会打造自己品牌的经典广告词,比如奥迪品牌的经典汽车台词"突破科技、启迪未来"(见图6-4)。

其他汽车品牌经典广告词如下:

凯迪拉克汽车——将力量、速度和豪华融为一体;

沃尔沃(VOLVO)汽车——关爱生命、享受生活;

丰田汽车——车到山前必有路,有路必有丰田车;

图 6-4 奥迪汽车——突破科技、启迪未来

现代汽车——驾驭现代、成就未来。

6.1.2 汽车与电影

汽车与电影这两个 19 世纪最伟大的发明，自诞生以来总是藕断丝连地纠缠在一起。时至今日，炫色汽车已经成为电影娱乐的重要元素，金属机器带来的速度美感在吸引着所有观众的目光……

1. 电影里的汽车

（1）汽车和电影的深度融合——磁场效应

汽车参与情节演绎，甚至成为影片的主角，可以说是电影和汽车的深度融合。最为典型的代表之一就是变形金刚（见图 6-5）。

图 6-5　汽车电影《变形金刚》

此片可谓汽车工业与电影产业的一次经典合作。通用汽车及其高科技车型的加盟让电影中的四位汽车人拥有了全新的外型和性格，成为影片的最大看点之一。其中，雪佛兰"领衔主演"的"大黄蜂"在影片中担当重要角色，以超强动能和极酷外形为全球观众带来精神和视觉上的双重享受，成为时尚的代名词和街头巷尾关注的超级巨星。当影片赋予汽车灵魂的时候，它代表的就不仅仅是品牌符号，而是展示出品牌的个性。

当然这种结合方式受制于电影的类型，并不是所有的电影都适用，而且需要非常大的资金投入，它更适用于知名汽车厂家利用名车的吸引力和影片魅力，形成强大的磁场聚合效应。

（2）汽车厂家赞助但不直接参与影片内容

汽车既不是影片的主角，也不是配角，甚至不在影片中出现。作为影片的赞助商，汽车厂家制作和影片相关的广告片，利用影片的热度为自己宣传。

（3）汽车作为置景道具植入——润物细无声

把汽车作为置景道具植入影片之中，让观众在真实的场景中不知不觉记住汽车，力求润物细无声，这种方式相对更加普遍和常见。如在《非诚勿扰》中，当看到邬桑开着斯巴鲁行驶在风景如画的北海道的时候，当夕阳下的笑笑与斯巴鲁傲虎的画面出现在荧幕的时候，观众认出并记住了斯巴鲁，影片中斯巴鲁的植入非常自然（见图 6-6）。

图 6-6　斯巴鲁力狮

斯巴鲁在中国远没有丰田、本田和日产的名头响亮，而在斯巴鲁汽车旗下，力狮也没有斯巴鲁翼豹、森林人在中国的赫赫名声，但在这部堪称经典的佳作中，斯巴鲁力狮可谓在不经意处尽显风流，不多的几个画面，却赢尽了天下车迷的芳心。

这种植入方式能够让观众对品牌符号加深印象，但是对产品性能和品牌形象个性则无法更好地展示，只是起到品牌记忆的作用，很难提示与说服消费者购买。

2. 汽车影院

汽车影院就是观众坐在各自的汽车里，通过调频收听和观看电影，它源于美国崇尚个人自由的汽车文化。1933 年 6 月 6 日，美国新泽西州的 Richard M · Hollingshead 创办了世界上第一家汽车电影院，随后这种休闲娱乐方式随着汽车的普及风靡整个北美地区。

汽车影院的电影银幕采用全钢铸的大屏幕，观众坐在车内，在不同的位置都能看到清晰逼真、稳定的图像。声音是从汽车音响中发出来的，汽车影院作为汽车文化的一个标志，已经出现在世界各地。

汽车和电影的结合，是商业的合作，也是艺术的联姻。如何让产品信息和影片内容浑然一体，通过巧妙的铺排让观众不知不觉接受品牌信息，这也是一门学问。

6.1.3 汽车与报纸期刊

无论是汽车文化、汽车知识的弘扬、传播和普及，还是汽车产品、汽车科技、汽车企业的信息报道等，报纸与期刊都起着重要的载体作用。

1. 汽车与报纸

1900 年 2 月 4 日，《底特律新闻论坛报》周日特刊版的大标题是《比马的速度还快的家伙飞驰过结了冰的街道》。文章中描述"在零度左右的低温下，胆战心惊地乘坐第一辆底特律出品的汽车的感受"。同年，美国另一家报纸《星期六晚邮报》登出全球第一份汽车广告。从此，各大汽车企业都将报纸作为重要的产品宣传平台。

我国专业的汽车报纸有《中国汽车报》《当代中国汽车》等。

2. 汽车与期刊

世界上第一份汽车刊物是法国人拉乌尔·布尤蒙于 1894 年 12 月 1 日在巴黎创办的《汽车杂志》月刊。而英国的《汽车》周刊是迄今最高寿的汽车杂志，它问世于 1895 年 11 月 2 日，目前仍在出版。

我国汽车杂志的兴起和发展，是以 20 世纪 90 年代以来汽车产业加快发展、人民群众整体生活水平不断提升以及汽车用户不断增长为大背景的。目前的汽车杂志包括消费类杂志和专业类杂志。消费类杂志是为了满足大众消费者对信息的需求而创办的，内容上多侧重于对汽车产品的介绍，大多设置新产品介绍、产品测试、自驾游等栏目。我国销量较大的消费类汽车杂志主要有《汽车杂志》《汽车博览》《汽车族》《汽车之友》《车主之友》等。专业类杂志相对注重内容的学术价值，偏重于汽车科研、汽车技术资讯等内容。业内有影响的专业杂志有《汽车工程》《汽车技术》《汽车维修与保养》等。

6.1.4 汽车与网络

互联网凭借着传播速度快、信息量大、受众广等优势，为广大车迷和汽车爱好者展示出了一个精彩的网上汽车世界。各种汽车网站不仅提供详尽的汽车新品介绍与点评，还有精准的价格动态、丰富的驾车知识、大量的维修技巧以及精彩互动的汽车论坛，各大汽车网站每天都在吸引着广大汽车爱好者的眼球。

在网络媒体的细分市场，出现了"汽车频道"这个新名词。主要门户网站的汽车频道有搜狐汽车、腾讯汽车、网易汽车、新浪汽车等。这些网站每天的浏览人数已远远超越单一、传统的媒体的受众人数，汽车网站的社会影响力极强。目前比较著名的汽车咨询网有中国汽车网、汽车之家、易车网、爱卡汽车网、太平洋汽车网、中国二手车、购车网等。

6.2 汽车时尚

6.2.1 汽车俱乐部

伴随着世界汽车工业的不断发展和驾车人士对汽车的需要和兴趣，各种形形色色的汽车俱乐部也相继诞生。汽车俱乐部不生产具体的产品，它所提供的产品是一种服务。分为生产型服务和生活型服务。生产型服务是指俱乐部为会员提供各种对车辆和车主本人的有关车辆的服务，它的目的便是为广大会员解决在使用车辆的过程所产生的实际困难。生活型服务是以会员为主体的各种休闲、娱乐和交友服务。

汽车俱乐部是经营汽车文化的重要形式，它促使汽车文化愈加繁荣丰富。

1. 汽车俱乐部的产生

1895年10月中旬，美国《芝加哥时报》在"车坛风云"专栏上发表了赛车运动员查尔斯·布雷迪·金格建议成立汽车俱乐部的一封信。1895年11月1日，由《先驱者时报》主办的汽车大赛在芝加哥开幕，全国各地很多驾驶员都赶来参加比赛。其中，有60名驾驶员聚会在一家酒店，大家响应金格的倡议而发起成立了美国汽车联盟，这是世界上最早的汽车俱乐部。1895年11月12日，法国汽车驾驶员则以巴黎普拉斯·德罗佩拉大街4号作为活动总部，成立了法国汽车俱乐部。随后，欧美各国都相继成立了为车主和驾驶人服务的汽车俱乐部，使汽车融入了人们的交通生活。

2. 汽车俱乐部的发展

俱乐部服务的范围也在不断扩大，金融、保险、房地产、汽车生产厂都开始与俱乐部联系。汽车俱乐部在发达国家早已盛行，已形成非常大的行业。

据统计，世界各国汽车俱乐部的会员总数至少2亿。其中规模最大的当数美国，在全国9 000万驾车人中，已有4 200万人成为会员。俱乐部这个组织形式不仅创造了大量就业岗位，而且每年营业额也很可观，如澳大利亚悉尼俱乐部有会员200万，每年营业额达40亿美元。

各国汽车俱乐部介绍如下：

（1）美国汽车协会

美国汽车协会（American Automobile Association，AAA）是世界上最大的汽车俱乐部，也是世界上最大的"美国快速旅行支票"的销售者。成立于1902年，现有会员超过4 800万人，通过网站注册或者电话报名即可成为AAA会员，初级会员年费在70美元左右，可得到的服务包括4.8 km范围内的拖车、蓄电池充电、换胎、紧急送油、小故障排除、租车优惠、饭店及旅馆优惠等。如果多交 60 美元，就可以成为高级会员，则可以享受较为高级的服务，如 320 km 免费拖车服务、一次免费租车、24 h 旅行和医疗援助等。AAA 是一个非营利性社团，下属 139 个分支机构，各自独立地经营汽车俱乐部。AAA 在全美范围内向人数庞大的会员们卖出了数以千万美元的信用卡、旅行支票、保险单、行李票等，其初衷是服务于驾车者。此外，AAA 还促进了拉力赛和其他一些汽车竞赛，以显示各型新车的可靠性。

（2）澳大利亚汽车协会

澳大利亚汽车协会创建于 1924 年，由 8 个州和地区的俱乐部组成，现有会员 620 万人。协会的宗旨是让所有会员保持汽车服务领域的世界一流水平，从 1991 年起，全国统一启用提供道路服务的单一号码系统，这个号码为"13111"，依靠这一电话系统，可以随时沟通救援者与救援中心的联系。救援服务除对在路上或家中发生机械故障的汽车提供帮助以外，还提供更换车轮、陷入沼泽、赛车、油料耗尽等服务。在澳大利亚，平均每个会员每年有一次要求提供救援服务。

（3）德国汽车俱乐部

德国汽车俱乐部的全称是"全德汽车俱乐部"，其德语的缩写为"ADAC"标志（见图 6-7），成立于 1903 年，现有会员 1 500 万人。你若想成为该组织的一员，每年只需交纳 73 马克的会费即可。如果你是一个尚未工作的大学生或是有驾照的残疾人，会费还可减半。一旦你成了 ADAC 的成员以后，那么，你行驶在德国任何地方甚至在欧共体其他国家，你都不用为车坏了怎么办而发愁。

图 6-7　全德汽车俱乐部（ADAC）

按照规定，在你的车外出抛锚后，你只需打一个电话，ADAC 很快即派人帮你排除故障。在修理时更换部件的费用全由会员自付，而修理工时费不得超过 200 马克。如果你的车已无法就地修复，ADAC 可帮你把车拖回家，而你支付的托运费最高不超过 300 马克。ADAC 除了拥有众多的普通成员外，还有一种高级会员。高级会员每月交纳 139 马克的会费，但享受的待遇也好得多。例如，当你驾车行驶在法国等地而遭遇车祸，你的汽车会有人负责运回，在车上的家属可免费回德国得到送治。所有会员每月可得到一期 ADAC 办的杂志，杂志中的大部分内容是介绍如何维护修理汽车的经验。这本名为《ADAC 马达世界》的杂志发行量达 1 300 万份，是德国发行量最大的刊物。

（4）中国汽车俱乐部

中国汽车俱乐部的出现始于 1995 年建立的北京大陆汽车救援中心，即现在的北京恩保大陆汽车俱乐部（CAA）。

中国目前的汽车俱乐部主要类型如下：

① 以为车主提供具体服务为主的，以救援为龙头，并带动相关售后服务的，如北京"大陆"、福建"迅速"等。

② 专门作售后服务的，如武汉"绿岛"。

③ 与文化、沙龙以及公益活动相结合，带有一定协会性质的，北京"爱车俱乐部"。

④ 以旅游、越野、赛车等兴趣或职业特征为主的，如"风鸟""摄影家"等。

⑤ 以企业、品牌等来设立的俱乐部，如法拉利汽车俱乐部、大众俱乐部。

6.2.2 世界车城与车展

1. 世界车城

（1）美国底特律

法国商人探险家安东尼·蒙特·凯迪拉克在 1701 年在底特律登陆，底特律的历史开始。

底特律（见图 6-8）位于美国东北部，人口约 68 万，面积 370 平方千米。城市得名于底特律河，它源自法语"Rivière du Détroit"，意为"海峡之河"。

图 6-8　底特律城

（2）日本丰田市

丰田市（见图 6-9）坐落于日本爱知县。截至 2015 年 5 月，丰田市共有 42 万人，面积 918.32 平方公里。丰田公司主要的工厂都设在此处。原名挙母市（Koromo-shi），1959 年 1 月更名为丰田市。

图 6-9　丰田市

（3）意大利都灵

都灵（见图 6-10）是意大利汽车工业帝国的心脏，FIAT 的发源地。都灵是意大利第三大城市，皮埃蒙特大区的首府，欧洲最大的汽车产地，还是历史悠久的古城，保存着大量的古典式建筑和巴洛克式建筑。

它的文化和历史非常丰富。它拥有众多的美术馆、餐馆、教堂、宫殿、歌剧院、广场、公园、庭园、剧院、图书馆、博物馆和其他名胜。都灵因为它的巴洛克、洛可可和新古典主义法式建筑而举世闻名。它的很多广场、城堡、庭园和宫殿（如贵妇宫），都是由西西里建筑师菲利波·尤瓦拉建造的，他在设计时借鉴了法国经典建筑凡尔赛宫。这些法式建筑的典范包括：王宫、斯图皮尼吉猎宫和苏佩尔加大教堂。都灵现在拥有意大利最好的大学、学院、学园、高中和文科高中，如都灵大学，都灵理工大学。还有许多重要和著名的博物馆，如埃及博物馆和安托内利尖塔。还于1911年举办世界博览会，2006年举办冬季奥林匹克运动会。

图 6-10　意大利都灵

（4）德国斯图加特

斯图加特位于德国西南，是巴登—符腾堡州首府，德国第六大城市。斯图加特及其周边以高科技企业而著名，其中代表有戴姆勒、保时捷等。斯图加特的地理位置和市徽如图 6-11 所示。

图 6-11　斯图加特地理位置和市徽

斯图加特是德国汽车的摇篮，最早的汽车和摩托车在斯图加特发明，这里被认为是世界汽车工业的起点。除了梅赛德斯—奔驰和保时捷的总部设在斯图加特，德国制造业巨头博世和马勒也在此处设立了总部大楼（见图 6-12）。

图 6-12　博世和马勒总部大楼

2. 世界车展

汽车展览会带来更多的概念车型、新车型、汽车展会风格和文化氛围，让人们感受到世界汽车工业跳动的脉搏。汽车展览是汽车制造商展示新产品的舞台，在流光溢彩的样车背后，是汽车制造商为在汽车市场上争夺市场份额而进行的殊死较量。

法兰克福车展、巴黎车展、日内瓦车展、北美车展和东京车展是世界著名的五大汽车展，最短的也有50年以上的历史。这些车展都对世界汽车的发展起到了推动和促进的作用，在世界汽车工业发展的历史长河中有着不可磨灭的功绩。

（1）世界五大车展

1）德国法兰克福车展

法兰克福车展，展览时间一般在9月中旬，每2年举办一次，是世界上最大的汽车展之一，它创办于1897年，是在德国柏林的Bristol旅馆举办的小规模车展，尽管当时只有八辆汽车参展，但依然被誉为法兰克福车展的前身。1951年4月德国法兰克福首度举办车展，共吸引了57万人前来观赏，相较之后同年9月在柏林举办的第35届柏林车展，只吸引了29万人，因此，柏林车展移至法兰克福。它是世界上最早办国际车展的地方，也是世界规模最大的车展，有世界汽车工业"奥运会"之称。展出的车辆主要有轿车、跑车、商务车、特种车、改装车及汽车零部件等，此外为配合车展，德国还举行不同规模的老爷车展览。

法兰克福车展对参展商设置了很高的门槛，要求参展商必须具备以下条件：没有知识产权纠纷，完全拥有自主产权，有新产品且新产品有一定水平的科技含量，在市场上有一定的保有量。因此，多年来，中国汽车厂商一直被这些条件拒之门外，直到2005年9月12日吉利完成中国企业在法兰克福车展的首次亮相，才改变了历史。法兰克福车展的总体特点是"博大"。

2）法国巴黎车展

法国是汽车的发源地，第一次车展也是在法国举行的。在法国汽车俱乐部的倡议下，法国巴黎车展起源于1898年的国际汽车沙龙会，在巴黎的一个公园举行，大约14万名游客前来参观，232辆汽车往返了巴黎与凡尔赛之间，汽车已经成为公众瞩目的焦点。直至1976年每年一届，此后每两年一届。在每年的9月月底至10月月初举行。尤其是1901年在大皇宫开幕而于爱丽舍宫闭幕的车展后，重振了汽车工业在人们心目中的地位。巴黎汽车展从1854年的第一部汽车到21世纪的电动汽车，展示了整个汽车发展过程中的许多重要车型，标志着人们取得的惊人进步。这里吸引了世界各主要汽车厂商、零部件厂和科研中心参展。

作为浪漫之都的巴黎，它的车展如同时装，总能给人争奇斗艳的感觉。1998年10月，巴黎车展恰逢百周年，欧洲车迷期待很久的巴黎"百年世纪车展"以"世纪名车大游（和谐）行"方式，让展车行驶在大街上供人观赏。法国的汽车设计一向以新颖独特著称于世，富于浪漫和充满想象力的法国人，总是在追求别具一格的车型和舒适的车内享受，所以巴黎车展始终围绕着"新"做文章，经常会有很多稀奇古怪的概念车出现在巴黎车展，吸引观众的眼球。法国巴黎车展的特点是"优雅"。

3）瑞士日内瓦车展

日内瓦车展是全球五大国际车展之一，每年的参展作品多得不胜枚举，让人眼花缭乱。一年一度在瑞士日内瓦举行的国际车展反映了当今世界的汽车流行趋势。日内瓦车展创始于1924年，是欧洲唯一每年度举办的大型车展。每年3月份举行，是各大汽车商首次推出新产品的最主要的展出平台，素有"国际汽车潮流风向标"之称。

由于瑞士没有汽车工业，所以日内瓦车展也被称为"最公平的国际车展"。在这里没有东道主，无论是汽车巨头还是小制造商，都可以在日内瓦车展上找到一席之地。欧洲是世界主要汽车消费市场，各大汽车公司竞相在该车展上亮相，推销自己的新产品。大型高级轿车、豪华小轿车、面包车、跑车和赛车等是该会展上的主要展品。2007年3月8日，第77届日内瓦车展开始向公众开放。作为首次参展的中国汽车品牌，中国华晨汽车公司面向欧洲市场生产的3款汽车吸引了很多观众。瑞士日内瓦车展的特点是"奢华"。

4) 北美车展

北美车展的前身是"底特律车展"，一年一度在美国底特律举行，是美国创办历史最长的车展之一。始于1907年，当时会场设在贝乐斯啤酒花园，参展的厂商只有17家，参展汽车一共只有33辆。但随着汽车工业的兴盛，车展也越办越大。1965年开始，车展迁移到现在的COBO展览中心，那里是世界上最大的平面室内展览会场之一，可同时容纳上万名参观者。1989年该车展更名为"北美国际汽车展"，每年1月举办。参展的主要是世界各汽车大公司当年推出的新型车、概念车等。车展每年为底特律带来了可观的经济收益，年平均在4亿美元以上。2006年1月8日，吉利自由舰在北美汽车城底特律亮相，这是中国自主品牌首次被邀请参加北美车展。北美国际车展的特点是"妖娆"。

5) 东京车展

东京车展是五大车展中历史最短的，创办于1954年，它一年一度交替展出商用车和小轿车，被誉为"亚洲汽车风向标"，是亚洲最大的国际车展，历来是日本本土生产的各种千姿百态的小型汽车唱主角的舞台。展馆位于东京附近的千叶县幕张展览中心，是目前世界最新、条件最好的展示中心。展出的展品主要有整车及零部件。东京车展历来以规模大、注重新产品、新技术的推出，展出产品实用性强而闻名于世。东京车展的特点是"细腻"。

(2) 国内著名车展

1) 北京国际汽车工业展览会

于1990年创办的北京国际汽车工业展览会（简称北京国际车展），每两年定期在北京举办，时间为4月下旬到5月上旬。北京国际汽车展览会在国内车展中创办时间早，最具权威性。车展规模盛大、参展商阵容强大、知名品牌齐全、展品品质高端。打造"新颖、国际化程度高、文化底蕴厚重"的汽车展览会，备受媒体关注，素有"中国汽车工业发展风向标"之称。

迄今为止，北京车展在国内车展中依然在参展商质量、展品档次和水平、记者、观众数量等方面保持着多项纪录，成为与世界顶级车展比肩而立的品牌汽车展会。全球著名的汽车跨国公司、顶级品牌制造商、零部件厂商都把北京国际汽车展作为提升企业形象和品牌、展示其科技实力的大舞台。北京车展已成为目前在国际上具有较高知名度的品牌展览会，为我国汽车工业的发展、自主汽车品牌的创立和发展发挥了重要作用。北京车展的特点是"规模大"。

2) 上海国际汽车工业展览会

上海国际汽车工业展览会（简称上海国际车展）创办于1985年，是中国最早的专业国际汽车展览会，同时也是第一个被国际展览联盟（UFI）认可的车展。上海车展逢单数年举办，两年举办一次，展会时间是4月中旬到5月下旬。总展览面积超过17万平方米，共有25个国家和地区约1 500家厂商参展出各类轿车、商务车、房车、各类汽车零部件、汽车音响、

汽车用品等，体现了国际和国内汽车工业的最新产品和领先技术。上海车展的特点是，国际巨头的参展阵容之强大、亚洲或全球首发的车型以及概念车的数量均是国内车展少见的。车展最吸引人的是那些外观时尚前卫、技术领先于的概念车。在历年上海车展上，有不少车型都是全球首发或亚洲首发。上海车展的特点是"技术先进"。

3）广州车展

举办时间一般在年底，12月左右，为的是和年初的北京，上海车展错开，避免冷场。由于在国内汽车行业中影响巨大的日本三大车商纷纷扎根广州，现在广州车展影响力正日益增强。广州的优势在于汽车市场以及后市场的领先。广东境内以广州为核心放射的城市群间便利的高速公路网是让众多省外自驾游的朋友羡慕的。地处珠三角，临近港澳地区，广州的改装车、音响甚至越野等汽车后市场比起其他车展发展得更快一些，这些都是广州得天独厚的优越之处。因此广州车展的阵容逐年丰富、壮大也是不无道理的。广州车展的特点是"参与人数多"。

4）成都车展

成都车展还在发展之中，时间暂不固定，3月份或9月份。经过十余年发展的成都国际车展，现在被中国贸易促进委员会汽车行业分会认定。成都车展跻身成为当今中国最具影响力的四大车展之一。成都车展的特点是"日益壮大"。

从参展面积和产品的丰富性看，北京国际车展和上海国际车展与世界五大国际顶级车展差别不是太大，但在其他方面还有很大差距。广州车展和成都车展正在发展壮大中，正努力扩大规模和增加规范性。中国汽车市场发展潜力巨大，所以中国汽车工业要提高国际影响力，还得依靠本土汽车工业的发展，只有当中国的自主汽车品牌发展成为真正的国际汽车品牌时，中国车展才能跻身于全球一流。

复习思考题

1. 简述汽车广告的重要性。
2. 在设计汽车广告时应注重什么？
3. 你了解到的汽车俱乐部有哪些？
4. 你了解哪些著名车展？

第 7 章

世界经典名车

7.1 古董老爷车

在一些世界豪华级老爷车中，不乏也有些款式依旧流行于今，可为永恒的经典款式。

1. 奔驰

（1）奔驰—Velo

1893 年，卡尔·奔驰根据客户需求开始生产一款名叫"维多利亚"的汽车，当年就售出 69 辆。次年 4 月，他们在这一车型的基础上，推出一款内涵丰富、技术精尖的双人座小车 Velocipede（简称 Velo）（见图 7-1）。这辆小车有前轮转向节、钢丝辐条车轮、橡胶充气轮胎以及发动机后置等当时最新技术。他们的口号是"Velo，创造舒适境界"。Velo 采用 1.5 马力发动机，仅重 280 千克，价格便宜、量又轻，颇受当时新兴中产阶层的欢迎。从 1897 年起，Velo 系列又增加了带儿童座椅的豪华款。直到 1901 年，这辆小车总共生产了约 1 200 辆，被视为世界第一款量产汽车，这使奔驰公司成为当时最大的汽车制造商。

（2）梅赛德斯—奔驰 500K

1934 年，梅赛德斯—奔驰在此推出了一款充满优雅情调且动力澎湃的全新车型——梅赛德斯—奔驰 500K 系列（见图 7-2），其流线型车身结构及柔和向下收拢的车尾设计独领风华 80 余年，同时也开启了车身流线设计的全新时代。

梅赛德斯—奔驰 500K 的长轴距车型拥有 3.29 米的超长轴距，做工精美绝伦，造型如同一艘战舰，超现代感的流线型设计动感异常。它是世界上首款拥有弧形车窗的量产运动轿车，并且

图 7-1 奔驰—Velo

拥有当时量产车最长的翼子板，夸张的轮拱如同大海的波浪起伏，侧面酷似船舷，尾部像灯塔。外形标新立异、引领时尚，一切都迥异于当时汽车的设计风格。

图 7-2　梅赛德斯—奔驰 500K

2. 劳斯莱斯

2007 年 12 月，在英国伦敦，世界上现存最古老的劳斯莱斯 U44 汽车（见图 7-3）在宝龙拍卖行拍卖，这辆汽车可追溯到 1904 年，距今已有 103 年的历史。它有两个座位，发动机功率为 10 马力。至今仅有三位车主拥有过这部经典名车。它第一次展出实际上是在 1904 年的巴黎沙龙上，早于 1905 年在英国伦敦奥林匹克汽车展中的公开亮相。早在 20 世纪 50 年代，该车就被其当时的主人作为珍藏品而收藏。该车的拍卖价格超过 200 万美元。

图 7-3　劳斯莱斯 U44

3. 克莱斯勒帝王 CL

帝王 CL（见图 7-4）被誉为当时最美丽的轿车，当年只生产了 11 部，它能恰如其分地代表 20 世纪 30 年代的风格：竖向排列的水箱罩、大小车灯均分于水箱罩的左右、显眼的备胎、可折叠的帆布活动顶。

图 7-4　克莱斯勒帝王 CL

7.2 经典跑车

自从汽车问世以来，跑车就一直是速度和奢华的代名词。而每个人对自己喜爱的跑车也都有各自的见解，一部个性十足的跑车，可能会折射出一个国家的民族性格，像崇尚浪漫热情的意大利人和对机器痴迷至极的德国人，彼此都很难理解对方的想法。而各个时期和各个国家经典的跑车有许多，下面介绍几款世界上比较经典的几款跑车。

1. 法拉利 250GTO

法拉利 250GTO 型跑车（见图 7-5）在 20 世纪 60 年代早期只出厂了 39 辆。它赢得过众多国际性的赛事，被誉为那个时代最成功的赛车品牌之一。法拉利 250GTO 型跑车外形华丽，性能卓越，是全球顶级收藏家最渴望收藏的车型之一。

法拉利 250GTO 型跑车有名的原因在于它代表了 20 世纪 60 年代初法拉利的综合技术水平。这款车发动机最大输出功率达到了 302 马力，最大扭矩 333 牛·米，由 0 到 100 km/h 只需 5.8 秒便能完成，即使是现在生产的车，也难以和其媲美。

图 7-5 法拉利 250GTO

2. 奔驰 300SL

1954 年 2 月 6 日奔驰 300SL（见图 7-6）公路版在纽约车展上全球首发，该车基于 W194 赛车打造，1957 年，SL 双座跑车取代了鸥翼式的 300SL 车型，随后双座跑车也推出了硬顶版本，1963 年奔驰 300SL 正式停产。奔驰 300SL 公路版一度成为那个时代最闪耀的明星。

这款车采用极具代表性的鸥翼式车门设计，具有里程碑意义；采用管状车架和四轮独立悬挂；发动机采用了机械式燃油喷射系统；这三点都属于奔驰的超前设计。

奔驰 300SL 在动力上搭载 3 升六缸发动机，最大功率 210 马力，最高车速达 260 km/h。发动机采用了跑车凸轮轴和 8.55:1 的压缩比，SL 级发动机的转速也是令人钦佩的原因之一：梅赛德斯—奔驰标示的最高转速为 6 600 转/分钟。

图 7-6 奔驰 300SL

3. 兰博基尼 Countach

1973 年，57 岁的兰博基尼制造出令世界跑车巨子们惊诧不已的"世纪经典超跑"——兰博基尼 Countach（康塔什）（见图 7-7），终于把自己的跑车制造技艺推向了登峰造极的地步。这款被赞誉为"外星车"的楔形跑车，造型十分吓人，隐藏式大灯的前车盖与前挡风构成了一个平面的几何斜面，充分体现出空气动力学与流体力学的完美结合。为了保持"兰博基尼流体力学"高贵风度，在欧洲市场上每部车的售价定为令人咋舌的 15 万美元，每年制造量仅有 100 辆。

为了向世人充分展示 Countach 的强大威力，兰博基尼策划了一次与法国的"幻影战略轰炸机"一决高下的比赛。在长度为 400 米的飞机跑道上速度之争的结果是：法国的"幻影战略轰炸机"以 10.8 秒到达终点，Countach 仅以 1.9 秒的微弱差距屈居次席。不过 Countach 虽败犹荣，它引起了世界跑车制造行业重量级企业的巨大震动，并获得"欲与飞机试比高的跑车"的美誉。

图 7-7　兰博基尼 Countach

4. 保时捷 911（Porsche 911）

图 7-8　保时捷 911

保时捷 911（见图 7-8）系列是由费迪南德·亚历山大·保时捷（ferdinand alexander porsche）所设计的，是保时捷的传奇车型。它悠久的历史和每一款经典的车型，已经给几代人带来了深远的影响。

Porshce911 是一个传奇，更是一个经典，经典得几乎让人不敢去挑它的缺点，因为在更多的人看来，你对它挑出的每一个缺点都有可能成为它的优点，因为缺点是相对的，而不是绝对的。Porsche911 的标志就是它那对"青蛙眼"，这对"青蛙眼"同时也是 Porsche 跑车的标志。

5. 宾利 R 型（Bentley R-type Continental）

宾利 R 型（见图 7-9）是 20 世纪 50 年代宾利汽车于"二战"后推出的第二款经典车型，凭借着澎湃的动力性能、卓越的外形设计以及精湛奢华的制作工艺，车辆一经推出旋即引来市场的强烈追捧，成为当时蜚声全球的经典车型。宾利 R 型基于前代车型宾利 Mark VI 打造，但车辆底盘更加宽大，使得整体车身尺寸加宽，车辆尾箱处容积也得以扩充，无论在乘坐空间还是日常使用中，都更加便利。宾利 R 型满足了当时超豪华车爱好者对于非凡速度表现与极致典雅舒适的双重要求，自其诞生之日起，即奠定了宾利欧陆车型作为顶级高性能超豪华双门轿车的卓绝姿态。时光荏苒，其隽永的经典魅力历久弥新，向世人诠释着宾利汽车集精湛手工技艺与超凡动力性能于一身的品牌精髓。

6. 布加迪 57 SC Atalante Coupe

布加迪 57 SC Atalante Coupe（见图 7-10）是布加迪鼎盛时期的经典代表作，历史上一共生产了三辆，其中一辆毁于车祸，另外两辆被以数千万美元的价格拍卖。

图 7-9 宾利 R 型

Type 57 SC Atalante Coupe 在法国制造生产，豪华、昂贵、性能出色，其独特之处还在于铝外壳下面是木制框架，这一点令其尽显古典韵味。Type 57 SC Atlantic Coupe 的前车身特别长，车内空间呈圆形，五根排气管设计异常优雅，独一无二。

 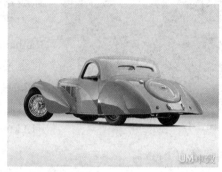

图 7-10 布加迪 57 SC Atalante Coupe

7. 捷豹 E-Type（Jaguar E-Type）

如果说一台车的卖相是它能否吸引眼球的关键，那么捷豹 E-Type（见图 7-11）给人们最初的感受无疑是完美的。低矮的车身、圆润流畅的线条以及那低调而不失优雅的"抿嘴"造型，这一切的一切都是如此令人心驰神往。两个毫不夸张的圆灯及突出的镀铬前杠则为这种优雅增添了几分稳重，浓浓的英伦贵族气质不仅吸引着当时的人们，甚至直至今日仍被后世所赞美，就连恩佐·法拉利面对这台车时也无法抑制自己心中的激动，称之为"世界最美的汽车"。

图 7-11 捷豹 E-Type

当年这款捷豹 E-Type 跑车共有两门硬顶 Coupe 及两门敞篷版车型可供选择，不同车型的车身尺寸也有所不同。

7.3 现代超级跑车

超级跑车（Supercar）（简称超跑）一般是指拥有高强动力输出、出众外形的跑车，价格一般高达上千万，最高时速可达 300 km，基本只有两个座位。超级跑车必须在加速、刹车和转弯时都很出色，非凡的外表也必不可少。

1. 布加迪威龙

布加迪威龙（Super Sport）（简称布加迪）（见图 7-12）不仅是全球最贵的超跑，还是目前地球上跑得最快的量产车，马力足足有 1 200 匹，极限速度高达 431 km/h，位居十大豪车之首。

布加迪首席车手 Pierre-Henri Raphanel 驾驶布加迪威龙在大众试验场创造了量产车的速率世界纪录。在吉尼斯世界纪录认证小组的监督下，Pierre-Henri Raphanel 驾驶布加迪威龙在 SS 赛道上由南至北、由北至南沿赛道行驶两次，分别跑出 427.933 km/h、434.211 km/h 的惊人成绩，均等极速 431.072 km/h 被吉尼斯世界纪录收录，这也终结了 SSCUltimate Aero 412 km/h 最快量产车的头衔。

图 7-12 布加迪威龙

2. 科尼塞克 Agera

相对于布加迪、法拉利和兰博基尼这些超跑巨头来说，科尼塞克可能在大家脑海里仅仅留有一个模糊的印象，甚至您可能都不清楚它是哪个国家的品牌，再加上仅有不到 20 年的历史，让这个所谓的"毛头小青年儿"可能在不经意中就被忽略掉了。但它可是令许多老牌的超级跑车黯然失色的家伙。它不像法拉利或是兰博基尼那样大众化，它的目标只有一个：敢把肥龙（布加迪威龙）拉下马。

科尼赛克 Agera R（见图 7-13）增加了发动机盖碳纤维部件、全新的碳纤维前导流板和 Aircore 碳纤维轮圈以及全新 Aero 排气装置。这些轻量化的配置使这款车型仅有 1 330 千克的车重。该款车型的尾翼还可以根据行驶中的风速自行改变角度。

图 7-13 科尼赛克 Agera R（1）

科尼赛克 Agera R 的车门也非常特别，既不是普通的剪刀门，也不是鸥翼门，而是显得相当另类。车身尺寸并不是很大，车身长 4 293 mm，宽 1 996 mm，高 1 120 mm，轴距为 2 662 mm；科尼赛克 Agera R 燃料箱容量是 80 L，整备质量仅为 1 330 公斤（见图 7-14）。

图 7-14　科尼赛克 Agera R（2）

3. 帕加尼 Zonda R

帕加尼 Zonda R 是一款高性能超级跑车，2007 年在日内瓦车展首次亮相，搭载来自梅赛德斯—奔驰 CLK-GTR 赛车的 6.0 L、V12 自然吸气引擎。经重新调校及改造后，可输出最大功率 750 马力/7 500 rpm，扭矩峰值 710 N·m。经过帕加尼（Pagani）的深度改进和调校，发动机的动力输出已经压榨到极致，拥有顶级的工程设计、顶级的材质和顶级的性能表现。Zonda R 的官方售价为 146 万欧元（含税）。

意大利超跑制造商帕加尼（Pagani）早在 2007 年就已经预告了其首款赛车型号 Pagani Zonda R。Zonda 的中文意思是"风之子"，以此命名的帕加尼跑车每一款都有着风一般的迅捷，这款让车迷们等候了多年的 Zonda R（见图 7-15）更是不可小视。

Zonda R 在外型上沿袭了 Pagani Zonda F 的整体线条，但是轴距和车身长度都更长一些，并且 Zonda R 进行了全面系统的运动改进，使之成为一款专业的赛道型跑车。Zonda R 全车采用碳钛复合材料制成，在进一步增强车身钢性的同时，大大减少了重量。同时改进的发动机和变速箱的结构，以及底盘悬挂的调整，都为整车的轻量化提供了帮助。最终，Zonda R 整车重量为 1 070 公斤。

在操控性方面，除了车身以碳纤维打造外，底盘也采用碳纤维为主要材质，四油箱设计的概念则来自 GT 赛事，而在轴距延长了 2 英寸之后，Zonda R 的行路性也显得更为平稳。

4. 法拉利 Enzo

法拉利 Enzo（见图 7-16）是历史上的传奇车型，以公司创始人的名字 Enzo Ferrari（恩佐·法拉利）命名，这款超级跑车的英文名字是 Enzo Ferrari，国内则一般称其为法拉利 Enzo。作为法拉利 F50 的替代品，Enzo 于 2002 年制造，采用 12 缸中置引擎，是世界上最快的没有涡轮增压的量产车，售价为 60 万美元。10 年过去了，

图 7-15　帕加尼 Zonda R

法拉利 Enzo 的挑战者依然是凤毛麟角，无愧于 Enzo Ferrari 之名，这款车也成为一个永恒的传奇。

5. 兰博基尼 Reventon

兰博基尼 Reventon（见图 7-17）是一款中置引擎、四轮驱动的超级跑车，由意大利跑车制造商兰博基尼（Lamborghini）生产，产量仅为 21 辆（1 辆存放于博物馆）。Reventon 之名来源于 Don Rodriguez 家族所拥有的一头斗牛，它在 1943 年的一场斗牛比赛中将一名很有名的斗牛士杀死。锐利的车头结合了两大进气口设计前保险杠，笔直的线条勾勒出许多个锐角，让 Reventon 整个车身充满速度感。Reventon 采用 6.5 L 的 V12 自然吸气发动机，动力 650 马力，0～100 km/h 的加速时间仅为 3.4 秒，最高速度可达 350 km/h。

图 7-16　法拉利 Enzo　　　　图 7-17　兰博基尼 Reventon

1. 古董老爷车有哪些车型？
2. 经典跑车有哪些车型？
3. 现代超级跑车有哪些车型？

第 8 章

汽车名人

8.1 德国汽车名人

8.1.1 卡尔·本茨

1844 年,卡尔·本茨(见图 8-1)出生在德国西部的卡尔斯鲁厄。学生时期的卡尔·本茨热爱自然科学,尤其喜欢物理。1860 年,卡尔·本茨遵从母亲的意愿,进入卡尔斯鲁厄综合科技学校学习,在那里,他较为系统地学习了机械构造、机械原理、发动机制造、机械制造经济核算等课程,为他日后的发展打下了良好基础。

1877 年创业失败后,穷困潦倒的卡尔·本茨决定制造发动机,获取高额利润以摆脱困境,他在 1879 年 12 月 31 日制造出第一台单缸煤气发动机。经过多年的反复试验和改进,他终于研究成功火花塞点火内燃机。随后,他又将内燃机改进为卧置单缸二冲程汽油发动机,并将它安装在装有三个实心橡胶车轮的车上,运行速度达到 16 km/h,远远超出了当时作为主要陆上交通工具的马车。这辆汽车拥有火花塞点火、循环水冷却、钢板弹簧悬架、前轮转向、后轮驱动、制动手把和齿轮齿条转向器等当时最先进的技术及结构,也具备了现代汽车的很多特性。

图 8-1　卡尔·本茨

卡尔·本茨在 1886 年 1 月 29 日为这辆汽车申报了专利,同年 11 月专利申请获得批准。后来人们将 1886 年 1 月 29 日看作世界汽车的诞生日,1886 年被称为汽车元年。这辆三轮汽车被命名为"奔驰 1 号",现在陈列在德国斯图加特市的奔驰汽车博物馆中。

1926 年,卡尔·本茨在德国家中去世,其故居现在是"奔驰—戴姆勒基金会"的总部。

8.1.2 戈特利布·戴姆勒

1834 年 3 月 17 日,戈特利布·戴姆勒(见图 8-2)出生于德国舍恩多夫。

少年时代的戴姆勒就对燃气发动机产生了浓厚的兴趣,并开始学习研制奥托式燃气发动机。1872 年,戴姆勒设计出四冲程发动机。1882 年,他与好友迈巴赫在奥托四冲程发动机的

图 8-2 戈特利布·戴姆勒

基础上研制出了高速小型汽油发动机,并于 1883 年推出首部使用汽油的卧式发动机。1884 年,他又推出了性能更好的立式发动机(取名立钟,风冷,功率为 0.18 kW,最高转速为 600 r/min),并于 1885 年 4 月 3 日获得德国专利。

1885 年 8 月 29 日,他将此发动机安装在一辆木制双轮车上,取名为"骑式双轮车",获得了德国专利,这便是世界上第一辆摩托车。1886 年,戴姆勒把这种发动机安装在他为妻子 43 岁生日而购买的四轮马车上,创造了第一辆戴姆勒汽车。

1897 年,戴姆勒的公司生产出"凤凰"牌小客车。1903 年,戴姆勒公司生产了一种当时很先进的敞篷小客车,采用前置发动机,有前车灯、挡风板、双门 5 座位,造型更加接近现代轿车,还有比原来更轻、动力更大的发动机、更长的轴距、更低的重心,这种车被命名为梅赛德斯,这是公司主要投资人埃米尔·耶利内克女儿的教名,这位投资人也是戴姆勒汽车的热情支持者。

梅赛德斯小客车的投产大大提高了戴姆勒公司的商业地位。1900 年 3 月 6 日,戈特利布·戴姆勒在德国斯图加特去世。1926 年 6 月 29 日,戴姆勒公司和奔驰公司合并,成立了在汽车史上举足轻重的戴姆勒—奔驰公司(Daimler-Benz),从此他们生产的所有汽车都命名为"梅赛德斯—奔驰(Mercedes-Benz)"。

8.1.3 威廉·迈巴赫

威廉·迈巴赫一生最大的传奇在于创造了两个举世闻名的豪华品牌:梅赛德斯与迈巴赫,分别在豪华车的不同领域演绎着各自的辉煌。

1846 年 2 月 9 日,威廉·迈巴赫(见图 8-3)出生于德国的海尔布隆。父母相继去世,10 岁的他成为一个孤儿,在一家慈善机构长大。

1865 年,威廉·迈巴赫与"汽车鼻祖"戈特利布·戴姆勒相认并很快成为密友。1883 年,迈巴赫与戴姆勒一起研制出首部使用汽油的卧式高速小型汽油发动机,并于 1884 年又推出了性能更好的立式发动机。

1889 年,迈巴赫把带有滑动小齿轮的 4 速齿轮传动装置装在车上,并将这辆车在巴黎世界博览会上展出,从此滑动齿轮系统被正式引入汽车制造中。在戴姆勒公司,迈巴赫充分显示了其设计天赋,1898—1899 年,他发明了能产生 6~23 动力的 5 种不同型号的发动机。1901 年,在戴姆勒的支持下,迈巴赫设计出了一辆梅赛德斯,这是汽车历史上公认的第一辆现代轿车,它昭示着"马车时代"的结束,而迈巴赫也凭借这个设计在汽车界被尊称为"设计之父",享受着非凡的荣耀。

1907 年,迈巴赫离开了戴姆勒公司。两年后,他与长子卡尔·迈巴赫联合创办了自己的公司,并开始为费迪南德·冯·齐帕林伯爵生产飞艇使用的大功率发动机。

1919 年,热爱汽车的迈巴赫父子推出了象征完美和昂贵的高级轿车品牌迈巴赫。经过不断的改进,迈巴赫于 1931 年推出了旗舰车型齐帕林 DS8,这种车长 5.5 m,采用功率为 147 kW 的 8 L 发动机,是当时声望最高的德国轿车,它以无与伦比的典雅风范和汹涌澎湃的动力征服了世

图 8-3 威廉·迈巴赫

界，售价高昂。

到 1941 年停产，迈巴赫总共生产了大约 1 800 辆车，每辆车都按照用户的要求精心设计和装备。可以说，带有 MM 徽标的每辆轿车都各有不同，彰显出各自主人的个性。

1929 年 12 月 29 日，威廉·迈巴赫在斯图加特逝世。

2002 年，沉寂了 60 年的迈巴赫在梅赛德斯—奔驰集团的强力支持下复出，作为该集团的顶级品牌，复苏后的迈巴赫充满魅力，依然神秘。

8.1.4　费迪南德·保时捷

1875 年，费迪南德·保时捷（见图 8-4）出生于捷克北部波西米亚（原属于奥匈帝国）。

身为机械技师的儿子，少年时期的保时捷热爱电气与机械，15 岁时进入莱亨贝尔格的工业学校夜校部学习，毕业后来到维也纳，在贝拉·埃格公司工作，同时在维也纳工科大学旁听。1897 年，保时捷担任了一家电力公司试验部门的经理，并开始接触汽车。1898 年，他设计出可装在汽车车轴上的电动机。这一杰作被洛纳公司看中，他们聘请保时捷设计洛纳公司的第一辆汽车——洛纳·保时捷 1 号。这是一辆小蓄电池车，它最大的特点是两个后轮上各装有一台电动机，直接驱动车轮。每充电一次可行驶 80 km，起名为"洛纳·保时捷"。1900 年，洛纳·保时捷汽车在巴黎展览会上展出，获得大奖，

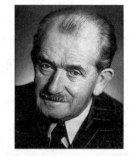

图 8-4　费迪南德·保时捷

出尽风头。同年保时捷制造出了 4 轮驱动赛车。1902 年，保时捷又成功制造了由汽油机与发电机相组合的混合动力汽车（Hybrid Car），该车不仅可以作为乘用车，也可用于载货，这应该是世界上第一辆混合动力汽车，至此费迪南德·保时捷以其杰出的设计天赋名扬天下。

1903 年，保时捷受聘于戴姆勒公司，担任首席工程师和公司董事。在这里他设计了经典的 S 系列大型赛车。1925—1927 年的短短两年间，S 系列赛车参赛 27 场，夺得 21 个冠军。但公司始终不支持保时捷开发小型轿车，导致他愤然离开公司。1930 年，保时捷建立了以自己姓氏命名的设计事务所，为当时欧洲的著名汽车公司提供设计方案。其中包括 1933 年 Autounion 的发动机、中置式赛车（Midship Racer）等著名设计项目。1934 年，保时捷设计出了德国的国民车（VW Prototype，甲壳虫轿车的原型车）。此外他还主持设计了第二次世界大战中德军使用的虎牌坦克和航空发动机，并因此在战争结束后被盟军指控为战犯而遭到逮捕，关押两年后获释。在此之后，设计事务所主要由保时捷之子费利主持，并于 1948 年在斯图加特建立了保时捷汽车公司，推出了一代名车——保时捷 356 双门运动型跑车。

1952 年 1 月 30 日，就在保时捷 356 型跑车开始为公司赢得荣誉时，费迪南德·保时捷因病去世，终年 77 岁，在人们的心里，他是位不可多得的设计天才。

8.2　美国汽车名人

8.2.1　亨利·福特

1863 年 7 月 30 日，汽车大王亨利·福特（见图 8-5）诞生在美国密歇根州迪尔本。身为农场主的儿子，福特厌恶农活，却热爱机械，他在 12 岁时建立了自己的机械坊，15 岁时他

图 8-5　亨利·福特

亲手造了一台内燃机。

1879 年，福特离开家乡去底特律密西根汽车制造公司做机械师学徒工，学成后他进入西屋电气公司，后来又成为爱迪生电气公司的工程师。福特在 1896 年制造出自己的第一辆汽车，并把它命名为"四轮车"。

此后，他与别人合伙在 1899 年成立了底特律汽车公司，福特醉心于研究新车，根本不重视公司的汽车销售，所以这家公司在一年后就因经营不善而倒闭了。1901 年，在商人们的支持下，福特成立了第二家公司，这家公司主要生产福特发明的赛车，他通过参加比赛来证明车辆的优越性能，他曾经在 1901 年亲自开车参加比赛并获胜。但不久他的资助者就迫使他离开了公司，这就意味着他的第二次创业也以失败告终。

1903 年福特与其他 11 位投资者筹集了 2.8 万美元，按照股份制模式建立了福特汽车公司，福特自任董事长兼总经理。福特公司在 1908 年推出了著名的福特"T 型车"，并于 1913 年第一次将流水线引入汽车工厂生产"T 型车"，由于"T 型车"采用了规格统一的零件以及可以互换的总成，从而大大提高了工作效率，降低了生产成本，使这种价格低廉的汽车大量进入美国家庭，开创了前所未有的火爆销售纪录。1918 年，美国的汽车有一半以上是"T 型车"，到 1927 年，福特更是累计生产了 1 500 万辆"T 型车"，创造了空前的纪录。

晚年的福特坚持独裁政策，拒不改革，导致公司一片混乱，并分别在 1927 年和 1936 年被通用和克莱斯勒超过，最终他不得不让位于孙子福特二世。亨利·福特于 1947 年逝世于家中，享年 83 岁。

人们这样评价福特：他不是汽车的发明者，但他是汽车工业的创始人，他创建的汽车王国改变了我们的生活。

8.2.2　威廉·杜兰特

1861 年，威廉·杜兰特（见图 8-6）生于美国波士顿。从学校毕业后，杜兰特从事过很多工作，积累了一定的经验。1886 年，他投资了 1 500 美元和道拉斯·道特在弗林特市共同成立了一家马车制造公司，凭借自己出色的销售和经营才华，马车公司的业务突飞猛进，迅速为他积累了大量的财富。15 年后，当初的投资已经变成了 200 万美元，而公司成为美国最大的马车制造厂。

图 8-6　威廉·杜兰特

1904 年，杜兰特斥资 50 万美元资助经营陷入困境的别克汽车公司，随着资金的进一步投入，他完全控制了这家公司。1908 年，杜兰特看上了刚刚成立的通用汽车公司，以 375 万美元的价格将别克公司卖给了通用公司，自己如愿以偿地进入了通用公司。他采用以股票换股票的方式将 20 多家汽车制造厂、汽车零部件制造厂及汽车推销公司合并起来，形成了一家巨型的汽车企业，旗下包括了美国较大的汽车厂，如凯迪拉克、奥茨莫比尔、奥克兰（庞蒂克公司的前身）等。由于过度扩张和资金储备不足，1910 年，通用汽车公司出现了严重的资金问题，财团接受了公司的举债请求，同时也开出了极为刻薄的条件，杜兰特被解除了总经理的职务，被迫退出公司。

退出通用汽车公司后，杜兰特筹集资金，与路易斯·雪佛兰共同组成了雪佛兰汽车公司，生产经济型雪佛兰汽车，经营大获成功。他通过换股方式，在 1916 年将通用公司从银行家的控制下重新夺了回来,使其变成了雪佛兰的一家子公司。

后来杜兰特将新的汽车公司改为股份制企业,并获得了老通用公司的全部股权。在重新获得通用公司的领导权以后,杜兰特拒绝接受董事会的领导,导致公司一再出现经营失误,在1920年显现严重危机,濒临倒闭。在公司上下一片反对声中,杜兰特被迫于1920年11月再次离开公司,其在通用的股份也被公司收购。1947年,杜兰特黯然离世。但是他一手缔造的通用汽车公司,却成功地存活下来,并成为现在世界上最大的汽车公司。

8.2.3 亨利·利兰

亨利·利兰(见图8-7)一生之中只设计和创建了两个品牌的轿车,但却是如今美国乃至全世界的两个豪华轿车品牌——凯迪拉克、林肯。这位传奇的人物就是亨利·利兰,被誉为美国汽车工业的"精密生产大师"。

利兰全家在19世纪50年代初从英格兰移民到美国,14岁的利兰因年幼未能参军,然而在他谋得工具制造工这一职业时,他已不算太年轻了。利兰最早在一家军工厂从师学艺,学到了精密的生产手艺。后来,他和一个学枪炮制造的师兄弟来到汽车工业正如日中天的底特律城。他们俩合伙开了一家工厂,把在枪械制造上学来的高精度工艺运用到汽车制造中去。

图8-7 亨利·利兰

1901年,利兰的加工厂给一家汽车公司生产了一批发动机,因为精度极高而名气大震。于是在1902年,底特律汽车公司聘请利兰主持汽车生产,来摆脱公司的困境。利兰经手后,将公司改名为凯迪拉克汽车公司,专门生产豪华轿车。选用"凯迪拉克"之名是为了向法国的皇家贵族、探险家安东尼·门斯·凯迪拉克表示敬意,因为他在1701年建立了底特律城。凯迪拉克采用的是一个含义深刻而精致的LOGO——盾形徽章,这个LOGO是凯迪拉克家族曾作为皇家贵族的象征,象征着其在汽车行业中的领导地位,表现了底特律城创始人祖先的勇气和荣誉。200年后,为了纪念这位法国人的功绩,继承他的开创精神,利兰以其名字成立了凯迪拉克公司。

到1906年,凯迪拉克在底特律的工厂已成为当时世界上最大、最完善和装备最好的汽车厂。1909年凯迪拉克公司加入通用汽车公司,从此凯迪拉克在设计汽车时,更加重视汽车的豪华性和舒适性。1910年,凯迪拉克推出了第一辆全封闭式汽车,它成为日后的标准车型,其产品在通用公司占据着最高档的位置,是美国豪华车的代表之一。第一次世界大战爆发后,利兰组织凯迪拉克公司最出色的工程师,成立了一家生产飞机发动机的新公司,但遭到通用总裁的反对。一气之下,利兰和儿子威尔弗离开了他一手创办的凯迪拉克公司。于1917年创立林肯公司,生产飞机发动机。利兰之所以以"林肯"作为公司的名字,是因为他在1864年投过林肯总统的选票,对林肯非常敬仰。

8.2.4 李·艾柯卡

1924年10月15日,李·艾柯卡(见图8-8)生于美国宾夕法尼亚州。

1946年8月,艾柯卡来到底特律,在福特汽车公司当了一名见习工程师,他不喜欢整天同机器打交道,到销售部门同人打交道是他感兴趣的事情。经过一番努力,福特公司宾夕法尼亚州的地区经理终于给了他一个机会,22岁的他从此当上了一名推销员,由于出色的销售业绩，25岁时艾柯卡已经成为地区销售经理。

1956年，艾柯卡别出心裁地提出了"56元钱买56型福特车"的分期付款购车方法，让一般人也能买得起汽车，这一招使福特汽车的销量直线上升，而公司也将这种销售方法在全美推广，使公司的汽车年销量猛增，艾柯卡也因此一路晋升，成为华盛顿特区经理，几个月后，他被调到福特公司总部，担任卡车和小汽车两个销售部的经理。

1960年，艾柯卡担任了福特公司副总裁和福特分部的总经理。他主持研制了新车"野马"，第一年销售量竟高达41.9万辆，创下了全美汽车制造业的最高纪录。后来公司又陆续推出了"侯爵""美洲豹""马克3型"等高级车型，同样大获成功。1970年12月10日，艾柯卡登上福特汽车公司总裁的宝座，成了这家美国第二大汽车企业中地位仅次于老板福特的第二号人物。可惜好景不长，8年后，这位二号人物被大老板亨利·福特二世解雇了，对于即将退休的艾柯卡来说，这简直是晴天霹雳。54岁的艾柯卡没有被击倒，他接受了一个新的挑战：到濒临破产的克莱斯勒汽车公司出任总经理。艾柯卡要求公司员工"共同牺牲"，主动将自己36万美元的年薪减至1美元，带领全体员工改组公司结构，紧缩开支，加紧研制新产品。终于在1982年推出了"道奇400"新型敞篷车，畅销市场，多年来第一次使克莱斯勒公司走在其他公司前面。5年后，1983年8月15日，艾柯卡代表克莱斯勒公司将8亿多美元的支票交到银行代表的手里，还清了所有的债务，而恰恰是5年前的这一天福特公司解雇了他。

图8-8 李·艾柯卡

1985年，克莱斯勒公司在世界汽车制造公司的排名榜中跃居第5位。1986年，克莱斯勒公司的股票涨到每股47美元，6年来其股息增长了860%，雄踞500家大公司的榜首。艾柯卡成了美国的著名人物。

8.2.5 瓦尔特·克莱斯勒

瓦尔特·克莱斯勒（Walter Chrysler，1875—1940年）（见图8-9），美国三大汽车公司之一克莱斯勒公司的创始人，被誉为"机械天才"。克莱斯勒品牌是典型的美国汽车品牌，为消费者提供了一类风格独特的汽车。

青年克莱斯勒立志当一名机械师，曾自制了一辆可以在后院里他专门铺设的轨道上行驶的微型蒸汽车。他对任何事情都有强烈的好奇心，不断寻找发展自己的机会，多次更换工作，直到33岁，才相对稳定地受聘担任了芝加哥西部铁路的动力总负责人。

图8-9 瓦尔特·克莱斯勒

一次他参观了芝加哥汽车展览会，会上展出的形态各异的汽车，使他大开眼界，可是，他决心投身于这一富有竞争性的事业当中。不久后，他受聘于年薪不高的通用汽车公司。由于精通机械、技术超群，他被委以重任，收入不断增高。但克莱斯勒本人却产生了离开通用、独自去干一番事业的想法。最终，由于克莱斯勒与杜兰特难以合作，他还是离开了通用汽车公司。

后来，克莱斯勒受聘担任了经营困难的威利斯—奥弗兰汽车公司和马克斯威尔公司的顾问，并借机接受、改组了马克斯威尔公司，1925年6月6日正式成立克莱斯勒汽车公司。

克莱斯勒汽车公司成立以后，发展极其迅速。相继推出的"克莱斯勒4号"和"系列58"

两种新车，销量颇佳。克来斯勒在 1929 年即跃升为美国三大汽车公司之一，后来还曾有过超过福特位居第二位的辉煌。

"一个美国工人的一生"，这是瓦尔特·克莱斯勒对自己的评价。就是这个铁路技工出身的美国工人，凭着对事物的好奇心和对技术永不满足的创新精神，缔造了今天美国三大汽车巨头之一的克莱斯勒集团。

8.2.6 大卫·别克

大卫·别克（见图 8-10）（David Buick，1855—1929 年）在 1899 年开始研制汽油发动机，并于 1900 年造出了第一辆别克车。1903 年大卫·别克在布里斯科史弟的帮助下创建了别克汽车公司。1908 年它的产量达到 8 820 辆，居美国第一位，并以别克公司为中心成立了通用汽车公司。别克部是通用汽车公司的第二大部门。100 多年以来，已经有 4 000 万辆汽车拥有了"别克"这个名字。

图 8-10　大卫·别克

1903 年前，别克只生产出两部小汽车，在全美数百家汽车厂中可能是最不起眼的一家。由于不善经营，工厂负债累累，公司又陷入困境。1904 年，别克转让给另一位汽车制造商——威廉姆·杜兰特。杜兰特认为别克汽车比其他汽车在翻山或穿过泥泞路段时具有明显的优势，别克汽车才是真正的实用汽车。经过筹集资金、销售产品等方面的努力，1908 年，凭着 8 000 多辆的生产总量，别克成为美国汽车业的一匹"黑马"。在别克成功的基础上，杜兰特于当年创立了一个集团公司，这就是当今世界最大的汽车工业公司——通用汽车公司。

大卫·别克是一位汽车先驱。他甚至被指责成咄咄逼人、固执己见的商人和石油股票的投机者。然而，大卫·别克顽强不屈的精神仍然值得喝彩。这个生于 19 世纪的人，仅仅凭着一个建造汽油发动机的创意，吸引了如沃尔特·马尔以及后来尤金·理查德这样的机械天才，创造了超级发动机。虽然他们所赚的钱仅仅足够果腹，但是这个小公司却凭此生存下来，并等到了大幅扩张的机遇。

8.3 中国汽车名人

8.3.1 饶斌

饶斌（见图 8-11）被尊称为"中国汽车工业之父"，他出生于吉林省，并在此度过了自己的童年。

图 8-11　饶斌

新中国开始筹建汽车厂时，饶斌被调来参与工厂的筹建工作，原厂长郭力主动让贤，饶斌担任了汽车厂的厂长。1953 年，中国第一汽车集团公司（原第一汽车制造厂）建成，从此中国有了自己的汽车工业。1956 年 7 月 13 日，第一辆解放牌载重汽车披着红绸下了一汽的总装线，中国不能自己制造汽车的历史结束了。1958 年 5 月 12 日，第一辆东风牌轿车研制成功，作为向党的八届二中全会的献礼，这辆车由火车从长春运到北京，饶斌亲自将它开出了北京站。

1959年年底,饶斌调任原第一机械工业部副部长兼汽车局局长。1964年,饶斌开始筹建二汽,此时的中国工业已经初具规模,因此他提出用"聚宝"的方法进行建设,即利用全国各地较好的企业来包建二汽的各个分厂,使二汽成为现代化的汽车制造企业。

1979年2月,66岁的饶斌离开二汽,继续从事与汽车有关的管理工作,曾经担任一机部副部长、机械委汽车工作组组长。1982年中国汽车工业公司成立,饶斌成为第一任董事长。

1985年饶斌退休,但是他并没有离开他挚爱的汽车事业,依然为中国汽车工业的发展奔走着。1987年7月,74岁的饶斌还在调研上海大众公司,对公司引进的各种设备进行了详细的了解,但是在这里,他留下了最后的身影,再也没有回来……

饶斌的夫人张茅这样评价他:"他简直就是一个视汽车为生命的人!"中国汽车界对饶斌的评价是:"如果说一个人的经历能够完整地反映中国汽车工业最初30多年的发展历程,这个人无疑是饶斌。"

8.3.2 郭力

郭力(见图8-12),原名高崇岳,出生于1916年,祖籍河北沧州,从小跟随父亲在东北长大。

图8-12 郭力

新中国成立后,中央重工业部设立汽车工业筹备组,1950年4月郭力被任命为筹备组主任。上任后的郭力加紧进行各项准备工作,完成了工厂厂房的修复和修建,建立了培训干部的汽车工业学校。为了获得地方政府的支持,加快工程进展,郭力多次向东北局和党中央请求调一位熟悉东北情况的干部来主持汽车厂的工作,后来中央同意了他的请求,调饶斌来担任汽车厂的厂长,而郭力自己则退居二线担任副厂长兼总工程师,成就了一段让贤佳话。

1954年,郭力带领500名实习生赴苏联学习。在此期间,郭力接受一机部授权,代表中方审批了一汽的技术设计。回国后,郭力主抓汽车厂的生产准备工作,通过艰苦的努力,一汽的试生产一次成功,于1956年7月,推出我国自制解放牌汽车。

1964年8月郭力奉调北京一机部,负责在原汽车局的基础上筹办中国汽车工业公司,他根据中国国情,借鉴国外经验,主持起草了《汽车托拉斯的组建报告》,国家批准建立中国的汽车托拉斯,并将其命名为中国汽车工业公司。1965年1月,郭力被正式任命为一机部副部长兼中国汽车工业公司经理。其后,在试点的基础上,北京、南京等地相继成立了汽车分公司,到1965年年底,中国汽车工业公司的组织结构基本完成,形成了国家队汽车行业和重点企业进行集中管理的经济组织。全公司形成了75家直属企业,长春、南京、北京、重庆等分公司,以及全国重点零部件企业的生产、协作和销售网络。

1976年2月,郭力因病去世,享年60岁。但是他对中国汽车工业做出的巨大贡献却是难以磨灭的。

8.3.3 孟少农

孟少农(见图8-13),原名孟庆基,祖籍湖南省桃源县。

少年时期的孟少农随父亲在北京度过童年，1921 年入北京附小读书，1927 年进北师大附中。1928 年年底父亲失业，遂举家返回湖南，1930 年，孟少农考入长沙岳云中学，1932 年进入长沙高中。高中毕业参加全省会考，他取得会考第一名的好成绩。希望实业救国的孟少农在高中毕业后考入清华大学，就读于机械工程系。1940 年，孟少农以优异的成绩考取了西南联大的留美公费生，1941 年进入麻省理工学院机械系学习。1943 年获得硕士学位后，孟少农放弃了攻读博士学位，先后到美国的福特汽车公司等大型企业工作，学习汽车制造和汽车设计方面的理论。1946 年 5 月，孟少农婉言谢绝了美国公司提供的优厚待遇，乘战后中美通航的第一班轮船回到了中国。

图 8-13　孟少农

新中国诞生后，孟少农于 1950 年成为原重工业部汽车工业筹备组副主任，他积极协助时任主任郭力展开工作。在一汽筹建过程中，重工业部指派孟少农负责驻莫斯科代表小组，办理一汽技术设计联络、设备订货与分交、聘请专家、派遣实习人员等事宜。1953 年 7 月，孟少农奉调回国，就任一汽副厂长兼总工程师，主要负责技术方面的工作，他把全部精力和智慧都倾注到一汽建设上，保证了一汽的调试生产按照计划进行。

在以后的几十年中，孟少农一直在我国汽车行业做技术指导工作，为后来陕西汽车制造厂、第二汽车制造厂的创建和发展，作出了巨大的贡献，并领导了一汽、陕汽和二汽几代产品的研制和开发。1980 年 11 月，他被推选为中国科学院技术科学部委员。1983 年和 1984 年连续两年被评为湖北省特等劳动模范，1985 年又荣获全国第一批"五一劳动奖章"。

1988 年 1 月 15 日，孟少农同志在北京逝世。

8.3.4　赖平

赖平（见图 8-14）（Pinky Lai Ping）是第一代保时捷卡宴等的设计师，是第一位在国际上名声大噪的华人汽车设计师。

图 8-14　赖平

他于 1951 年出生，初中毕业后因为家境贫困，并且觉得当时香港的社会风气"太市侩"，同时也自感在香港难以进入高等学府，所以放弃了就读高中的机会，到造船厂工作。一次偶然的机会让他进了一间室内设计商店工作，从此他爱上了设计。1972 年，21 岁的赖平买了一张飞往罗马的单程机票，在意大利一间工业设计学校（ISIA）学习工业设计。随后他去了德国，1980 年，他正式进入福特公司，担任了嘉年华、Sierra 等小型汽车的设计师，迈出了作为汽车设计师的第一步。1989 年，他又被保时捷公司看中，一待就是 24 年，设计了保时捷 996、Boxster 以及最新的 Cayman S 等经典车型。保时捷 966 是他最喜欢的一款车，首次大大突破了 40 年来由费迪南德·保时捷最先为保时捷 911 设计的车款，966 对保时捷公司有重要的转折意义。

2004 年，他被任命为保时捷设计团队（Style Porsche）的首席设计师，主要负责来自中日韩和欧洲各地客户的交通工具设计等对外项目，包括高性能摩托车设计，乃至重新设计一艘 300 公尺长的邮轮。从保时捷公司退休后，2015 年获得了亚洲设计界最高荣誉奖——DFA 亚洲设计终身成就奖。该奖旨在表扬终身为设计专业作出重大贡献及对亚洲社会影响深远，并受设计界敬仰和尊崇的人士。得奖者须于其职业生涯一直投放热诚,其骄人成就亦备受广泛赞誉,并以其成就影响亚洲及世界各地。

赖平最新的项目包括为中国一家大汽车厂及我国香港七星级住宅项目担任设计顾问,并在香港研发一种电动汽车。赖平直言:"它不是又一款跑车,也不是一款 SUV(运动型多用途汽车),亦不是一款特斯拉 S 车型。以后你就不会再盯着法拉利或者布加迪了。我们这款汽车将会秒杀一切。"

8.4 其他各国汽车名人

8.4.1 恩佐·法拉利

1898 年 2 月 18 日,恩佐·法拉利(见图 8-15)出生在意大利北部莫德拉。

图 8-15 恩佐·法拉利

他的父亲阿勒法多是一个不折不扣的赛车迷。在他 10 岁那年,父亲带他到波伦亚观看了一场汽车比赛。赛车场惊心动魄的场面深深吸引了他,他盼望着自己也能成为一名优秀的赛车手,13 岁那年他千方百计地说服父亲,允许他单独驾驶汽车,从此,他与汽车结下了不解之缘。

1918 年,20 岁的法拉利自费参加了森姆尼赛车队,第一次体验了赛车运动独具的疯狂刺激。22 岁那年法拉利在大奖赛中夺得亚军,并得到了阿尔法·罗密欧汽车制造公司老板的垂青,成为公司的一名试车员。法拉利如愿以偿,他埋头于自己所钟爱的事业,与同事一起改进赛车的结构,优化赛车的品质。32 岁时法拉利成为阿尔法·罗密欧汽车公司赛车队的队长。随后的 7 年里,他统率法拉利赛车队先后参加了 39 场大奖赛,获得了 11 场冠军,出尽了风头。同时也为阿尔法·罗密欧汽车公司荣登世界跑车行业头把交椅,立下了汗马功劳。

与老板同事日渐水火不容的人际关系,使法拉利在 40 岁时脱离了阿尔法·罗密欧汽车制造公司。卧薪尝胆 7 年后,法拉利在意大利北部城市波伦亚的马拉奈洛城,创办了法拉利汽车制造公司,生产出以奔马为标志的第一辆法拉利赛车。以后的 3 年时间里,法拉利又相继生产了 Tipo166、Tipo195、Tipo212、Tipo255 等赛车。法拉利以自制的各种赛车参加汽车比赛,屡屡获奖,奠定了法拉利在世界车坛的地位。

1988 年 8 月 14 日,90 岁的"赛车之父"恩佐·法拉利去世了。但是他留下的辉煌仍然誉满全球。

8.4.2 劳斯和莱斯

劳斯莱斯是著名的贵族汽车品牌,是以两个人的名字命名的,他们是查尔斯·劳斯和亨利·莱斯(见图 8-16)。

1904 年,英国贵族查尔斯·劳斯和设计师亨利·莱斯共同创建了一家汽车公司,由莱斯负责制造汽车,而劳斯则负责销售汽车。两年后,公司出产了第一辆

图 8-16 查尔斯·劳斯(左)和亨利·莱斯(右)

劳斯莱斯轿车，这辆被称为"银色幽灵"的车堪称真正的传奇之作。它首次露面于巴黎汽车博览会时，其金色钟顶型散热器就吸引了众人的眼球，直到今天，这一造型依然是劳斯莱斯不可替代的设计元素。除了独特的外观，"银色幽灵"还拥有领先于时代的技术：强制润滑，7L6 缸发动机输出功率可达 35 kW，最高车速达 110 km/h，这在当时绝对是一项世界纪录。

1970 年，一辆劳斯莱斯不间断地行驶了 24 000 km，在整个过程中，汽车维修费用只有 3 英镑，这证明了莱斯是一个天才的发动机设计师，他设计制造的发动机具有良好的耐久性和动力输出均匀等突出优势。4 年之后，一辆"银色幽灵"又创造了另一项记录：从伦敦到爱丁堡往返，以 4 挡行驶，百公里平均油耗只有 11.6 L。

劳斯莱斯汽车的创始人之一劳斯于 1910 年 7 月 12 日遭遇空难，另一位创始人莱斯于 1933 年 4 月 22 日去世。

值得一提的是，劳斯莱斯还是著名的航空发动机制造商，分别为著名的波音公司和空中客车公司提供性能优良的发动机。只是在 20 世纪 70 年代，公司严重亏损，不得不在英国政府干预下被一分为二，分别成为航空发动机公司和轿车公司。在 1996 年，劳斯莱斯轿车公司被宝马汽车公司收购，但劳斯莱斯的品牌得以保留，飞翔女神依然熠熠生辉。

8.4.3 丰田喜一郎

丰田喜一郎（见图 8-17）出生于 1895 年。他的父亲丰田佐吉是日本杰出的发明家和企业家。丰田佐吉利用自己发明的自动纺织机创建了一家大型的棉纺厂，完成了家族资本的原始积累，也为丰田喜一郎以后的汽车发明之路提供了充足的资金支持。

性格内向、勤奋好学的丰田喜一郎进入日本著名的东京帝国大学学习机械工程，毕业后在父亲的丰田自动织机制作所工作了 10 年。1933 年，在丰田喜一郎的一再坚持下，终于在丰田自动织机制作所内部成立了专门研制汽车的汽车部。经过艰苦的努力，丰田喜一郎和同事们终于在 1934 年 9 月造出了动力强劲的 3389 CC 六缸直列发动机，这种发动机可达 48 kW（65 马力）。在此基础上，他们又在 1935 年陆续制作了 A1 型小客车和 G1 型卡车。后来他们推出了改进后的 AA 型小客车，它的外观要比 A1 型汽车更为简练，性能更加优越。到 1936 年年底，丰田公司已开发出多种基础设计，包括帆布车篷可敞开的 AB 型四门旅行车，还有 DA 型大客车的底盘。

图 8-17　丰田喜一郎

随着丰田汽车公司业务的进一步发展，它在日本汽车行业的龙头地位逐渐明晰，很快被日本确定为国家生产汽车的两大制造商之一。扩大工厂规模、增加汽车产量，成为汽车部当务之急，而作为公司分部的地位对其发展确实相当不利。因此在 1937 年 8 月，丰田喜一郎和其领导的汽车部从织机制作所分离出来，单独成立了"丰田汽车工业株式会社"。丰田喜一郎在汽车公司的发展过程中，不断摸索，提出"及时生产"的经营理念，初创出后来风靡全球的"丰田生产法"，将传统的整批生产方式改为弹性生产方式。按照这种模式组织的生产，工人和工厂都可以得到好处：工人每天只需完成自己的定额，早做完者早下班，做不完者必须加班完成；工厂无须设置存货仓库，无须占用大量周转资金，许多外购零部件在工厂付款之前就已经被装车卖出了。经过进一步的发展和完善，今天的"丰田生产法"已经被世界制造业奉为经典，争相学习。可以说，日本成为今天的世界汽车大国，作为"日本国产车之父"

的丰田喜一郎居功至伟。

1952年3月27日，丰田喜一郎因患脑溢血去世，终年57岁。

8.4.4 本田宗一郎

1906年11月，本田宗一郎（见图8-18）出生于日本静冈县的一户贫苦人家。本田宗一郎自幼偏好机械，16岁到东京一家汽车修理厂当学徒。6年后，他回到家乡开设了自己的汽车修理店，以精湛的修车技艺赢得了顾客的好评，使修理店的生意越来越红火。后来，积累了一些资金的本田宗一郎开始了发明创造。很快他就研制出取代木制车轮辐条的铁制车轮辐条，在博览会上获得专家好评，并通过申请获得了专利权。

图8-18 本田宗一郎

1934年，本田宗一郎看到了汽车市场的发展前景，开始转行生产汽车零部件，他将自己的公司起名为"东海精密机械公司"，简称"东海精机"。1937年，他试制成功汽车的关键零配件活塞环，辐条汽车公司成为东海精机活塞环的主要买主。后来本田宗一郎将自己拥有的股份全部卖给了丰田汽车公司。

1946年10月，本田宗一郎在滨松设立了"本田技术研究所"，他获悉日本陆军积压了一批微型发动机，这是在战争中准备用于通信设备的，现在已经派不上用场了，都堆在仓库里。他以低廉的价格购进了这批发动机，改装后将其安装在自行车上。这种被称为"吧嗒吧嗒"的机动自行车一问世就博得好评，第一批产品被抢购一空。技研所的工人们加班加点地工作，使"吧嗒吧嗒"的产量不断增加，眼看买来的发动机就要用完了，本田宗一郎决定自己生产发动机。经过一番努力，终于和朋友河岛一起生产出排量为50 mL的A型发动机，这台微型发动机就是最早的"本田摩托发动机"，也是日本A型摩托批量生产的开始。

1948年，本田宗一郎组建了"本田技术研究工业总公司"并自任社长，在A型发动机的基础上公司陆续推出了改进后性能良好的B型发动机和C型发动机，后来更是生产出了排量为98 mL，功率为1.69 kW的D型发动机。

经过多年的努力，本田摩托车终于在20世纪60年代在世界顶级摩托车大赛中屡屡获奖，确定了本田公司在国际摩托车市场的地位。

1961年，本田公司开始进军汽车市场，他们研制的赛车在比赛场上取得了不俗的成绩。1970年，日本公布了限制汽车废气排放的马斯基法规。经过反复的试验和改进，1972年10月，本田宗一郎终于开发出符合规定的CVCC发电机，获得了业界的高度评价。1974年本田公司正式采用CVCC发动机生产出雅阁轿车。

1991年8月5日，这位享誉全球的著名企业家逝世。

8.4.5 安德烈·雪铁龙

1878年2月5日，安德烈·雪铁龙（见图8-19）（A.Citroen）在法国巴黎出生，原籍荷兰，父亲是个从事珠宝生意的商人，母亲是波兰人。雪铁龙年轻时就认定科技进步将给人类带来幸福，所以他选择巴黎综合工科学院就读，准备将来当一名工程师。22岁那年他去波

图8-19 安德烈·雪铁龙

兰外婆家探亲度假，途中因注意到一个装置上按"人"字形拼成的齿轮而得到灵感，回来后发明了人字形齿轮传动系统，并获得专利。在获得文凭、服完兵役后，他于1913年创立了自己的公司，专门从事齿轮传动机的生产。

1915年，安德烈·雪铁龙创建了雪铁龙汽车公司，这是法国第一家采用流水线生产汽车的厂家。由于采用先进技术，因而在它刚成立仅仅第6个年头中，年产量即突破100万辆。

在1924年和1931年，安德烈·雪铁龙组织了雪铁龙汽车"亚洲之行"和"非洲之行"，又称"黄色旅行"和"黑色旅行"，使雪铁龙汽车名噪世界，销量也随之大增。

雪铁龙坚持认为：汽车厂卖的不只是汽车，还有无微不至的服务。他逐步完善了汽车买卖方式，创立了一年保证期制度，建立分销网，罗列出零件目录及维修费用一览表，使所有销售点、维修点的费用得以统一。1922年，他大力推广分期付款售车方式，成立了全国第一个专司分期付款的机构，并在国外创办了不少汽车出租公司，在全国各地形成了一个游览车服务网。

富有的雪铁龙在生活上不求豪奢，只是不断地投资于工厂和开发新车型，追求技术上的不断进步，他甚至声称"只要主意好，代价不重要"。在工程师勒费伯的建议下，雪铁龙决定在新研制的汽车上采用一系列全新的技术：前轮驱动、流线型车身、自承重设计、扭力杆悬挂装置、液压制动、悬浮马达、自动变速器。由于所需经费庞大，他只好向部分经销商及米其林公司请求赞助。虽然这种后来被人们称为"强盗车"的前轮驱动车给雪铁龙公司带来了极大的荣誉和滚滚利润，但在当时却因研究周期过长而使产品未能如期推出，加之匆匆投产后又存在着许多设计、制造方面的缺陷，销路受阻，雪铁龙顿时负债累累，从此，他因忧郁住进了医院，1937年7月，雪铁龙去世。在他死后的两天时间里，数不清的工人、经销商甚至普通顾客，纷纷涌进雪铁龙公司向他行礼致哀，法国政府也给他颁发了一枚二级荣誉勋章。实际上，今天的雪铁龙公司仍然名震全球，以及他的前轮驱动设计方案在60多年后没过时，才是对他最大的褒赏与怀念。

20世纪70年代，雪铁龙公司遇到财务危机，就在意大利菲亚特汽车公司想吞并它之时，标致公司凭借雄厚的财力外加一笔政府贷款，接管了危难中的雪铁龙公司。1976年10月，两家公司完成合并工作，组成新的持股公司，称"标致—雪铁龙公司"（简称PSA公司）。1979年，公司又改称"标致股份公司集团"，简称"标致"。雪铁龙加入标致后，成为标致集团的一员，但它仍然有很大的独立性，其经营活动仍然由自己把握。

8.4.6　郑周永

1915年11月，郑周永（见图8-20）出生在朝鲜北部江原道一个贫苦的农民家庭。日复一日地苦苦耕田，让郑周永渴望着能走出农村，走出天地，过上好日子。

1935年，郑周永在一家米店寻得待遇较好的工作，得以安顿生活。郑周永在米店干活勤奋，深得老板赏识，并与当时一些客户建立了良好的关系，为以后打下了基础。1938年，机会来了，米店老板生了重病，而唯一的儿子又游手好闲，所以便免费将米店交由这位身无分文的打工仔来管理。一瞬间，他从伙计变成了掌柜的。

图 8-20　郑周永

但没过多久，日本侵华战争爆发，日本对朝鲜实行粮食配给制，命令全部米店关门。米店夭折给郑周永巨大打击,但他并未灰心,借钱干起当时有赚头的汽车修理业,不过开业五天,工厂又毁于一场大火,上天好像要考验这个人的耐力似的!

1940年2月1日,他又集资重新办起专修汽车的"阿道汽车修配厂",在经营中他也学会了汽车原理和发动机的构造知识。

郑周永于1967年12月建立了现代汽车公司。新生的汽车制造商最早选择福特的英国分公司作为其合作伙伴,即由福特负责向现代提供生产轿车及轻型卡车所必需的技术。然而,福特公司对现代很冷淡,他们想,就是生产出汽车,在韩国那样小的市场,也赚不了多少钱,因此百般刁难,最后郑周永做出了一个至关重要的决定,终止与福特的合作,自己生产汽车。

1976年1月,通过引进乔治·敦布尔设计室的车型以及使用从日本和英国学习到的生产技术,现代汽车的第一个自主车型"小马"终于投产。这款微型汽车在国内市场迅速获得了巨大成功,令现代汽车雄踞国内市场首位长达20年之久,成为汽车市场上一匹实实在在的黑马。

不仅如此,1992年,现代又在底特律车展上骄傲地推出完全自主研发成功的第一款概念车——HCD-I,流畅的线条、前卫的造型,在两盏炯炯有神的鹰眼式大灯烘托下,立刻征服了北美的车迷,最"可怕"的是这辆双座小跑车的售价只要1.4万美金,立即惊动了整个世界。

现代车厂现今行销世界128个国家和地区的车款有卓越(Exc-el)、伊兰特(Elantra)、索纳塔(Sonata)及与伊兰特共用平台的酷派(coupe)跑车四种车型。而伊兰特车款曾勇夺1992年、1993年澳洲越野大赛量产车组的冠军,并得到英国汽车专业杂志《WhatCar》最值得购买的中型房车荣衔;卓越则入选1994年美国汽车年鉴(CarBook)最佳安全小型房车;索纳塔于1993年年初登上中国大陆,1—5月就卖出了4万辆。

2001年3月21日,韩国现代史上的传奇人物,现代集团的创始人兼名誉会长郑周永在汉城一家医院病逝,享年86岁。

8.4.7 费鲁吉欧·兰博基尼

费鲁吉欧·兰博基尼(见图8-21)(Ferrucio Lamborghini)是兰博基尼汽车公司的创始人,就像本茨、福特、保时捷等人一样,他在汽车制造业也享有盛誉,费鲁吉欧·兰博基尼毕其一生,致力于提高赛车的性能以不断夺取桂冠。他是一个孤僻的人,却能够激励周围每一个人,让他们为了他的目标而各显其能。因为哺育了他,他的故乡在某种意义上已经成为全球高性能汽车领域的首府。

费鲁吉欧·兰博基尼在意大利战后制造了一系列的拖拉机、燃油燃烧器及空调系统,从而为自己的品牌树立了声望,并1963年在意大利成立了自己的车厂。一年后首款兰博基尼跑车——兰博基尼350GTV面世了,它标志着一段令人称奇的成功之路的开始。所有记载各个时代最成功跑车的编年史中无一不载录了兰博基尼的两款著名跑车Countach和Miura。

图8-21 费鲁吉欧·兰博基尼

经历了一系列坎坷波折之后,费鲁吉欧·兰博基尼终于在1972年从公司隐退。兰博基尼从来不缺乏想象力,但一直缺少稳固的资金支持。实际上,兰博基尼在1980年破产,意大利商人米兰姆兄弟收购了该公司。后来,兰博基尼还数次易主,其中也包括克莱斯勒汽车公司。但它们没有表现出对兰博基尼真正的爱好和关注。实际上,兰博基尼和奥迪一直深有渊源,它们以前合作，追求铝质底盘的构造。这种关系终于在1998年成就姻缘，兰博基尼加入大众汽车集团。在奥迪的资助下，兰博基尼有了自己的管理班子来运作。在奥迪的管理下，该厂在2003年分别推出了Murciélago概念车和Gallardo。

在意大利乃至全世界，兰博基尼这个人是诡异的、传奇的、可怜的。作为法拉利的铁杆车迷，他1959年还在制造拖拉机，同时还兼做空调和暖气片。兰博基尼本想建立一家飞机公司，被意大利政府严词拒绝。兰博基尼是法拉利的超级粉丝，他拥有四辆法拉利跑车，当然是用他生产拖拉机、暖气片、空调赚来的钱买的。兰博基尼最喜欢的法拉利250出了故障，遂找法拉利跑车制造公司投诉变速箱问题，遭拒。生性孤傲的兰博基尼被自己所敬重的人如此嘲弄，于是他变卖了自己视若珍宝的四辆法拉利跑车并倾其家产，建立"兰博基尼跑车制造股份有限公司"。

1963年10月26日，意大利都灵车展，兰博基尼推出他的第一部作品350GTV（底盘编号0100），极速280 km/h，仅生产一辆。

8.4.8 迈克尔·舒马赫

迈克尔·舒马赫（见图8-22）（Michael Schumacher），1969年1月3日出生于许尔特，德国一级方程式赛车车手，现代最伟大的F1车手之一，在他头16年的职业生涯中，几乎刷新了每一项纪录，总共赢得7次总冠军，亦曾是唯一赢得总冠军的德国车手。

迈克尔·舒马赫的父亲为砖匠，也是一个卡丁车场的负责人，这种条件使他自幼就有机会从事卡丁车运动。母亲在卡丁车赛场周围经营一家快餐店，在父母和环境的影响下，舒马赫从小就喜欢赛车，在6岁的时候就获得了家乡卡丁车比赛冠军。尽管家庭经济条件不甚富裕，但舒马赫的父亲仍然替他争取到了足够的赞助，使得舒马赫很早就得以展露他的才华。

1983年，他开始参加卡丁车比赛；1984年、1985年连续两年取得德国青少年卡丁车总冠军，1986年获德国青年卡丁车季军、欧洲卡丁赛亚军、欧洲卡丁车决赛季军。

图8-22 迈克尔·舒马赫

1987年，迈克尔·舒马赫参加卡丁车大赛并获得冠军，开始了其职业赛车生涯，出色的表现使他受到了梅塞德斯—奔驰（Mercedes-Benz）车厂的赞赏，拔擢他参加F3以及房车赛事。

1991年，他驾驶Sports cars赢得了在Autopolis举行的比赛。同年，他初次参加F3000大赛，并在日本sugo的比赛中获得第二名。后来，舒马赫首次涉足F1，代表乔丹车队参加了比利时大奖赛。他在排位赛中获得第七名，由于离合器出现故障，在正式比赛时未能跑完第一圈。这是他唯一一次代表乔丹车队参赛，之后加入贝纳通车队。

1996年，舒马赫转到法拉利车队。

2006年，迈克尔·舒马赫宣布退役。

2010年年初，舒马赫正式宣布复出，加盟前身为布朗车队的梅塞德斯车队。

2012年10月4日，舒马赫在铃鹿正式宣布退役。杰科莫·阿格斯蒂尼评价他说："超越范吉奥使他成为赛车运动的传奇，在F1赢得7个世界冠军是一个神奇的记录，实现这个目标非常不容易。他生下来时就有这样的基因：冠军的基因、胜利者的基因。这种素质是与生俱来的。"

8.4.9 阿尔费雷德·斯隆

阿尔费雷德·斯隆（见图 8-23）（Alfred Pritchard Sloan，1875—1966 年），通用汽车公司第八任总裁，被誉为第一位成功的职业经理人，20 世纪最伟大 CEO。

图 8-23 阿尔费雷德·斯隆

他出生于美国康涅狄格州的纽海文市，父亲是布鲁·克林的茶叶咖啡进口商，10 岁时随父母搬迁到纽约，1895 年毕业于麻省理工学院，获电子工程学士学位。他后来资助该学院成立了现在闻名世界的"斯隆管理学院"，他的一生几乎都是在汽车行业中度过的。他于 1918 年加盟杜兰特先生领导的通用汽车公司。1923 年 5 月，继杜邦先生之后，成为通用汽车公司的总裁，之后，一直任通用汽车公司总裁、首席执行官、董事会主席至 20 世纪 50 年代。

在他加入通用汽车公司时，公司正处于严重的危机之中，风雨飘摇，人们看不到公司的未来。在他领导通用汽车公司的几十年中，通用不但超越福特汽车公司成为世界上最大的汽车制造商，成为世界上最大的产业集团之一，而且成为美国经济的重要标志。他在汽车行业 50 多年的管理经验，不但使自己成为 20 世纪最伟大的企业家，成为职业经理人的榜样，而且对管理理论的发展也做出了伟大的贡献。他对企业的组织结构、计划和战略、持续成长、财务成长以及领导的职能和作用的研究，对职业经理人概念和职能的首次提出，都对现代管理理论的形成和发展产生了极大的影响。

斯隆担任通用汽车公司总裁长达 23 年，在他加入通用的时候，通用汽车正陷入重大危机。当时通用缺乏营运及财务控制，导致现金无法周转，生产线混乱，斯隆深入企业进行研究，寻找解决问题的方法。斯隆秉持"大即是好"的原则，认为所有成功的企业都会趋向成长，而通用之所以成功，便是因为有效率的成长。斯隆的成就，不在于让濒临破产的通用汽车公司在短短三年内反败为胜，而在于他建立的企业原则，虽历经半个多世纪来的经营环境变动，其管理创新仍被公认为企业思考的典范。例如，斯隆成功改造通用汽车公司的 25 年后，亨利·福特的孙子，引用斯隆的企业原则，让福特重振雄风，之后有更多企业，引用斯隆的企业原则。他的企业原则成为企业界的标准。

通用汽车公司战胜福特汽车公司是美国管理史上富有寓意的重大事件之一。亨利·福特曾经写道："在把大批人员组织起来从事劳动的过程中，必须竭尽全力反对的是过大的组织结构和由此产生的烦琐公事程序。我认为，最危险的思想就是有时被人称之为'组织天才的东西'。"但是，正是这种组织天才，加上对市场的正确预测，使斯隆推翻了福特在汽车工业中的统治地位。和其他美国商人比起来，斯隆也许是企业精神和管理技术结合的最典型代表。

8.4.10 路易斯·雪佛兰

路易斯·雪佛兰（见图 8-24）（1878—1941 年），是雪佛兰品牌的创始人。1911 年 11 月 1 日，威廉·杜兰特汽车厂与路易斯·雪佛兰宣布组成密歇根雪佛兰汽车公司。

路易斯·雪佛兰出生于瑞士，9 岁时，随全家搬到法国居住。青年时期，他对修理自行车表现出了狂热的兴趣，并立志长大后成为一名机械师。一位赛车爱好者发现了路易斯熟练的机械技能，邀请他到美国，使他成为一名出色的赛车手。同时，路易斯找到了一份汽车制造厂的工作，并全面地学习并掌握了内燃机的知识和技术。后来，被通用汽车创始人威廉·杜兰特发现了他出众的才华。

1911 年 11 月 3 日，杜兰特与雪佛兰合伙成立了以设计师名字命名的"雪佛兰汽车公司"。1912 年年初，雪佛兰的第一批 6 款经典车型顺利地驶出了底特律车厂。可惜好景不长。在经营战略上，路易斯·雪佛兰一直梦想着生产高品质的跑车与杜兰特的汽车大众化出现了分歧。1913 年，路易斯·雪佛兰不得不离开自己的公司。但是他的名字"雪佛兰"却永远地保留了下来。在商业奇才杜兰特的经营下，雪佛兰发展迅速，很快就成为美国著名的汽车品牌。而路易斯也坚守着自己的理想，并于 1914 年创立了专门生产高级跑车的 Frontenac 汽车

图 8-24　路易斯·雪佛兰

公司。在漫长的历程中，雪佛兰始终保持着独特的风格，至今其市场足迹已遍及 70 个国家。雪佛兰的传奇，为各个时代普通人的生活增添了无尽的色彩。

8.4.11　阿尔芒·标致

阿尔芒·标致（见图 8-25）（1849—1915 年，Armand Peugeot），是法国标致汽车品牌的创始人。1889 年第一辆以标致命名的汽车问世。他并不是标致集团的最初创始人，但他却是著名的实业家和法国汽车工业的先驱者，他更将标致带入了汽车领域，并获得了极大的成功。

图 8-25　阿尔芒·标致

标致公司早在 15 世纪初就已经成立，只不过这个传统的家族式企业成立之初并不是为了生产汽车，而是一家涉及弹簧、自行车、缝纫机等产品制造的公司。因此，阿尔芒·标致从小就对机械和经营充满了浓厚的兴趣。在他成年之后接管了公司，并不满足公司只限于生产这类小玩意，他始终希望公司可以转型生产更加复杂的机械化设备。仅用 3 年时间，便制造了一辆命名为"塞波莱—标致"的三轮蒸汽动力机车，在 1889 年庆祝法国大革命 100 周年的巴黎万国博览会上展出。截至 1892 年，标致汽车公司共计生产了 29 辆汽车，并首先采用了橡胶质地的轮胎。1896 年，这位法国著名的实业家在里尔成立了法国标致汽车公司，之后采用卧式双缸发动机的标致 Type-14 车型问世。

1912 年标致 176 车型凭借先进的技术和在赛场上的优异表现，标致汽车获得了市场的认可，1911—1913 年，标致产量翻了三番，共生产 9 338 辆汽车，占当时法国全汽车产量的 50%，其市场占有率更是高达惊人的 20%，也就是说，在当时的法国街道上，每 5 辆车型中就有一辆是标致汽车。

8.4.12　路易斯·雷诺

路易斯·雷诺（见图 8-26）（Louis Renault，1877—1944 年）是法国汽车制造商，法国实业家、汽车工业先驱之一——雷诺汽车的创始人之一。

路易斯·雷诺出生在巴黎一个富商家庭。少年时路易斯·雷诺就迷上了汽艇，为此他在家里设计出一种高效蒸汽机，并申请到了专利。后来，路易斯·雷诺将自己的德·迪翁牌拖斗摩托车改装成了当时还很少见的汽车，从此作为汽车发明家名满巴黎社交界。1899 年，他

图 8-26 路易斯·雷诺

与两个哥哥成立雷诺兄弟汽车厂，生产最早的雷诺 A 型汽车，获得成功。凭借可靠的技术质量，1903 年雷诺公司占据了法国第一大汽车公司的位置。1913 年公司雇工达 5 000 名，年产汽车超过 1 万辆。第一次世界大战中，法国军队购买大量的雷诺牌汽车作为军车，使雷诺公司在规模、资金、技术等各方面都雄居法国汽车业的首位。

1919 年 6 月 4 日，荷兰军火商安德烈·雪铁龙以比同类产品便宜一半的价格，推出雪铁龙 A 型车。从此，雷诺汽车公司失去了统治地位。第二次世界大战德国占领法国期间，雷诺为保住他的汽车公司，替德军大量生产飞机、坦克和军车，使雷诺工厂成了盟军的轰炸目标，大半厂房和设备在数年之久的轰炸中化为灰烬。1945 年 11 月 6 日，雷诺汽车公司被收归国有，成了世界上最大的一家国营汽车公司。

8.4.13 沃尔特·本特利

沃尔特·本特利（见图 8-27）（Walter Bentley，1888—1971 年），是英国工程师、宾利汽车公司的创始人。

沃尔特·本特利出生在伦敦，他从小对所有的机械着迷，16 岁时是铁路行业的学徒。业余时间，他热衷于设计和制造一些小型摩托车，积极参加小型的长距离试车比赛，并且获得了金牌。因此，与赛车结缘是不断钻研乃至日后不断提升宾利汽车技术水平的原动力。

在汽车发展初级阶段的 20 世纪初期，本特利从赛车场上获得了灵感，萌生出制造一种注重性能且重量更轻的汽车的想法。凭借在第一次世界大战期间从事法国克勒盖特发动机的改

图 8-27 沃尔特·本特利

进工作获得的经验和技术，开始设计并制造汽车。1919 年年初，新车设计完成，并成立了后来赫赫有名的宾利汽车有限公司。在 1919—1930 年的 10 年多时间里，宾利取得了生产与销售上辉煌的战绩。

1919 年宾利公司成立后，即推出宾利 3.0 车型，其最高时速可以轻易突破 80 英里，这已经是当时速度最快的生产型汽车。宾利用这款车参加了各种比赛，除了打破当时几乎所有的耐力和速度以外，其衍生车型还历史性地夺下五年的勒芒耐力赛冠军，宾利从此名扬天下，并让本特利公司从此走上了专业设计高档跑车、赛车的历程。

1921 年，本特利开始出售自己的第一辆宾利轿车。当时宾利只出售跑车底盘，车体则由别人提供。一辆四座敞篷旅游车价格为 1 350 英镑，在当时英国汽车市场中，是最贵的轿车之一，而宾利的销售情况良好。

8.4.14 埃托里·布加迪

埃托里·布加迪（见图 8-28）是布加迪汽车的创始人，1881 年生于意大利米兰，他的父亲是画家，也是著名的家具设计师。

埃托里·布加迪自幼在美术学校学习，他特别爱好驾驶汽车，从 17 岁起就参加赛车活动。幼年时期，他就建造了布加迪 T1—T5 车型，并参加了许多赛事。

在 1902 年随全家搬迁至法国,并于 1904 年开始和标致汽车合作,为其研发生产汽车,直到 1909 年,共计生产了 T6—T9 等型号。随后建立了布加迪汽车工厂,在这里,成熟的 T13 车型开始大规模生产。在 1914 年研制出装用马蹄形散热器格栅为特征的、钢丝辐轮式车轮的 T17 型车后,这种形状的散热格栅随后成为布加迪的风格。之后布加迪汽车逐步发展壮大,并活跃于全球各大赛事。

1922 年研制出装用直列八缸发动机的 T30 赛车。发动机排量 3 982 mL,装有增压器。1925 年的 T35 型以其高性能和优异车身造型活跃在欧洲车赛环形跑道上,特别是 T35 B,装有鲁茨式增压器,最高时速可达 210 km/h,所以畅销世界各地。

图 8-28　埃托里·布加迪

1998 年,布加迪品牌被大众收购。布加迪品牌进入了一个新的阶段。大众公司的新款威龙车,拥有最强劲的马力、最快的速度,是有史以来最昂贵的汽车。在庆祝其诞辰 100 周年时,布加迪推出四款特别版 Veyrons,该车展在意大利北部的科莫湖岸举办。这四款车有着不一样的颜色来搭配铬挡泥板,并且每款车都以布加迪历史上取得辉煌成绩的车手的名字来命名。

布加迪车是古典老式车中保有量最多的汽车之一,以布加迪为品牌的车型在世界多个著名汽车博物馆中都可以看到,而且性能上乘,车身造型新颖、流畅,直至发动机的配置都独具特色。

复习思考题

1. 汽车之父是谁?
2. 亨利·福特对汽车工业做出了怎样的贡献?
3. 列举不同国家的汽车名人。

参 考 文 献

[1] 郎全栋. 汽车文化（第 2 版）[M]. 北京：人民交通出版社，2009.
[2] 樊永强. 汽车文化 [M]. 长春：东北师范大学出版社，2012.
[3] 曲金玉. 汽车文化 [M]. 北京：机械工业出版社，2014.
[4] 林平. 汽车夜话 [M]. 北京：电子工业出版社，2005.
[5] 沈轶娜. 汽车商品 [M]. 北京：机械工业出版社，2014.
[6] 张发明. 汽车品牌与文化 [M]. 北京：机械工业出版社，2008.
[7] 阎文兵. 汽车美容与装饰 [M]. 北京：北京理工大学出版社，2013.
[8] 陈新亚. 魅力汽车 [M]. 北京：机械工业出版社，2012.
[9] 曲金玉. 汽车电器与电子控制技术 [M]. 北京：北京大学出版社，2012.
[10] 姚美红. 汽车文化 [M]. 北京：机械工业出版社，2015.